OUTSIDE THE BOX
HOW GLOBALIZATION CHANGED
FROM MOVING STUFF TO SPREADING IDEAS

全球化简史

[美] 马克·莱文森 著
方宇 译

果麦文化 出品

目录

001　序言

第一部分 相遇

012　第一章　全球梦
024　第二章　第一波全球化
036　第三章　倒退
047　第四章　北方与南方

第二部分 一个世界

059　第五章　集装箱革命
068　第六章　热钱
077　第七章　放松管制
086　第八章　"巨大的抽吸声"

第三部分 超速

099　第九章　牙医的船
108　第十章　控制规模

119　第十一章　中国价格
130　第十二章　捕捉价值

第四部分　全球恐惧

144　第十三章　海上巨无霸
153　第十四章　风险难测
163　第十五章　全球金融危机
175　第十六章　强烈抵制

第五部分　第四波全球化

186　第十七章　赤字之潮
198　第十八章　食物里程
211　第十九章　断链
222　第二十章　下一波浪潮

235　致谢
237　注释

INTRODUCTION
序言

2006年8月16日下午五点半，5艘拖船将"艾玛·马士基号"（Emma Maersk）拖出欧登塞造船厂，拖着它向后驶入大海。无论新船还是旧船，通常都是向前而不是向后航行，但"艾玛·马士基号"绝不寻常。它的长度相当于4个美式橄榄球场之和，龙骨距离甲板近100英尺（1英尺合30.48厘米）。这艘浅蓝色的庞然大物，好不容易才驶出水位很浅的欧登塞湾。经过欧登塞湾和外海之间的加贝堤时，海滩上数千名丹麦人目睹了这非凡的一幕。下水当天，"艾玛·马士基号"没有装载货物或煤炭，因此它的船身高出水面许多，白色船底的一部分和巨大的青铜螺旋桨露出了海面——螺旋桨一般在水下静静转动。读过新闻的人会知道，这是截至当时世界上最大的螺旋桨。

"艾玛·马士基号"是为全球化下的一个赌注。它为马士基航运公司（一家历史悠久的丹麦企业集团的一部分）所有。在集装箱运输50年的历史上，"艾玛·马士基号"比在它之前下水的任何一艘集装箱船都大，能与它相提并论的只有零星几艘超级油轮。继"艾玛·马士基号"之后，7艘类似的船陆续下水，每艘的造价是1.54亿美元。这个价格虽然远高于此前任何一艘集装箱船，但考虑到它的体积，似乎并不算贵。如果这些新船满载，它们的运费比当时任何一艘船都低。随着世界经济范围的扩大和远程贸易的增加，马士基航运公司的领导人预计，成本优势将帮助马士基提高市场份额。

集装箱船推动了全球化的发展。它按照固定的航程表，将集装箱运到世界各地的港口，而集装箱里装着从洗衣机到废纸的各式商品。随后，这些商品再通过卡车、火车和驳船运至内陆城市。时效性强或价值高的货物，比如钻石、芯片等，可能通过空运运过大洋，但几乎所有由工厂批量生产或农场大量出产的东西都会被打包进40英尺长、8英尺宽的标准集装箱中。20世纪的最后几十年里，集装箱使企业在决定生产地、种植地、货运方式时，几乎不再需要考虑运输成本了。集装箱重塑了世界贸易。它使工厂能够将产自数十个国家的零部件组装成一辆成品汽车，使商家仅需支付15美分就能将一瓶红酒从澳大利亚运到7000英里（1英里约合1.6千米）之外的美国加利福尼亚州。它帮助中国崛起为世界第一大制造国，但也导致底特律、多特蒙德等传统制造业中心遭到废弃，因为原本受高额运输成本保护的各国市场，已经融为一个几乎无缝连接的全球化市场了。

自1956年第一艘集装箱船从纽瓦克开往休斯敦以来，每一代新集装箱船总是比前几代更大，更能节省运输成本。人们期待"艾玛·马士基号"和它的姐妹船能延续这种趋势，使众多家庭在冬天能更容易地享用新鲜的草莓，使制造商能组织起更长、更复杂的供应链，将工厂和数千英里外的配送中心连接起来。"艾玛·马士基号"下水不久后，十几艘更大的船舶随之而来，其中一些船舶的运力超过11000辆卡车。但就像摩天大楼热潮往往预示着经济即将调整一样——纽约的帝国大厦在20世纪20年代后期被规划为世界最高建筑，但在20世纪30年代的大萧条时期基本被闲置——建造体形大到无法在世界上大多数港口停靠的船舶也是过度繁荣的先兆。"艾玛·马士基号"下水时，人们尚未察觉，货物贸易不停增长的时代即将走向尽头。那些认为全球化将延续第二次世界大战后的道路的人，即将付出沉重的代价。

"全球化"这个概念并不是最近才有的。这个词似乎最早出现在1929年的比利时，当时身为医生和教育家的J. O. 德克罗（J. O. Decroly）用"全球化"一词来表示幼儿的注意力从自我转向范围更大的外部世界的发展过程。随着时间的推移，这个词有了更多其他含义：大型企业可以在任何一个地方销售相同的产品；思想从一个国度传播到另一个国度；美国人、肯尼亚人和中国人挥舞着旗帜，热情地为以非英籍球星为主力的英超球队加油。[1] 跨国贸易日渐繁荣自然也不例外。

在某种程度上，世界在很早以前就已经高度全球化了。正如历史学家于尔根·奥斯特哈默（Jürgen Osterhammel）和尼尔斯·P. 彼得松（Niels P. Petersson）所说："从某种意义上说，德国的'美国化'早在18世纪引入马铃薯时就开始了，而不是始于1945年。"但今天我们所说的全球化是随着19世纪工业资本主义的诞生而快速发展的，当时的欧洲列强编织了一张覆盖非洲和亚洲的商业大网，用陆军、海军和殖民地官员维护自身利益。昔日的亚非制造业中心——最典型的例子是印度——无法与生产效率更高的欧洲工厂竞争。当外国纺织品占领印度市场时，印度只能转而出口大宗商品。在第一波全球化期间，国际借贷是常事，很多国家的经济活动以进出口为主。数千万人跨越国界移居国外，中国和塔希提岛的艺术风格融入了欧洲的艺术作品之中。各国的联系变得如此紧密，战争似乎将永远消失——直到1914年8月，第一次世界大战的爆发使第一波全球化戛然而止。[2]

从1914年到1947年左右，世界经历了两次大战、无数次地区性战争和一次经济大萧条，全球化进程在此期间停滞不前。虽然这一时期跨国企业的规模有所扩大，但各国之间的金融、商业和文化联系已经被削弱。在某些方面，全球化的衰落受到了欢迎。1943年，美国国会议员克莱尔·布思·卢斯批评当时的副总统亨利·华莱士大肆宣扬"全球化谎言"（globaloney）——华莱士以自己的全球化视野为傲。遭受大量批评之后，卢斯不再提及"全球化谎言"，而是改称"全球化胡言"（global nonsense）。不过自此之后，人们纷纷效仿，发明了诸如"全球主义的"（globalistic）、"全球症"（globalitis）和"全球主义"（globalism）等大量新词，用来贬低移民、对外贸易，甚至是国际合作的提议。[3]

盟军在第二次世界大战中取得胜利后，全球化在20世纪40年代后期重启。浮动汇率制度，以及各国为降低原材料和制成品贸易壁垒而做出的共同努力，推动了这次的全球化进程，世界上所有富裕经济体和许多欠发达经济体在随后的1/4个世纪里实现了强劲的经济增长。尽管20世纪70年代爆发了经济危机，但1986年的制成品贸易量大约是1950年的15倍。随着石油价格飙升，再加上一艘超级油轮就能将数百万桶石油从波斯湾运送到欧洲、日本和北美的炼油厂，石油市场实现了彻底的全球化。石油出口国将暴增的收入存入伦敦、纽约和东京的银行，金融市场随之慷慨地向发展中国家政府借贷，并帮助跨国公司在世界各地扩张。[4]

然而，第二波全球化与之前的第一波全球化一样，并不是真正意义上的全球化。虽然各企业积极涉足海外，但它们的身上还是带着强烈的母国色彩，几乎所有高管都是在母国出生并长大成人的。尽管外资投资激增，但大多数投资都发生在少数几个富裕国家之间，大部分对外贸易也是如此。欠发达国家大多背负着沉重的债务，只能通过向富国的投资者借贷或出口原油、咖啡豆等大宗商品来使自己与全球化保持些许联系。事实上，在从1947年到1986年的40年里，对全球化最严厉的批评来自那些认为更自由的贸易将使富国进一步剥削穷国的人。移民也经常被认为带有剥削的性质，因为富国一直被指责诱使穷国的护士和教师移民到自己的国家，从而造成后者的人才流失。批评者称，渴望摆脱贫穷落后处境的国家多做有利于自身发展的事，它们的处境才会变好。很多幅员辽阔、人口众多的国家，如印度、苏联等，提倡自给自足，严格限制贸易、投资、移民、旅游、科学交流、宗教思想，以及其他被其领导人认为危险的国际联系。[5]

1979年，撒切尔夫人当选英国首相。1980年，罗纳德·里根当选美国总统。这两个人的当选标志着自由市场的意识形态在富裕经济体崛起，这为新的经济关系的发展开辟了道路。1982年，当本田汽车公司开设美国第一家日资汽车装配厂时，它能够确保发动机和变速器经长达数千英里的海陆运输后，准时送达美国工厂的组织能力，令竞争对手大为震惊。到了20世纪80年代后期，随着第三波全球化的到来，这种远距离供应链已经变得司空见惯。国际贸易的性质发生了显著变化，因为零售商或制造商可以在不同国家分别完成零部件的设计、生产和组装工作，半成品可以从一个地方运送到另一个地方，几乎不需要顾虑国界这一因素。企业的地理位置和企业国籍之间的联系被切断了。如果一家生产磨料磨具的企业，总部位于美国的马萨诸塞州，在27个国家开设工厂，但为一家总部设在巴黎的公司所有，后者的主要股东包括荷兰的养老基金、英国的投资信托公司和中东国家的政府，那么谁又能说清楚这个企业到底是法国的还是美国的，抑或仅仅说成是"跨国的"就足够了。1991年苏联的垮台举世震惊，一直以来质疑市场力量的国家突然对全球化张开了怀抱，国际贸易的增长速度几乎是世界经济增速的3倍。

反对剥削的声音再次响起，但这次人们不再指责全球化伤害贫穷国家的工人，而是指责全球化损害了富裕经济体的工人的利益。詹姆斯·戈德史密斯爵士是一位富有的英国金融家，也是一个彻底国际化的家族的后人。1994年，他在其畅销书《陷阱》中批评了开放性的边境。1996年，法国评论家维维亚娜·弗雷斯特尔在她的《经济恐怖》一书中批评了全球化对富裕国家的影响。3年后，英国社会学家安东尼·吉登斯出版了《失控的世界》一书，警告世界即将失控。而与此同时，上万名示威者，包括反资本主义者、环保主义者、担心工作岗位流失的人和蓄意挑衅者，走上西雅图街头，抗议世界各国贸易部长参加的闭门会议。经济学家们几乎一致认为，更自由的贸易会使世界更加繁荣，但这个观点并没有说服多少人。他们希望欠发达经济体尽快对外开放的呼吁也没有得到强烈的回应。两位英国记者在2000年出版了一本关于全球化的书，但书名《完美的未来》与实际情况南辕北辙。[6]

在从2001年到2008年的短短7年间，世界制成品贸易增长了120%，中国的制造业快速崛起。但与此同时，加拿大和美国失去了1/8的制造业岗位，英国流失的比例更是高达1/4。继工厂工作之后，技术和服务行业的工作也开始流失。随着各地的写字楼都连上了互联网，一个被称为业务流程外包的新行业开始兴起。法兰克福和巴黎的公司将会计工作转移到华沙和布拉格等工资较低的城市，而马尼拉的客服人员则为北美的银行接听客户服务电话。到2003年，美国500家最大的公司中，有285家将办公室工作迁往印度。2004年，一位美国国会议员警告道："成千上万的白领工作正流向海外。"他还提到，"一些确凿无疑的证据表明美国即将采用第三世界国家的经济模式"。[7]

就在"艾玛·马士基号"下水后不久，第三波全球化开始衰退，但当时人们并未察觉。2008年夏，受全球金融危机影响，国际贸易量暴跌。此前5年间增加了2倍的企业跨境投资也突然萎缩。不过这不算意外，因为根据过往的经验，贸易和投资会随着经济衰退而衰退，但过后会随着经济的复苏而回升。但这一次，当世界经济在2010年爬出谷底后，贸易和投资并没有像以往那样出现反弹。不管是经济统计数据和航运数据，还是跨国公司逐渐收缩供应链、削减海外业务的行动，都证实了这点。反对全球化的怒火仍在燃烧，但如今主要的动力来自美国和欧洲的反移民声浪，而全球化本身正在发生变化。2016年，美国总统候选人唐纳德·特朗普激烈反对"激进的全球化和对劳动人民公民权利的剥夺"。几个月后，法国政治家玛丽娜·勒庞严词批评："猖獗的全球化正危及我们的文明。"这些行动和回应、这种"狂飙突进运动"（Sturm und Drang）都昭示着一个时代的落幕。随着"新型冠状病毒肺炎"

（COVID-19，简称"新冠肺炎"）在全球暴发，从挪威到新西兰的企业纷纷关停，人们居家隔离，国际商务和国际旅行受到严重干扰，第三波全球化已经演变为一系列截然不同的国际关系。[8]

赞美、谴责全球化或对全球化进行简单定量分析的书籍已经汗牛充栋，而本书并不包含上述内容。笔者认为，已经发展了两个多世纪的全球化，绝不是资本主义的必然结果。在200多年的时间里，全球化不断调整，以适应技术变迁、人口压力、企业家的野心和政府的行动。人们在2020年谈论的全球化与1980年的全球化完全不同，更不要说1890年的全球化了。本书将第三波全球化——从20世纪80年代后期到21世纪第二个10年前期的大约1/4个世纪——视为世界经济史上一个独特的阶段，这个阶段与在它之前和之后的阶段都不相同。它强调了使企业得以组织远距离价值链的运输、通信和信息技术的重要性，而这种价值链所构筑的经济关系与以往的任何经济关系都有着本质区别。

笔者已经以记者、经济学家和历史学家的身份围绕着全球化这个主题写作多年。在《集装箱改变世界》一书中，我揭示了一项不起眼的创新如何塑造了远距离供应链，而后者在20世纪80年代后期成了全球化的标志。在《非凡的时代：战后繁荣的终结与常态经济的回归》一书中，我研究了各国政府如何通过放松对各个经济部门的管制，欣然接受市场的力量，并使企业更容易开展跨境业务，来应对始于1973年前后的世界经济危机。本书将在这些早期作品的基础上，参考新的研究、访谈和大量学术文献，以解释为什么21世纪初全球化的发展方式使许多曾热烈支持它的国家和企业感到失望。回顾历史，读者就会了解，为什么当人们喋喋不休地说着全球化即将结束时，我仍然坚信全球化不会消亡，而是正在进入一个新的阶段，就像过去曾数次发生过的那样。在这个新的阶段里，世界经济仍将紧密联系在一起，但不会遵循过去几十年间的模式。了解全球化的过去能帮助我们看清全球化的未来，不过几乎可以肯定的是，世界绝不会回到各国只顾自身发展而以邻为壑的旧时光。

总的来说，全球化对世界是有益的。它使数亿人摆脱了赤贫。过去，美国人为了教育孩子不要挑食会告诉他们，中国人正在挨饿，而全球化使这样的日子只存在于遥远的记忆中。消费者能以极低的价格买到各式各样的商品，地球上一些偏远的地方与世界经济产生了联系，这得益于一些过去它们必定无缘分享的技术。企业将精力集中在效率最高的生产活动上，同时依靠外部供应商满足其他需要。通过这种方式，全球化极大提高了生产效率并创造了巨大的财富。国际冲突并没有消失，但已经得到缓和，因为几乎每个国家的繁荣都比以往任何时候更依赖它们的邻国。当新冠肺炎蔓延时，世界各地的医院都急需呼吸机来帮助重症病人呼吸。生产更多呼吸机并不容易，因为要从十几个国家进口零部件。但一个充满生机的全球化市场提供了便利，人们可以通过这个市场获得所需的阀门、管子和电机部件。[9]

但是，全球化并非没有弊端。在那些不久之前还十分贫穷的国家，特别是亚洲国家迅速实现工业化的同时，欧洲、北美和日本开始了去工业化进程。虽然各国之间的收入分配变得更加均衡，但国家内部的不平等愈演愈烈。有机会获得资金的人可以利用新的机会获取丰厚的收益，但靠工资度日的劳动者往往发现，他们不得不面对遥远国家的低收入劳动者的直接竞争。大城市分得了经济增长的大部分红利，小城镇却萎靡不振。在这个过程中，各国政府在很大程度上失去了对本国经济的控制。一旦企业能通过将某项生产活动转移到国外，或威胁要转移到海外，来规避最低工资法或拒绝缴纳社保费用，那么相关法律和制度就很可能成为一纸空文。企业可以不断搬迁，这引发了税率的国际竞赛，并导致政府税收不足，使其无法资助帮助工人应对就业动荡的教育和社会项目。随着时间推移，少数头部企业开始主导整个行业，而这样的趋势可能会抬升物价、阻碍创新，并使收入变得更加不平等。全球化带来的经济压力破坏了几十年来为推动国际合作而建立的架构，而随着全球化叙事被民族主义叙事取代，新的不稳定因素出现了。[10]

在两个世纪的历史中，全球化的发展并不是一帆风顺的。战争和经济衰退严重干扰了贸易、投资和移民的流动，某些国家在很长一段时间内断绝了与西方世界的往来，比如1917年到20世纪80年代后期的苏联、1949年到1979年的中国。考虑到这样的历史背景，声称"全球化的高峰期"已经过去，或全球化的世界经济正瓦解成区域经济，似乎还为时尚早。全球化并没有消亡。不过，在21世纪第二个10年，当半空的集装箱船驶向世界各地时，全球化正呈现出一种截然不同的面貌。过去，在世界上流动的是金属箱。但在经济发展的下一个阶段，思想的传播和服务的转移将使世界更加紧密地联系在一起。

第一部分

相遇

PART 1　COMING TOGETHER

第一章 全球梦

1764 年,一个叫彼得·哈森克勒费尔(Peter Hasenclever)的商人乘船从伦敦来到北美。他刚刚下船,就立即在新泽西北部的山区开启了一次非同寻常的商业冒险。哈森克勒费尔见多识广,是个标准的全球主义者。他于 1716 年出生在德国的莱茵兰,似乎精通德语、法语、西班牙语和英语。年轻时,他在钢铁厂做过工,还曾为德国纺织厂采购羊毛,然后将制成的纺织品远销到俄罗斯、法国等地。后来,他在葡萄牙和西班牙成立贸易商行,并对国王腓特烈大帝提出让普鲁士实现工业化的建议。1763 年,功成名就、腰缠万贯的他来到伦敦——一个快速发展的跨大西洋帝国的中心——向英国议会支付了 70 英镑后取得了英国公民的身份,并由此获得了在殖民地投资的权利。随后,他着手实现自己的创业梦想,开办了一家合伙企业,为当时世界上最大的工业体——英国皇家海军的造船厂——供应产于美洲的铁。

哈森克勒费尔和他的合伙人之前都没有去过美洲。单从地图上看,他们在新泽西殖民地获得的铁矿位置非常理想,距离繁忙的纽约港不过二三十英里。但哈森克勒费尔横渡大西洋后才发现,铁矿须从遍布岩石、树木丛生的半山坡向下开采,而这片山谷十分陡峭、与世隔绝，其他移民都避而远之。铁矿石（一堆混在一起的泥土、石头和铁）必须先用镐头和铁锹挖出，然后装上牛车，运到数英里外的河边的钢铁厂，附近水流强劲的冲击力足以使水车运转。钢铁厂的碎矿机可以粉碎铁矿石，鼓风炉将铁从毫无价值的铁渣中分离出来。工人们忍受着炉床或炉子的高温，辛苦地将铁熔化，并敲打成一根根长14英尺、剖面边长2英寸的铁条。一些锻铁条会被再次熔化，工人把碎木炭敲打进铁水，制造出碳钢。这些铁条和钢条会被卖到附近的村庄，大多卖给打造马蹄铁和火钩的铁匠，但真正的利润来自与英国造船厂的贸易。当时的国际商人大多是在国外货物运达目的地后才开始寻找买家，哈森克勒费尔和他们不同，他早已规划了一条远程供应链——稳定且可靠地为皇家海军供应对制造军舰至关重要的金属。顺便还有个好处，英国的新泽西殖民地将繁荣起来，哈森克勒费尔本人也会作为英国经济精英群体中的一员得到认可。

然而，拉马波山没有将铁矿石从矿区运到钢铁厂的道路或桥梁，哈森克勒费尔的合伙企业美洲公司只能自己建桥修路。英国殖民者宁愿务农，也不愿背井离乡从事既危险又辛苦的炼制钢铁的工作。美洲公司只得花重金从德国引进经验丰富的石匠和钢铁工人，支付他们的旅费以换取约定年限的服务。这个公司利用英国投资者的资金收购了34平方英里（1平方英里约合2.59平方千米）的森林，以满足自身对木材的巨大需求——木材将被制成木炭，做鼓风炉的燃料，并将铁炼成钢。随后，公司继续说服投资人资助它修建水坝和水库、开凿运河，以保证水车运转。

但是，原始的运输状况使整个项目步履维艰。随着森林逐渐被砍伐，钢铁厂与最近的可用森林之间的距离逐年增加，需要更多的道路和牛车把木材运到工厂。成品铁条和钢条必须以相同的方式从钢铁厂运出，一次只能运出一车。到了冬季，运河和河流都结了冰，道路无法通行。哈森克勒费尔哀叹道："美洲的铁原来这么昂贵。"海运本身存在太多不稳定因素，因而无法确定将货物运至德特福德和朴次茅斯的皇家造船厂的时间。皇家海军显然不信任这条不可靠的跨大西洋供给线，因为美洲公司既没有赚取任何利润，也没有任何分红。伦敦的合伙人很快就失去了耐心。1768年，他们下令关掉经营了4年的钢铁厂。哈森克勒费尔需要偿还合伙企业的债务，还险些被关进债务人监狱。当铁矿再次开凿后，他们只在附近售卖钢铁。远程工业供应链的概念已经萌生，但让它成为现实的发展条件还未出现。[1]

货物远程运输的出现几乎与人类文明的诞生同步。早在四千年前，亚述人就长途跋涉数百英里，在今土耳其境内建立了贸易殖民地。到了公元前1000年左右，单峰驼被驯化，商队开始载着香料横跨阿拉伯半岛。一千年后，位于也门海岸附近的小岛索科特拉岛成了印度和罗马之间的贸易中心。又过了一千年，到了11世纪初，北欧的探险家来到北美，不过他们一定因为此地缺乏贸易机会而感到失望。马可·波罗和他的父亲与叔叔更加幸运。1271年，他们从威尼斯出发，沿着丝绸之路前往中国。跨大西洋奴隶贸易始于16世纪初，发展到1750年以后已成为一项复杂的大规模商业活动。英国商人将枪支、水壶、布匹和鞋子出口到他们位于非洲海岸的贸易点，用这些商品交换奴隶，再将奴隶运到美洲出售，并在船上装满糖和烟草返回英国。非洲奴隶贸易利润极其丰厚，而且是全球性的。据估算，它通过至少3.6万次跨大西洋航行，将约1250万名奴隶强行运出非洲，另外还有50万名奴隶通过海路在美洲境内运输。[2]

这些相隔千万里的不同民族之间的交换，涉及的远不只货物和奴隶，还传播了疾病：黑死病曾在1334年席卷中亚，又在1346年传播到黑海一带，在短短7年间带走约4800万欧洲人的生命（当时欧洲人口共计约8000万）。[3]还交流了思想：佛教在两千年前从印度传播到中国；伊斯兰教在610年前后出现在阿拉伯半岛，在713年远播至西班牙；16世纪40年代，葡萄牙传教士将基督教传入日本。还引发了经济动荡：16世纪30年代以后，通过西班牙的美洲新殖民地而来的白银大量涌入欧洲市场，刺激了欧洲此后一个半世纪的通货膨胀，这个破坏性极大的事件被历史学者称为"价格革命"。此外，这些交换也必然包括政治力量的投射，一个又一个的国家将远程贸易作为扩大自身统治权的手段，并在殖民地或附庸国获得财富和税收。

如今，只要去热那亚、阿姆斯特丹或伊斯坦布尔这些昔日的重要国际商业中心参观游览，就可以发现在计算机和集装箱船的时代到来之前，货物贸易和人员往来给这些地方带来了多么巨大的财富。装饰着欧洲各地的城堡和乡间别墅的波斯地毯和中国瓷器，显然也体现了这些交流的成果。不过，它们同样说明了，为何19世纪工业革命之前的经济关系与我们今天所理解的全球化相去甚远。

著名的汉萨同盟（德意志北部城市之间形成的商业联盟）在

17世纪后半叶解体前，垄断波罗的海地区的商业贸易长达3个世纪之久。尽管这项贸易极大地促进了吕贝克、汉堡等城市的繁荣，但用现代的标准来衡量，它的规模并不算大。汉萨同盟商人的所有船只一年运载的货物还比不上21世纪的一艘中型集装箱船。在汉萨同盟退出历史舞台很久以后，参与远程贸易的商品主要还是奢侈品、奴隶和一些必需品，比如在庄稼歉收后为避免粮食短缺引发骚乱而进口的小麦。直到19世纪初，欧洲的普通家庭除了一小袋糖或偶尔的数枚银币，仍然不大可能拥有进口商品。茶叶是那个时代交易最多的商品之一，但年人均进口量也只有几盎司（1盎司约合28.35克）。当时世界上最大的经济体很可能是中国，它进口的商品以银条和黑胡椒为主；印度和日本则似乎很少进口任何商品。在大多数国家，国际经济的影响聊胜于无。[4]

但是国际贸易对于一些人而言是至关重要的，比如进出口商人，在运输过程中处理货物的水手、马车夫和包装工人，生产玻璃、纺织品或其他贵重出口商品的手工业者，被强行征召种植棉花或开采银矿的工人，以及那些将贸易视为另外一个征税机会的统治者们。另一方面，在许多欧洲城市，从11世纪一直到18或19世纪，行会控制着很多商品的生产，阻止进口商品进入市场以保证其会员能够继续以高价销售他们的产品。在几乎所有国家，绝大多数家庭以务农为生，几乎不参与现金经济，对他们而言，世界的重要性微乎其微。有一个指标可以证明当时经济交换的规模很小：迟至1820年，全球所有船只的总航运能力约为590万吨。到了2018年，这个数据提高了321倍，而且船只的航行速度更快，每艘船每年能够完成更多航次。[5]

为什么前现代时期对外贸易的规模这么小？主要是因为贸易周期太长而且成本高昂。当1300年左右，威尼斯桨帆船开始在地中海航行时，每艘船能够装载约115吨货物，相当于今天一艘海船上8个集装箱的装载量。尽管一些桨帆船长达40米，但它们主要靠桨手划桨和风力推动，很大一部分空间被用于桨手们的住宿及储存食物。船上的空间十分有限，所以这些船只能运载香料、丝绸和其他贵重商品，价值较低的产品不会被交易。两个世纪以后，威尼斯用更大的船只来进口大宗商品，比如叙利亚出产的棉花和小麦，又将一桶桶产自克里特岛（当时是威尼斯的领地）的葡萄酒一路运往英国。这个过程中的组织工作十分出色，但运送的货物仍然很少——1499年驶向威尼斯的107艘商船只运载了不到2.6万吨货物，而到了2020年，仅仅一艘船就可以装载其7倍的重量。[6]

数年之后，葡萄牙取代威尼斯成为海上霸主。葡萄牙人可以直接航行于印度和欧洲之间，因此在前往地中海地区时，可以绕开在伊拉克、埃及等地收取高昂陆上运输费用的中间商人。但在1500年至1600年间，平均每年只有7艘葡萄牙商船，能够在卡拉维尔帆船（一种小型快速帆船）和西班牙大帆船的护航下，完成6个月的航程。每年总共有约5000吨货物从葡萄牙运往印度，还不到一列穿越北美平原的现代货运火车的载货量。诚然，当时葡萄牙的总人口还不到100万。但即使如此，它著名的亚洲贸易的总量这么小，仍然是值得注意的。葡萄牙依靠船队运回的胡椒和其他香料变得越来越富裕，但由于船上空间有限，来往亚洲的商船几乎不会装载其他货物。[7]

后来，虽然更大型的船只开始在海上航行，但由于运费居高不下，体积大或价格低的货物依然不受商人青睐。黄金和白银是交易最广泛的商品，因为相对于其体积和重量，它们的价值很高。即便到了纺织品贸易量开始剧增的17世纪晚期，交易的商品还是以高品质的印度棉布（出口到欧洲和中国）和中国的丝绸（买家是欧洲和日本的富人）为主。早在17世纪60年代就开始指责印度棉布破坏了他们生计的英国纺织工人，只能穿着国内生产的粗糙扎人的毛织品和棉衣，原因恰恰是他们买不起进口布料。[8]

国际贸易的陆路运输费用甚至比海运更高。路况较好时货物一般由马车运载，但在17世纪的英国，正如经济史学家丹·博加特（Dan Bogart）所说，"在崎岖不平的道路上，驮马是最好的工具"。其他大多数国家的运输状况也相差无几。宽到可以供马车通行，并且经得住暴雨冲刷的道路，由于造价和维护成本高昂，只有在某些情况下才有人修建。比如：交通量大、私人投资者愿意斥资修建设置收费站的收费公路；当地居民可以被征召去修路；出于军事需要，政府愿意支付相关费用。到了1800年，在收费公路的出现使英国城市之间的往来变得更加便利之后，1吨货物每英里的公路运费仍然相当于1个农场工人一整天的工资。运输成本之所以高，是因为道路状况虽然逐步得到了改善，但马车技术并没有跟上。水路运输几乎总是比陆路运输便宜，即使要经过曲折的水道也不例外。那些没有可航行水道的城镇不得不面临沉重的运输成本。中国早在几个世纪前就通过构建大范围的运河体系解决了这个问题，而类似的体系直到19世纪初才在欧洲普及，北美开始的时间则更晚。[9]

无处不在的中间商人增加了贸易的成本。制造业向农村地区迁移,那里的生产成本低于人口密集的城市,而且农民在冬天有充足的空闲时间一边照看炉火一边织布,但大多数产品都是在规模很小的作坊生产的。在威尼斯,一项颁布于1497年的法律规定(虽然总有人不遵守)丝绸制造商最多只能雇用6名纺织工人。两个世纪以后,法国南部的洛代沃区克莱蒙有18家纺织厂,但总共只有29台织布机。甚至到了19世纪30年代晚期,新英格兰地区的马车仍由小作坊和独立工匠制造。事实证明,一个拥有100名工人的工厂规模过大,难以赢利,但经营小作坊的制造商无法凭借自己的力量出口产品。他们最多只能将商品卖给邻村的商人,后者会把商品卖给更大的城镇的同行,这些城镇的商人又会将商品卖到港口城市,那里的商人会将各种商品合并装运,销往海外。当然,这一过程中的每个经销商都会收取一笔佣金,海外的顾客需要支付更高的价格。[10]

自从希腊各城邦对进出口商品征收2%的关税开始,税收就阻碍了对外贸易的发展。1203年,英格兰国王约翰一世(与法兰西的战争耗尽了他的财富)设立了第一个海关,该机构的代理人要求商人向各港口的收税人支付相当于进出口商品价值1/15的关税。在欧洲的许多地方,每当货物过河或进入城镇时,当地的统治者和神职人员都会向商人收取一定的通行费。16世纪晚期,当德意志还是公爵领地、郡、公国和自由城市的集合体时,一个瑞士商人记载,他从巴塞尔到科隆,途中共缴了31次通行费。而到了1765年,单在巴伐利亚就有将近500个地点要求缴纳通行费。在日本,从1635年开始的两个多世纪里,欧洲商人只被允许在一个地方从事贸易，中国商人则被安排在另一个地方。尽管这样做是为了遏止外来思想的传播，但也有利于征收进口关税。中国则在1685年对所有进口商品征收20%的关税，并在1757年要求所有对外贸易必须通过位于南方港口城市广州的海关进行。不论进口商选择支付这些税费，还是为逃税而支付额外的费用，过路费和关税还是增加了进口商的成本。[11]

可靠性是另一个问题。驿站的马车通常能够按照时刻表按时运作，但远洋船舶并不如此。船通常从一个港口航行到另一个港口寻找出口货物，直到满载后才出海。运输途中，暴风雨、海盗和敌国海军常常会损毁船上的货物。陆路的行程同样充满危险，因为商人们可能会遇到贪婪的官员和盗贼。1701年，法国的一个官员抱怨，沿着法国的卢瓦尔河航行时，"可怜的船员们经常被迫向负责收税的官员送礼，不然这些官员就会拖延时间，想拖延多久就拖延多久"。在19世纪初的拿破仑战争期间，英国试图封锁与法国的所有海上贸易，法国禁止它的欧洲附庸国与英国交易，而美国则同时与英法交恶，严禁美国人与交战方贸易，这一政策一度使美国经济陷入萧条。无论在什么情况下，任何地方的进口商都不能指望货物在指定的日子或指定的月份到达目的地，甚至不能指望货物一定会送达目的地。此外，进口国家的市场情况也可能与数月乃至数年前货物装船时的预期相去甚远，商人因而无法赚取期望的利润。交易任何不能无限期储存的商品，显然不是明智的做法。[12]

曾在数个世纪被奉为圭臬的正统经济理论认为，进口原料并出口制成品是创造财富的不二法门。这个观点在 18 世纪被称为重商主义，但早在此之前，法国国王路易十四的财政大臣让 - 巴普蒂斯特·柯尔贝尔实际上已经在推行重商主义政策。1664 年，柯尔贝尔在整个法国境内实行统一的进口关税，取代了以往不同地区施行不同税率的做法。3 年后，他提高了部分商品的关税，比如长袜、羊毛布料，以及其他对法国产品构成竞争威胁的商品，而包括英国、荷兰在内的其他国家也做出了相同的回应。高昂的关税促进了英国制造业的繁荣发展。到了 18 世纪晚期，为服务于受保护的英国市场而建立的纺织厂和陶瓷厂也开始大量出口商品。[13]

重商主义者将国际贸易视为一场竞争，会产生赢家与输家。如果一个国家的出口额大于进口额，它就是赢家；如果出现贸易逆差，它就失败了。这种思维方式并非完全不合理。总的来说，世界经济依靠白银运转。进口商通常要用白银支付其购买的货物，而出口商收到白银作为售出货物的回报。如果一个国家的进口额持续大于出口额，它的贵金属储备就会流失，而这将限制它在未来进口商品，在战时购买武器、雇用士兵的能力。反之，持续的贸易顺差则会增加一个国家的白银储备。按照上述思路评判，柯尔贝尔增加关税的做法十分成功，他使法国的贸易状况由逆差转为顺差，只是法国贵族在购买外国制造的长筒丝袜和羽饰帽子时需要支付越来越高的费用。1793 年，中国的皇帝乾隆在给英国国王乔治三世的信中写道："天朝……并无更需尔国制办物件。"

("我不需要你们国家的东西。")他在意的不仅仅是外国器物会败坏本国风气。他还十分清楚，比起购买中国的物品，英国人更迫切希望向中国兜售他们自己的产品。

重商主义者认为，财富来自制造和出口商品。按照这个逻辑，一个国家应该只进口那些他们无法自主生产的商品。英国人一致同意，从印度进口茶叶和从巴巴多斯进口糖可以使自己的国家更加富裕。如果进口的商品与国内产品形成竞争，那就不应进口。在这套方案中，建立殖民地的目的就在于让殖民地为宗主国提供原材料和贵金属，购买宗主国的制成品并上缴税金。例如，1699年的《羊毛法案》为保护英国的纺织品制造商，规定爱尔兰的羊毛只能出口到英格兰和威尔士，以确保制造商有稳定的原材料供应，同时禁止北美的殖民者将毛纺纱线、麻纺纱线和布料运出殖民地。英国的纽约总督康伯里勋爵（Lord Cornbury）显然明白个中深意。1705年，他向伦敦当局提出建议："这些殖民地的人……应该始终完全依赖英国，服从英国统治。如果让他们继续抱着他们是英国人，既然英国人可以在英国建立制造业，那他们也可以在殖民地建立自己的制造业的想法，这个目的就永远不可能实现。"法国、西班牙和其他殖民国家的当局也会做此考量。[14]

60年后，到了彼得·哈森克勒费尔的时代，一切几乎没有变化。重商主义影响了他那短命的美洲公司的发展。哈森克勒费尔能够开办这家合伙企业，是因为他被英国议会授予了英国公民身份。如果作为普鲁士公民，他根本无法在英属殖民地投资，因为按照重商主义的观点，他赚取的每一分利润都减少了英国的财富。美洲公司本来不可能从新泽西殖民地出口钢条和铁条，所幸英国议会得知英国的钢铁生产者在矿区附近的森林资源消耗殆尽后极度缺乏木炭，因此才允许在一定条件下进口钢铁。即便如此，美洲公司只能使用英国的船只运输货物，出口地也只能是英国。尽管哈森克勒费尔雄心勃勃，但他和他的企业无法摆脱时代的约束。[15]

在一些国家，如英国和荷兰，国际贸易重商主义盛行的时期直接影响了许多人的生活，但这些影响并不总是积极的。18世纪晚期，纺纱技术的革新虽然帮助英国的布料一举征服了全球市场，但也极大降低了劳动力成本，使得成千上万靠织布获得部分收入的英国农村居民陷入贫困。1797年，为了应对与法国交战带来的财政负担，英国议会禁止银行用黄金兑换纸币，英国的信贷紧缩导致美国发生了一场经济衰退。但大多数国家，如中国、日本、俄罗斯再到庞大的奥斯曼帝国，并没有很强的国际经济联系。世界上的绝大多数人仍以自给自足的农业为生，几乎不参与现金经济。那些远离商埠和主要贸易路线的人，几乎感受不到国际商品流通和外债的影响。在经济增长研究领域有重要影响力的英国经济学家、历史学家安格斯·麦迪森（Angus Maddison），从计量的角度估算了当时国际贸易的规模：1813年的国际贸易总额还不到2013年的0.05%。[16]

在实现全球化的路上，人类还需要经历三次创新：远洋蒸汽船、电缆和一些关于国际贸易的全新见解。这三次创新都伴随着资本主义的意外崛起而产生。

第二章
第一波全球化

一个人的思想为全球化开拓了道路,而他本身正是全球化的产物,这可能并非巧合。大卫·李嘉图是塞法迪犹太人(犹太人的分支之一)的后裔。他的父亲亚伯拉罕的家族原本居住在葡萄牙,16世纪初为躲避宗教裁判所的迫害而逃到意大利,后又于1662年左右举家搬到飞速发展中的金融中心阿姆斯特丹。1760年,亚伯拉罕从阿姆斯特丹移民到伦敦,娶了阿比盖尔·德尔瓦莱(Abigail Delvalle)。在1656年犹太人被允许在英国居住后不久,阿比盖尔的家族搬到伦敦,她的姓氏表明她的家族来自西班牙。李嘉图在家中至少17个孩子中排第三。他出生于1772年,那时亚伯拉罕刚刚成为英国公民,并通过买卖股票和债券发了大财。11岁时,李嘉图的父亲将他送到阿姆斯特丹接受了两年学校教育,之后又将他接回家学做家族生意。[1]

李嘉图在金融方面才能卓著,是一个赫赫有名的政府债券认购者,并加入了证券交易所的持有人委员会。他见识广博,精通多种语言,沉迷于那个时代知识分子之间的辩论。对外贸易是最受人瞩目的话题之一,李嘉图对此有一些非正统的观点。他于1815年将这些观点公之于众,当时他正公开批评《谷物法》中关于粮食进口关税的规定，并激进地提出，利用这种方法保护英国农民免受国外竞争的影响并不明智。他认为，更好的做法是开放粮食进口使国内粮食的价格下降。当地主的利润减少，他们就会把资金转投制造业。李嘉图继续写道，这样一来，就可以通过出口产品赚取利润，利用利润购买的粮食比英国完全自给自足生产的粮食还要多，国家和地主们都会变得更加富有。

两年后，李嘉图在他的《政治经济学及赋税原理》中发展了这一观点："在商业完全自由的制度下，各国都必然把它的资本和劳动力用在最有利于本国的用途上。这种个体利益的追求和整体的普遍幸福很好地结合在一起。"这就是李嘉图的比较优势理论，该理论为他赢得了不朽的名声。对外贸易并不像重商主义者认为的那样，仅仅是一种从其他国家榨取财富的手段。相反，英国可以同时从进口和出口中获利，而它的贸易伙伴同样能从中获益。李嘉图的观点完全契合他的时代，一个跨境货物的流通对普通民众的影响比以往任何时期都大的时代，所谓的工业资本主义的时代。[2]

给资本主义下定义是愚蠢的做法，要确定资本主义开始的时间也是不可能的。但一些证据清楚显示，在 19 世纪 20 年代和 30 年代，私人所有的大型企业越来越引人瞩目。它们首先出现在英国，然后是欧洲大陆和北美洲。当然，手工业者的作坊仍然是工业生产的主体，但雇用上百名工人的工厂变得越来越多。大约在同一时间，各国政府小心翼翼地给予市场力量更大的空间来发展本国的经济。虽然不同国家在这一转变过程中的表现并不相同,但当19世纪60年代"资本主义"一词开始使用时,一些根本性的东西无疑已经发生变化了。在工业化初期,人们的生活水准大幅下降,因为自动化生产降低了工人们的工资,臭气熏天的贫民窟一时涌现。而当一些城市终于建起供水和排污系统,并资助小学让所有孩子都能学习阅读和算术时,民众的生活水平开始改善。交通和通信方面的创新使乡村不再与世隔绝,国内贸易变得更加便利。经济史学者拉里·尼尔(Larry Neal)和杰弗里·威廉森(Jeffrey Williamson)的说法一针见血:"当一个国家在19世纪开始采用其特殊形式的资本主义时,它也站在了现代经济增长的起点。"[3]

全球化与资本主义的崛起是齐头并进的。最早的迹象是英国国王乔治四世在1824年签署了一项法律,废除了不少于6项禁止"唆使工匠"到国外工作的法令。这些限令的目的(最早的一项颁布于1719年)在于阻止其他国家利用英国的创造力来发展自己的经济。它们反映了重商主义的思想,即必须通过削弱他国经济来保持自身经济实力的强大。李嘉图认为相比于垄断制造业,双边贸易可以使英国获得更大的利益,该主张使这些反移民法令逐渐失去有利地位。另外,不断攀升的失业率也是这些法令被废除的原因之一,因为只有废除禁令,那些被新型纺织机器取代的工人才能在国外找到工作。李嘉图去世于1823年,但他的思想一直吸引着大批追随者。他们在接下来的20年中影响了一系列法律的制定和颁布,促使英国的市场逐渐对外国商品开放,后来又说服其他国家效仿英国的先例。[4]

但这也并不是利他主义。英国无疑是世界上遥遥领先的工业强国，它的主要工业活动是加工棉花。1784年左右，棉纺织品仅占英国出口额的6%。半个世纪之后，这个数据变成了49%，而那时的出口量已经是半个世纪前的30倍。曼彻斯特的纺纱、织布和染色工厂一刻不停地运转，这就需要大规模的棉花原料供应，还要有对于布料的海量需求。因此，英国不仅迫切需要开放自己的市场，同时其他国家也要开放市场，而李嘉图早已为新的自由市场思想体系提供了理论依据。这一思想体系十分强大。在李嘉图著书立说的年代，欧洲国家间的战争不断，国际贸易已经停滞多年。但在短短几年内，进口关税和西北欧各国之间的贸易成本下降，贸易量快速上升。[5]

棉花的供应链很长，从密西西比的种植园到利物浦船坞周边的中间商仓库，再到分布在英国中部地区的棉纺织厂，最后到全球各地的棉纺织品买主。这一全球化产业的竞争十分激烈，各环节的成本被不断压低，这意味着几乎所有地方种植、运输和加工棉花的人，都不得不忍受恶劣的工作环境。在美国，奴隶制于19世纪二三十年代向西扩张到亚拉巴马州和密西西比州，那里建起了规模很大的棉花种植园。在印度、巴西、埃及等地，自给自足的小农为了满足英国无底洞般的棉花需求，实际上成了佃农。对于19世纪三四十年代的纺织工人来说，情况也好不到哪里去。他们受雇于规模不断扩大的工厂，生活在拥挤的城市街区，这些地方的人均身高和预期寿命较之前都有所下降。对于他们来说，每天12个小时呼吸着满是棉尘的空气是家常便饭，织布机持续不断的轰鸣声让很多人早早失去了听力。查尔斯·狄更斯对19世纪30年代刚刚过上城市生活的工人家庭做了令人印象深刻的描述：他们的"房间又小又脏，密不透风，室内的空气似乎比藏于其中的灰尘还要污浊"。狄更斯描绘的虽然是伦敦南部的生活状态,但曼彻斯特和博尔顿与之相差无几。[6]

压缩成本的目的就这样达成了,英国获得了后来所说的"先发优势"。从19世纪20年代开始,价格低廉的英国棉纺织品取代了亚洲各国国内生产的纺织品。长期以来,印度一直是最大的棉布生产和出口国家,但在19世纪20年代被它的殖民统治者逐出了中东和北非市场。到了19世纪晚期,南亚次大陆消费的纺织品中有2/3来自英国。根据一项估算,从1750年到1840年,中国的棉花种植停滞不前,而其间中国的人口翻了一番,增加的棉花需求只能通过进口来满足。19世纪中期,法国、比利时和欧洲大陆其他国家试图复制英国的商业模式,建立现代纺织制造业,但他们发现自己的纺织厂根本无法和英国竞争。他们只能选择成本更低的英国纱线,只有这样,才能使棉布的价格和英国持平。[7]

廉价的运输是在全球范围内经营棉花业的前提。英国对棉花无止境的需求反过来带动了投资,将美国种植的棉花运输到英国纺织厂的成本在1830年左右开始降低,而与此同时,英国纺织品的出口开始大幅增加。在此之前,棉花的运输成本高昂,因为包装后的棉花十分松散,每吨棉花在船上占用的空间远超同等重量的小麦或煤炭。船主们开始在美国的港口用蒸汽压棉机将棉花"压实"。到1860年,每磅(1磅约合0.45千克)棉花所占的空间还不到1810年时的一半。出口商不断增加的需求促进了更大型船舶的建造——正如两个世纪后的"艾玛·马士基号"所证明的,每航次运送更多货物可以节省成本。到了19世纪40年代早期,横跨北大西洋的棉花运输成本比20年前降低了1/4,而美洲的棉花出口量——主要是从美国运往英国——大约翻了一番。[8]

虽然罗伯特·富尔顿的"克莱蒙特号"是第一艘在商业上取得成功的蒸汽船,它曾于1807年载着乘客从纽约市沿哈德逊河逆流而上,但改造蒸汽船并使全球化成为可能的是英国工程师伊桑巴德·布鲁内尔。受雇于美国西部汽船公司的布鲁内尔,挑战了蒸汽船无法用于远洋航行的主流观点。1838年,他的"大西部号"载着600吨货物横渡大西洋。改进后的蒸汽船用螺旋桨代替明轮提供动力,用铁而不是木头建造,这些都提高了蒸汽船的航速。到了19世纪40年代,蒸汽船开始定期往返于利物浦和纽约。比起不可靠的帆船,这是一个重大进步。

但是在远距离运输中,蒸汽船的经济效益不高,因为其耗能较大的锅炉需要的煤炭占据了宝贵的空间。因此,在蒸汽船首次横渡大西洋30年后,完全以蒸汽为动力的船只才开始改变远程贸易。苏伊士运河于1869年开通,为航行于欧洲、印度和东亚的船只提供了一条海上捷径。但如果没有英国控制的包括直布罗陀、埃及、亚丁和新加坡等地在内的供煤港网络,苏伊士运河不会有任何意义。这些供煤港减少了船只的装煤量,节省的空间可以用来运输更多货物。即便如此,这条航线能够有利可图,主要还是因为大型帆船无法驶入运河,只能选择漫长而艰辛的环非洲航线。在19世纪70年代复式蒸汽机发明之前,大多数长途航线使用的依旧是帆船。复式蒸汽机是一种可以高效燃烧煤炭的新技术，它使蒸汽船更适于远航。在19世纪的最后几十年里，更便宜的钢板催生了更大型、更快捷的船舶，货物运输价格急剧下降：1896年将澳大利亚的羊毛运到英国的成本只有1873年的一半，而横跨北大西洋运输小麦的成本约为1820年的1/8。[9]

蒸汽船有了相对确定的出发和到达时间，这标志着航运业出现了翻天覆地的变化。远洋蒸汽船出发和抵达的时间相对固定后，制造商或商人在购买和销售商品时就可以做出更好的决定，并围绕着进口货物的运输做好计划。有效利用新的蒸汽船技术的关键是电报。

电报毫无疑问是19世纪最重要的通信发明。和远洋蒸汽船一样，电报的发明和实际应用之间存在长时间的滞后。1838年，英国发出了第一封商业电报，用的是塞缪尔·莫尔斯的著名技术。6年后，美国发出了自己的第一封商业电报。但直到19世纪六七十年代，稳定的电报业务才联结了美洲、欧洲、印度、澳大利亚和日本。得益于电报，人们能够实时了解其他国家的价格。出口商再也不用在不确定的条件下运出货物，祈祷几个月后这些商品可以带来利润。在船下锚的那一刻之前，出口商可以决定是否需要改变目的地，或者向国外顾客索取更高的价格，抑或将货物运回仓库以待价格上涨。类似地，进口商可以根据最新的价格和供应趋势，在最后一刻才决定应当从俄罗斯、澳大利亚、阿根廷，还是北美进口卖到安特卫普的小麦。

蒸汽船和电报这两项技术彻底改变了远距离国际贸易，使像希腊出生的瓦利亚诺兄弟这样的企业家，在19世纪60年代能够统筹黑海的俄罗斯港口、君士坦丁堡（今伊斯坦布尔）、马赛、西北欧和伦敦之间，每年成千上万吨粮食和煤炭的采购、销售和运输。不久之后，让全球化成为可能的第三项因素也开始发挥作用。到了19世纪70年代晚期，世界上大多数主要贸易国都将本国货币与黄金挂钩，1盎司黄金可以兑换固定数量的本国货币。在那之前，贸易经常面临后来被称为货币风险的问题。例如，一名瑞典进口商在1820年9月从德国购入商品需要支付的金额比3个月前多7%，因为瑞士货币在这段时间相对德国货币贬值了。当一个国家实行金本位制之后，它与其他实行金本位制的国家之间便自动形成了固定汇率制。这一硬性制度是有代价的，政府很难再通过印制更多纸币以刺激消费来应对经济衰退，但它确实消除了在协议达成后由于汇率变化而导致进口成本增加或出口货值减少的风险。[10]

由于运输成本更低、汇率更稳定，全球范围内的商品价格趋于一致。如果日本的生丝价格更低，为什么法国的纺织厂还要花高价从印度购入类似的商品呢？原材料贸易的全球化加强了一个国家应对成本上涨的能力——通过从成本更低的国家进口原材料——使原材料的价格下降，同时推动了利用这些原材料生产日用消费品的制造业蓬勃发展。[11]

就像从20世纪80年代开始重塑了世界经济的一系列变化一样，第一波全球化同样打乱了世界经济的旧秩序。工业企业开始越过国境线向海外发展。1851年在纽约成立并卖出了世界上第一台商用缝纫机的胜家（Singer），于1855年在巴黎开设办公室，又于1867年在格拉斯哥建立工厂。接下来的半个世纪里，主要位于欧洲或美国的纺织、化工、机械和消费品企业将它们的品牌带到世界各地。例如詹姆斯和彼得服饰（J&P Coats），一家成立于18世纪晚期的苏格兰纱线制造商，在1896年到1913年间完成了40次海外投资，主要收购了远在俄罗斯、巴西和日本等地的工厂。此外，国外竞争也越发激烈，促使煤矿企业、玻璃制造商和水泥制造商等组成国际卡特尔（一种具有垄断性质的同业联盟），以防止进口商品扰乱其市场。

国际金融的繁荣引发了新的社会差异，大量财富集中在少数几个地方，伦敦轻而易举地成为最重要的财富集中地。法国、德国，尤其是英国的银行家和富有的投资人向国外借出大量资金，债务国如美国、加拿大和阿根廷则主要依赖国外的贷款和投资修建铁路、扩大工厂规模。19世纪80年代是美国修建铁路的高峰期，约有2/5的投资来自欧洲。到1913年，英国将1/3的财富投资到国外，而阿根廷有一半的商业资产为外国人所有。不管是当时还是半个世纪以后，这些外国商业资产对全球经济都至关重要，各企业利用这些资产在世界各地传播技术并扩大市场影响力。然而，几乎所有公司都将重要的管理、研发和工程工作留在本国，因此它们并不是真正意义上的"跨国公司"，而只是在国外做生意的英国公司、德国公司或美国公司。[12]

当然，与20世纪末21世纪初的情况一样，第一波全球化还包括大规模人口流动。奥地利小说家斯蒂芬·茨威格回忆第一次世界大战前的岁月时说道："以前只有少数享有特权的人才能出国，而现在连银行职员和做小本生意的人都可以到法国和意大利去了。""跨境"流动的实际情况无从知晓，因为在大帝国的时代，一个家族从利比亚迁往黎巴嫩不需要跨过奥斯曼帝国的国界线，而一个迁往利物浦的都柏林人依旧在英国境内。仅仅考虑这个因素，1841年至1855年间约有1/4的爱尔兰人移居国外就很可能是一个被低估的数据。其他国家也有大量证据。19世纪80年代约有1/10的挪威人离开家乡，到20世纪早期，每年每50个意大利人中就有1人移民。而在人口流入的一方，19世纪后半叶每7个美国人中就有1个移民；到了1914年，近1/3的阿根廷人在国外出生（在意大利和西班牙的最多）。[13]

一些迁移到世界其他地区的移民潮的相关研究较少，但规模同样庞大。据估计，有2900万印度人在1914年前的数十年间移民斐济、圭亚那和肯尼亚等不同地区，而中国南方约有2000万人迁往缅甸、新加坡、荷属东印度群岛和中南半岛。在更北边的地区，几百万俄罗斯人和中国人向中亚和西伯利亚迁移。20世纪的头几年，每年共有超过300万人跨过国界到其他国家定居，比以往任何时期都要多。[14]

然而，人们通常会忘记第一波全球化的主旋律是由欧洲奏响的。约3/4的国际投资来自欧洲，主要流向拉丁美洲和亚洲一些贫困地区的矿山和种植园。商品贸易量呈井喷式增长，1913年的贸易量大约是一个世纪前的30倍，但全球40%的国际贸易仍发生在欧洲国家之间。密集的铁路网和内河航道网将欧洲的经济体联结在一起，并得到旨在保持各国间贸易往来的国际协议的保障。1882年开通、穿越瑞士阿尔卑斯山的圣哥达铁路隧道由意大利、瑞士和德国资助修建，而国际组织莱茵河航运中央委员会监督着加深或拉直莱茵河主航道的大量工程，使1890年至1914年间的驳船运费下降了3/4。欧洲各国之间的联系十分紧密，一些行业的制造商经常在众多欧洲国家之间开展业务，定期将缝纫机从英国运到意大利，或将化学品从德国运往法国。[15]

另有约37%的世界贸易发生在欧洲和世界其他地区之间。这类贸易大多是殖民主义的产物，欧洲国家通过国外的据点输入国内无法生产的矿物和农产品，然后输出自己的商品，以保证国内工人的就业。其中最臭名昭著的例子是比属刚果，它在1885年至1908年间是利奥波德二世的私人殖民地，此后由比利时政府控制。在那里，人们被迫在丛林中采集用于出口的天然橡胶，没采集到足够配额的人会受到严厉的惩罚。到1913年，欧洲其他的海外贸易主要是和美国进行的。美国有约2/3的出口商品流向欧洲，以棉花、小麦、铜等农产品和矿产为主，也有少量的机器和农用设备。与欧洲不同，美国在19世纪一再提高关税以保护国内工厂，进口商品中制成品所占的份额实际上一直在下降。[16]

在第一波全球化高峰期，只有不到1/4的国际贸易发生在非欧洲国家之间。即使在19世纪四五十年代之后，即以英国为首的外国列强强迫在鸦片战争中战败的中国进口更多商品（包括来自印度的鸦片）后，东亚在世界贸易中占的份额仍然不大，而且还在缩小。印度的情况与东亚相同。1853年被美国海军用炮艇强迫打开国门的日本是个例外。19世纪60年代，日本从零起步开始迅速扩大对外贸易，但直到1913年，其出口量仍然不到美国的1/8。拉丁美洲国家之间的贸易更是微不足道，它们从美国进口的商品只占美国出口量的很小一部分。[17]

至于各经济体和工人的生活是如何与全球经济联系起来的，繁荣的贸易本身可能是一种具有欺骗性的指标。英国人摄入的卡路里中有近2/3来自进口，包括牙买加的糖、俄罗斯的小麦和丹麦的黄油，但中国人相应的数据接近零。经济学家估算，1815

年拿破仑在滑铁卢战败，欧洲进入和平时期时，进出口量占全球总产量不到3%；到1913年，这一比例已攀升至8%到12%之间。虽然那时快速远洋蒸汽船已连接起了世界各地的港口，但它运输的货物仍以矿物、纺织品和粮食等过去长期主导着商品流通的初级产品为主。在很多时候，一个国家的贸易主要由一两种商品主导，比如尼加拉瓜的香蕉、澳大利亚的羊毛和黄金、泰国的大米。相较于世界经济整体，单个家庭受特定产品价格的影响更大。一旦可可价格下跌，无论是由于欧洲需求疲软还是非洲供应过剩，可可豆出口国就会遇到麻烦。撇开全球化不谈，早在资本主义出现之前，许多国家就已经把太多的经济鸡蛋放在一个篮子里了。[18]

20世纪前期，只有少数国家，如日本、美国和部分欧洲国家出口的制成品多于原材料，现代意义上的供应链（一个国家的工厂向另一个国家的工厂供应专门的零件、部件或化学品）几乎不存在。当美国政府试图建立这种供应关系时，它估计1906年"用作制造业材料的经部分或完全加工的进口物品"的价值约为1.13亿美元，而美国216262家制造业企业使用的所有材料的总价值约为85亿美元。因此，根据美国政府的测算，进口制成品仅占美国工厂总投入的1.3%。[19]

随着时间的推移，迅速工业化的世界经济或许会在不同国家的产业之间建立起更复杂的联系，发展出更复杂的供应链，但这一切并没有发生。相反，第一波全球化在1914年戛然而止。

第三章 倒退

3
RETREAT

第一波全球化结束的时间可以被精确地追溯。1914年6月28日，奥匈帝国皇储在萨拉热窝被暗杀，那里是当时奥匈帝国属地波斯尼亚和黑塞哥维那的领土。经过一个月的威吓和军事调动，其他列强也为支持各自盟友而介入，战争在欧洲爆发。7月28日，奥匈帝国对塞尔维亚宣战，蒙特利尔、多伦多和马德里的证券交易所纷纷关闭。到7月30日，由于德国和俄罗斯各自集结军队，从维也纳到巴黎都停止了交易。7月31日，随着德国军队准备入侵比利时和法国，伦敦证券交易所停止了所有业务。而几个小时之后，当经纪人们在纽约证券交易所交易大厅等待上午10点开市钟声敲响时，负责敲钟的人却被告知还要等待。

纽约证券交易所总裁后来写道，做出这个决定是因为当时全球各地的股票市场都已经关闭，"如果那天早上恢复营业，纽约将成为全球恐慌唯一可以发泄的市场"。但这并不是全部真相。美国财政部长威廉·麦卡杜深度参与了暂停纽约证券交易的决定。他担心的是一旦开市钟声在上午10点敲响，外国人会抛售他们的股票和债券，拿回资金购买黄金，再把黄金带回欧洲作为军费使用。与欧洲的大部分国家一样，美国的整个金融体系是由黄金支撑的，美国的银行被要求按照官方价格将美元兑换成黄金。如果美国的黄金大量流向大洋彼岸，银行将不再有能力履行这一义务，其后果足以用"恐慌"一词来生动地形容——银行将减少贷款，企业将难以支付工人工资，美国经济将走向萧条。[1]

过去，减少1美元钞票可以购买的黄金重量，或者用白银代替黄金兑换纸币都是解决这一问题的办法。但在金本位制下，美元与欧洲主要货币的汇率固定，因此汇率风险不复存在，外国投资大举流入美国。外资企业的产出占美国经济总产出的5%，外国人拥有纺织厂、轮胎厂约27亿美元的铁路债券，以及美国最大的企业美国钢铁公司1/4的股份。自19世纪70年代起，外国投资就改变了美国经济。唯一可以避免这些资金流失的方法就是保持金本位制，这需要暂停金融全球化。外汇交易已经停止。作为全球化最重要的工具之一的纽约证券交易所，将有近9个月无法重启交易。[2]

金融市场的崩溃，只是对商品和货币可以在全球范围内自由流动的愿景的第一次打击。第二次打击伴随着国际贸易的急剧衰退而来。当时同盟国（最初是德国、奥匈帝国和奥斯曼帝国）和协约国（法国、俄罗斯、英国和日本）的主要战略目标都是破坏对方的贸易。战争刚开始，英国皇家海军就封锁了德国。开往德国的船只被扣押，驶向中立国如挪威、荷兰的船只则被迫停靠英国港口，所有可能转运德国的货物都被港口的官员没收。大部分德国商船在接下来的战争中，都被困在不来梅、汉堡或吕贝克的港口。一名英国高级海事官员后来说道，德国人"没有遇到航运问题，是因为他们根本没有出航的机会"。德国人对此做出反击，威胁要击沉每一艘开到英国的船，这明显是想通过提高船舶和货物的保险费以阻止贸易。英国、挪威和美国立即动用国家资金为船只保险,以确保贸易不受影响。[3]

英国凭借自身的地理位置和规模更大的海军占据了上风。最初几个月,英国并没有彻底封锁住德国。德国的纺织厂仍能够通过当时保持中立的美国和瑞典进口澳大利亚的羊毛,而美国也坚持它从德国进口纺织染料的权利。但到了1915年,英国的封锁战略极大限制了这个欧洲第二大贸易国的商业往来,而与俄国的战争甚至使德国无法从东方进口粮食。英国还进一步强化了封锁,威胁将停止向一些北欧国家输送煤炭,除非他们不再向德国出口粮食和铁矿石。在持续不断的压力下,德国从1913年到1917年的对外贸易量下降了近3/4。[4]

甚至在远离西线血腥战壕的地方都能感受到缺乏商船带来的影响。1914年夏,英国控制了世界近半的远洋航运。英国的轮船公司,如最大的蒸汽机船运营商半岛东方航运公司(Peninsular & Oriental)和在东南亚各地间运载货物和乘客的中国航运公司(China Navigation Company,今天的太古轮船公司),均在亚洲的国际贸易中占据非常大的份额。英国政府出于军事需求征用了这些公司的许多船只,而一个之后被称为船运部的新机构则负责调度其余船只。在这种安排下,船运部迅速控制了英国及法国、意大利的对外贸易。商船的目的地和装运货物都是指定的,只有获得批准的商品才能进口到英国,以免宝贵的运载空间被非必需品占用。[5]

到1915年,战争已持续了一整年,此时全球的国际贸易总量比1913年降低了26%。欧洲的出口量下降了一半。而在远离战场数千英里的拉丁美洲,出口商们正为寻找船只将咖啡和肉类运往市场而发愁。可供使用的新船数量稀少。英国的造船厂在1913年制造了全世界2/3的商船，但由于造船工人纷纷奔赴战场，商船的生产无以为继。尽管美国在1916年大力发展造船业，但在1917年4月对德国宣战以后，新船就无法用于贸易，只能用来运载军队和军需品。中立国和协约国的大量商船遭到德国潜艇的攻击，船只匮乏的状况进一步加剧。英国当局假装问题并不严重。1917年年初，他们试图通过宣称每周有2500艘船抵达英国港口来振奋军心，却隐瞒了其中2360艘船因体形过小而不适于远洋航行，实际上只有140艘船可以用来运输小麦、牛肉或其他重要物资的事实。1913年至1918年间，由于缺乏船只，中国的进口量下降了34%，意大利下降了62%，伊朗更是达到了惊人的75%。在这场为时4年零3个月的战争中，全球范围内的国际贸易减少了大约1/3。[6]

1918年11月，一份停战协定为战争画上句号。此时的世界局势是：一场可能带走1亿人生命的世界性大流感正在蔓延；欧洲各国爆发了一系列旨在颠覆旧秩序的革命，而重建这片伤痕累累的大陆还需要数年时间。欧洲的战胜国优先考虑的是获得更多的殖民地，恢复黄金储备，以及吞并崩溃的德意志帝国、奥匈帝国和奥斯曼帝国已化为废墟的领土。恢复贸易和投资一事迟迟没有提上日程。正如历史学家迈克尔·B. 米勒（Michael B. Miller）所说，这场战争通过严重削弱欧洲，使美国和日本成为重建世界经济的主要组织者的方式促进了全球化，但这些影响在很久以后才会显现。[7]

从某种意义上说，战后外交的目的就是限制全球化。在巴黎附近的凡尔赛举行的和平谈判被视为帝国（或者说至少某些帝国）灭亡的开端。对美国总统伍德罗·威尔逊而言，"民族自决"（这是一个模糊的概念，认为政治主权应该以共同的语言或共同的民族为基础）是首要目标。意大利外交部长西德尼·松尼诺（Sidney Sonnino）对此解释道："这场战争无疑过度激发了民族情感……或许是美国提出的清晰的原则助长了它。"民族主义思想也开始支配经济政策。贸易壁垒再次出现，国际投资越来越不可靠，控制本国的商船被视为战略要务。但推翻了俄罗斯帝国的布尔什维克党在巩固新成立的苏联时也采取了类似的政策，不过出于不同的原因——他们是为了与外国资本家保持距离。[8]

衡量全球化的一个标准是一个国家的经济在多大程度上对世界贸易开放，但这个标准在计算时不可避免地会引起争议。例如，1918年之前，货物从布拉格到维也纳不是出国，但在1918年之后则需要越过国界线，这种情况应当如何计算？不过，尽管存在这些技术问题，基本趋势还是非常清楚的。1913年，也就是第一次世界大战爆发前一年，出口约占世界经济总产出的12%。战争结束后，经过短暂的回升，国际贸易在1920年和1921年急剧下滑，许多国家和地区陷入经济衰退。尽管经济增长和贸易状况在1924年前后有所改善，但出口在20世纪20年代后期仅占全球经济总产出的10%左右，远低于战前水平。世界经济的开放程度已不如以前。[9]

这一结果是人为造成的。20世纪20年代，各国为帮助本国的制造商和农民恢复生产力，纷纷提高关税。英国在过去一个世纪一直是自由贸易的主要倡导者，但议会于1921年通过了《工业保护法》，对来自英国之外的光学设备、仪器、有机化学品等征收关税，使其价格提高了 1/3。那些被政府认为以低于生产成本价进口的产品，依据该法也应处以罚款。这一规定虽然违反了与至少 26 个国家签订的条约，却让整个工业界感到高兴。美国则在 1921 年和 1922 年两度提高关税。虽然进口美国的商品中 2/3 无须缴纳税款，但其余商品的平均关税使购买 100 美元进口货物的成本上涨了 39 美元。从 1913 年到 1925 年，西班牙进口关税的平均税率从 33% 上升到 44%，英属印度则从 4% 上升到 14%。通常一个国家做出新的进口限制，其他国家就会以同样的方式反击。1925 年至 1929 年间，26 个欧洲国家，以及澳大利亚、加拿大、新西兰和许多拉丁美洲国家都提高了关税。[10]

如果航运成本能够像第一次世界大战爆发前那样不断下降，低廉的运费或许可以抵消更高的关税带来的负面影响。自 19 世纪晚期以来，航运业的生产力增长速度比其他行业快得多，这主要是因为造船材料由铁变为钢后，可以造出装载更多货物的更大的船只。海上国际贸易的运输成本因此变得更加低廉。据一家轮船公司统计，从 1885 年到 1914 年，运输 1 吨货物的平均成本下降了 60%。但在 20 世纪 20 年代，航运成本下降的趋势停止了。历史学家对其中的原因争论不休，但无论是何种缘由，20 世纪 20 年代扣除通货膨胀影响以后的平均运费几乎与 1913 年持平。换言之，无法指望通过降低运输的成本来刺激贸易的发展。[11]

对外贸易增长迟缓，对外投资也随之萎缩。第一次世界大战爆发前，全世界外资资产总值，包括政府债券、制造工厂等在内，已经达到了世界经济产出的 18% 左右。但这一数据在整个 20 世纪 20 年代不断下降，到 1930 年只有 8%。当然，也有许多备受瞩目的外资企业，如福特汽车公司。战争爆发前，福特公司就在英国和法国利用美国制造的零件组装汽车，这是制造业远距离供应链的一个早期例子。到20世纪20年代末，福特公司在欧洲拥有13家工厂。但福特的扩张轨迹恰恰显示了两次世界大战之间全球化的局限性：由于关税过高，它需要在每个国家，甚至包括像丹麦这样的小国设立工厂，仅凭一两家规模更大、效率更高的工厂来满足整个欧洲的需求显然是不现实的。虽然国际商业机器公司（IBM）的法国工厂和德国工厂还在使用从美国进口的零件组装制表机，但许多公司已不再进口零件或原料，而是授权外国工厂制造它们，这样可以更好地避免支付进口关税。例如，美国汽车制造商为避税从加拿大向英国出口汽车，但加拿大对美国制造的零件征收高关税，因此他们在加拿大制造的汽车必须使用不低于一定比例的加拿大零件，这样才能免受高关税的影响。总的来说，金融业和制造业的国际化程度在20世纪20年代大幅降低。与其不断围绕关税、货币管制和其他贸易壁垒谈判，投资者们宁愿将资金带回本国。[12]

移民的数量也在减少。美国作为移民的头号目标，在1905年到1914年间有6年每年接收移民数量超过100万。但在1924年严格限制移民人数的法案颁布后，美国平均每年仅接收约30万移民，而且其中近1/3的移民来自加拿大，而非更加遥远的地方。另一个曾大量吸引欧洲移民的国家阿根廷，在第一次世界大战前每年接收约20万人。但在20世纪20年代，阿根廷平均每年接收的移民人数只有第一次世界大战前的一半左右。最大的跨境移民输出国是中国，其中数百万人迁往东南亚及其他地区。[13]

大萧条迅速扼杀了恢复商品、资金和人员自由流动的任何希望。1929年10月29日（当天是星期二），纽约股市暴跌，纽约证券交易所出现恐慌性抛售，拥挤的交易导致股票报价机打印出来的股价比实时价格滞后了好几个小时。人们通常认为这件事标志着大萧条的开始，但其实它并没有那么重要。早在"黑色星期二"之前，全世界大部分地区已经陷入通货紧缩，而不当的经济政策正是导致这一现象的核心原因。各国政府在黄金稀缺时仍然坚守金本位制，导致国内利率攀升，阻碍了经济增长，同时使银行不得不想办法处理破产借款人的各项贷款。有证据表明，到1930年，日本、意大利和加拿大等各个主要经济体都出现了大范围的价格下跌。[14]

通货紧缩往往会破坏经济增长。企业推迟购买设备，消费者停止消费——既然明天的东西会更便宜，为什么要在今天买？20世纪30年代早期，这种现象在世界各地上演。与此同时，失业开始成为普遍现象。虽然这一时期大多数国家的数据都不完整，但据官方估计，美国的失业率从1929年经济普遍繁荣时的3%左右跃升到1930年的9%。美国农场的情况十分严峻，农场工人的平均日工资除去食宿仅有2.15美元，比10年前少了1/3。欧洲的状况并不比美国好多少，因为比起让人们获得工作，政府更在乎维持财政收支平衡和保持黄金储备。荷兰花了8年时间才使其经济规模再次回到1929年的水平，而加拿大和法国分别花了9年和10年。纽约证券交易所最著名的股价指数道琼斯工业平均指数，花了足足25年的时间，直到1954年11月才恢复到股市崩盘前的水平。如果考虑这段时期的通货膨胀，这个时间要长得多。[15]

经济衰退也导致国际贸易萎缩。由于消费者不敢花钱，1930年全球的进出口额大幅下降8%。后来的情况愈发糟糕。早在1929年4月，美国国会为回应陷入危机的农业部门的呼声，开始制定新的关税法。这项为帮助农民而制定的法律一开始很温和，但很快就变得越来越严苛。1930年，在股市崩溃8个月后颁布的《斯穆特－霍利关税法案》（或称《1930年关税法案》）一直为人所熟知。这一法案不仅增加了须缴纳关税的商品的种类，还提高了税率。它按每磅或每其他单位商品须缴纳一定数额美元的方式征收关税，而不是像以往一样按进口商品货值的百分比来征收。因此，随着通货紧缩和商品价格下降，关税占进口商品货值的比例越来越大。到1932年，《1930年关税法案》使许多矿物、农产品和制成品进入美国的成本提高了59%。[16]

美国在1930年已经是世界上最大的贸易国，进出口额在全球国际贸易中约占1/7。新的关税法激怒了它的贸易伙伴，各国的制造商本已面临着需求减少的困境，而该关税法事实上阻断了它们的出口。加拿大和欧洲国家做出反击，提高了美国进口商品关税。到1931年夏天，银行业危机在欧洲蔓延，各国政府将本国货币与黄金脱钩，这样各国央行就可以向挣扎中的经济注入更多资金。金本位制崩溃了，汇率失去控制。各国相继实施外汇管制，要获得支付进口商品所需的外币越来越困难。

根据价格变化调整后的国际贸易总量在1929年到1933年间下降了近1/3，其后仅有微弱的复苏。制成品的贸易量在这一时期下降了42%。由于各国都限制了公民向国外转移资金的能力，国际投资几乎完全停止。国际联盟研究这些问题时发现，在1931年9月1日之后的16个月里，有23个国家全面提高了关税，50个国家提高了特定商品的关税，32个国家实行了进口配额制或许可证制度。国际联盟的一份报告警告道："到1932年年中，国际贸易机制显然将陷入一场巨大的危机，它很可能像国际货币体系一样彻底崩溃。"[17]

持续已久的经济危机由于国际贸易和国际投资的崩溃而进一步加剧，对政治造成了重大影响。由于失业率居高不下，人们的生活水准逐步降低，美国和加拿大采取了比以往任何时候都更为积极的措施，包括援助农民，建设公共工程，向穷人、老年人和失业者提供援助，并在很大程度上扩大了国家的职能。经济福祉不再只是私营部门关注的事情。在欧洲，经济危机动摇了民选政府，支持民族主义与独裁统治的政党成员在伦敦和巴黎街头游行，并在德国、匈牙利、葡萄牙等地建立了独裁政权。

主要出口商品的地方，包括欧洲列强在非洲和亚洲的大量殖民地，遭遇了极大困难。由于欧洲和北美富裕国家贸易壁垒高筑，出口国无法继续发展制造业。它们只能输出农场和矿山的产出，但这将使形势变得更加危险。1929年铜价暴跌后，智利出口额（以美元计价）在3年内暴跌88%。巴西的出口货物以咖啡和糖为主，没有多少制成品，其出口额下降了2/3。橡胶、羊毛、棕榈油、锡等的价格在20世纪30年代初直线下跌，出口1吨货物的收益能买到的制成品少于以往。许多大宗商品的价格连年低迷，直到第二次世界大战的备战创造了新的需求后才有所回升。当时世界上相对贫穷地区的生活水平远远落后于欧洲、北美和日本。[18]

到了20世纪30年代晚期，世界分裂为若干贸易集团。在这些贸易集团中，一些国家给予合作伙伴关税优惠，同时利用关税将其他国家拒之门外。其中英国的地位尤其重要。加拿大、印度、澳大利亚和南非等国的大部分出口商品都在大英帝国内部销售，这些商品均被免除进口关税。已经控制了朝鲜的日本，在20世纪30年代占领了中国东北地区和东部部分地区，并将这些地区变为其主要出口市场，而中国与其他国家的大部分贸易被切断。随着与北美贸易的崩溃，德国将商业目标转向欧洲，包括那些它希望变为自己附属国的国家。意大利也增加了与它的非洲殖民地（主要是利比亚）的贸易，而减少了与其他国家或地区的合作。国际投资枯竭，跨境信贷也停滞不前，国际经济关系的解体为战争铺平了道路。1939年9月1日，150万德军士兵进攻波兰，一场血腥的战争随即爆发，而这场战争将给世界大部分地区带来毁灭性的打击。

第四章 北方与南方

NORTH AND SOUTH

1944年7月，第二次世界大战——这场有史以来最具破坏性的战争——即将进入第6年。当盟军从东西两面夹击希特勒的德国，并渡过太平洋向北逼近日本时，来自44个国家的经济专家在位于新罕布什尔州白山国家公园的度假胜地布雷顿森林会面，为战后世界制订计划。他们首先要面对的问题是如何在恢复贸易和跨境投资的同时，避免引发像第二次世界大战前数十年间的经济危机。要解决这一问题，最重要的是要找到一种管理汇率的方法。

大萧条时期的经历对布雷顿森林的谈判代表影响至深。除了苏联，大多数人都认同更开放的世界经济可以带来更多的好处。然而，将汇率与黄金挂钩显然加剧了大萧条，让面临大规模失业、居民生活水平不断下降以及社会动荡不安等困境的各国政府无法注入资金以重振经济。虽然汇率不稳定的现象仍然值得担忧，但重新回到黄金价格高于一切的时代显然是不可能的。[1]

布雷顿森林会议达成的解决方案是一种更加灵活的金本位制。每个国家都宣布本国货币对美元的汇率，美国则承诺将各国中央银行的美元按每盎司35美元的价格兑换成黄金。这样，所有主要货币兑黄金和其他货币的汇率都固定下来了，但这一新的体系存在两个漏洞：一、为使政府可以适度调整利率以管理国内经济，参与国被允许存在不超过10%的汇率波动；二、如果一个国家陷入"根本性失衡"（这个词从未被严格定义），该政府可以在得到一个新的国际组织（即国际货币基金组织）的许可后改变汇率。这一解决方案的基本理念是灵活的金本位制将重建人们对稳定的国家货币体系的信心，同时允许国家在面临严重经济问题时上调或下调本国汇率。

一些国家是汇率稳定的典范。例如，从1946年到1970年，瑞士法郎兑美元的汇率几乎稳定在4.3，而瑞典克朗兑美元的汇率在20多年里一直维持在5.18，波动在1%以内。另一方面，经济不景气的国家被迫将本国货币贬值。在通货膨胀严重的法国，1945年119法郎可以兑换1美元，但到1960年年初1美元已能购入490法郎。当时的法国政府为了稳定币值，不得不发行新法郎，1新法郎相当于100旧法郎。按照布雷顿森林体系的设想，除非形势极度糟糕，否则各国都不应通过限制进口来控制货币。事实上，自由贸易是整个布雷顿森林体系的重点。但为了让这个体系正常运转，有一种"商品"是不能自由交易的，那就是货币。如果投资者可以随心所欲地用英镑购买法国法郎，那么英镑对法郎的汇率就将受到影响，所以资本流动必须受到控制。英国经济学家琼·罗宾逊曾在1944年断言："财富的私人拥有者没有出于个人便利在世界各地自由转移资金的权利。"这意味着政府实际上严格控制着金融业，限制跨境投资，甚至决定哪些公民可以获得珍贵的外币。金融的全球化是不被允许的。[2]

对布雷顿森林会议的谈判者们来说,扩大国际贸易不仅仅具有经济上的意义。在经历了两次灾难性的世界大战之后,他们认为国家间更紧密的经济联系是避免第三次世界大战的根本。但他们也明白,大多数国家的经济核心是家庭所有的农场和企业。贸易壁垒和投资限制使规模小、效率低的企业得以生存,但也让成功的企业难以向海外扩张。尤其在欧洲,一个国家的工厂离另一个国家的潜在客户很近,一旦跨国经营变得更加容易,大型企业就会出现。它们有能力投入更多资金购买最新的设备并资助研究,提高自身的生产力,从而提高所有欧洲人的生活水平。

布雷顿森林协议旨在通过创立可以管理世界贸易的国际贸易组织(International Trade Organization)来启动这一进程。但由于这一设想意味着美国的贸易政策可能受一个国际机构的监管,因而遭到了美国的反对,这个构想中的国际组织就这样胎死腹中。取而代之的是由23个国家共同承诺遵守关税及贸易总协定(GATT,简称关贸总协定)的规定。关贸总协定的宗旨是促进缔约国降低进口关税。在从1947年到1956年的四轮谈判中,每个缔约国都提出降低某些产品的关税并期望其他国家也做出同样的承诺。而每轮谈判的最终结果都是数千项商品的关税得以减免,一些重要的外国制成品的价格因而降低了20%甚至更多,迫使本国生产者不得不提高生产效率以保持竞争力。随着更多国家要求参与谈判,削减关税的谈判进程变得更加缓慢和烦琐,关贸总协定也因此被人嘲笑为"一个耍嘴皮子的地方"。它成功地降低了工业品的关税,甚至在某些情况下完全免除了这些产品的关税，但农产品的关税几乎没有下降。服务贸易的主要障碍则在于许可证要求或其他限制，而不是关税，因此关贸总协定无法撼动这些坚固的壁垒。

尽管关贸总协定有许多缺点，但它提出了两项对全球化进程影响深远的改革。一是使削减关税的行动具有约束力，比如一个国家一旦同意以 5% 而非 15% 的关税进口卡车车轴，它就不能再增加这项产品的关税。这为企业提供了保障，保证一些政府不会在未来突然改变计划，提高某项进口商品的价格。另一个是一个国家做出的承诺平等适用于其他所有成员国。在此之前，贸易协定一般只在两个国家间签订，比如美国和尼加拉瓜在 1936 年签署了一项协定，或者仅在特定集团内部实施，如大英帝国。但通过关贸总协定谈判达成的进口关税削减则适用于所有成员国。当关税减让覆盖"几乎所有"成员国间的贸易，或者有 2/3 的成员国同意时，各国就能以更有利的条件相互开展贸易。这一规定为一系列取得非凡成就的协议开辟了道路，它们最终将欧洲的大部分地区转变成一个单一市场。[3]

第二次世界大战后，世界经济恢复得极为缓慢。1945 年战争结束后的几年里，北美的经济步履维艰，欧洲和亚洲的许多地方同样苦不堪言。自 20 世纪 30 年代以来一直施行的进口限制只是经济复苏的障碍之一（关贸总协定的第一轮关税减让谈判达成的协议在 1948 年生效）。战争耗尽了许多国家的黄金和美元储备，使它们没有足够的资金进口拖拉机、工厂设备、肉类、粮食和煤炭。美国和加拿大的工厂完好无损，但它们失去了重要的出口市场。多年来对物价和薪资的控制削弱了工人的购买力，引发劳工骚乱，要求国家收购私营企业的呼声越来越高。1947年法国因为罢工损失了超过2200万个工作日。同年，欧洲和亚洲的农作物产量远低于10年前，制造商也因价格不合理而推迟了投资。经济增长非常微弱，许多国家1948年扣除通货膨胀率因素后的人均收入仍然低于第二次世界大战爆发前。[4]

凭借美国的援助，这一困局才被打破。1948年，美国国会批准了马歇尔计划。美国根据该计划在4年间向欧洲国家提供了近130亿美元的援助，使这些国家能够进口重启经济所需的机械、原材料、食品和燃料。马歇尔计划的根本目的是战略性的。美国无疑是第二次世界大战后世界的主导力量，它急于组建一个在政治和经济上都足够强大的国家联盟，以对抗被它视为对和平构成最大威胁的苏联。苏联及其卫星国拒绝接受马歇尔计划的援助，也无意扩大贸易或引进国际投资。1949年，德意志联邦共和国（即西德）成立，并发行了新的货币马克。受这些举措刺激，第二次世界大战前欧洲规模最大、工业化程度最高的经济体走向复兴。[5]

马歇尔计划的援助是有附加条件的，全部17个参与国都必须承诺停止操控价格并鼓励私营经济的发展。因此，与东欧施行的国有经济不同，这些国家致力于建立价格由供求关系决定的自由经济体制。[6]美国还要求参与马歇尔计划的国家采取集体行动。对于这些曾两度兵戎相向的国家来说，合作并非易事。1951年，它们迈出了实质性的第一步，6个国家承诺取消电力和工业的主要燃料煤炭以及关键的工业产品钢铁贸易中所有歧视性措施。欧洲煤钢共同体的成立为更大规模的贸易铺平了道路，效率最高的矿区和钢铁厂因此可以将产品卖到西欧各地，效率较低的企业在压力下纷纷倒闭。欧洲煤铁共同体的管理机构——高级机构（High Authority）——负责指导一些决策，包括发放贷款以更新工厂设备和向失业工人提供补助，而这些资金来自煤和钢的税收。

受影响的并非只有工作。如法国外交部长罗伯特·舒曼（Robert Schumann）所说，欧洲煤钢共同体的根本目的是将各国更紧密地联系在一起，"使战争不仅不可想象，在物质上也无法实现"。国家政府将对外贸易的控制权部分移交给一个国际机构的计划在当时还是一件非常激进的事，参与发展该计划的法国外交官甚至不得不尽可能地对本国政府保密。比利时、法国、意大利、卢森堡和荷兰都签署了条约。它们知道欧洲的复兴需要一个有经济活力的联邦德国，但同时希望西德保证不再利用其经济力量发动战争。[7]

严格地说，欧洲煤钢共同体违反了关贸总协定的规定，因为它没有覆盖"几乎所有"贸易。但关贸总协定中实力最强大的成员国美国并未表示反对，而是希望共同体能够成功。相较于消除欧洲对美国出口商品的歧视性措施，美国更在意的是筑起一座抵御对立意识形态的堡垒。亲苏的势力在意大利、法国等地十分强大，打败它们的最好办法似乎是提高工人的生活水平。即便这意味着欧洲人会更多地从彼此的国家购买东西，减少消费美国的商品，这样的代价也是可以接受的。

这一战略非常成功。更低的关税、更稳定的货币以及朝鲜战争引发的对各种制成品的巨大需求，使欧洲经济开始高速运转。1950年到1952年间，西德对其他欧洲国家的出口增长了87%，瑞典增长了45%，荷兰增长了36%。到1953年，西德

90%的进口商品享受关税豁免。随着欧洲加大在外国的投资，以及美国的制造商在欧洲各地开设工厂，国际投资也开始快速增加。贸易和投资的增加迅速提高了生产率。到1955年，荷兰工人的平均产量比1950年多1/4，西德工人的平均产量增加了2/5。人们的生活水平迅速提高：意大利扣除通货膨胀率因素后的制成品出口在1950年到1957年间翻了一番；数百万贫困农民从南方的偏远村落搬到了北方蓬勃发展的城市，他们可以在那里找到一份工厂的工作，获得稳定的收入；室内管道普及；商店的橱窗里展示着最新款的服装。这很好地解释了为什么意大利人会把战后时代称为"奇迹"（il miracolo）。[8]

一些欧洲的领导人有更远大的梦想，即消除曾引起两次世界大战的国境线。1956年的《罗马条约》将欧洲煤钢共同体改名为欧洲共同体，共同体的成员国将取消对其他成员国的所有进口限制，不仅限于煤炭和钢铁。这是前所未有的举措——各国政府从未如此慷慨地交出自身在贸易政策上的所有权力。无论欧洲的制造商们是否愿意，欧共体内的自由贸易都迫使它们向国际性企业发展。政治家赌的是虽然激烈的竞争会导致跟不上时代步伐的工厂陆续破产，但现代化程度更高的企业将增加薪资更高的新岗位。这是一场回报丰厚的赌博。

随着1948年《关贸总协定》生效，第二波全球化开始了。全球贸易总量迅速增长，但贸易模式仍与第一波全球化时相似。贸易和投资仍然主要发生在西欧、北美和日本这些第二次世界大战前就已经高度工业化的国家和地区。这些地区当时被称为"北方""中心"或"发达"经济体，不同的说法取决于说话人的政治倾向。国际贸易之所以在"北方"非常繁荣，是因为这些地区的制造商提供了数以百万计的高薪岗位。

世界其他地区则主要通过向这些"先进"国家供应原材料的方式参与第二波全球化。这些被称为"南方""边缘"或"欠发达"经济体的国家或地区，人均消费的制成品远少于欧洲和北美，它们的工厂除了服装外几乎不生产其他产品。由于运输成本高昂，以及富裕国家的贸易壁垒，贫穷国家无法把棉花加工成纺织品或将矿石锻炼成钢铁，从而提升自身的经济水平。大部分工作不足以维持生计。一份统计数据清晰地反映了南北之间的差异：1959年，拉丁美洲、非洲和亚洲占全球制造业总产出的比例不到10%。[9]

但可以肯定的是，第二次世界大战后，这些国家大多摆脱了长期的殖民统治，并大量出口矿产、农产品和植物纤维等。1955年，咖啡、黄麻和石油等初级产品占巴西出口的90%，占印度和土耳其出口的3/4。不过，这类商品大多是较富裕的国家基本无法生产或完全不生产的产品。例如，智利的铜和印度的茶叶有海外市场，但哥伦比亚的糖在美国不受欢迎，泰国的大米在日本也没有销路。更重要的是，大多数国家的贸易极度依赖一两种商品，橡胶或锡的价格急剧下跌就很可能带来灾难性的后果。所以这些较贫困国家的人民认为自己是失败者，对外贸易和国际投资非但没有带他们走向繁荣，反而让他们愈加贫穷。这激起了那些渴望摆脱欧洲控制的地区强烈的民族主义情绪。[10]

阿根廷经济学家劳尔·普雷维什提出了另一条路线。他曾是阿根廷中央银行行长，在1943年军事政变后被赶下台，最终被迫流亡。1949年3月，别无选择的普雷维什加入了一个不知名的联合国组织——总部设在智利的拉丁美洲经济委员会，担任顾问。他的第一个任务是编写一份关于拉丁美洲的经济调查报告。这份在同年5月的一次会议上递交的报告不啻为一枚重磅炸弹。他在报告中断言，尽管自由贸易使大型工业国家获利，但牺牲了那些处于"世界经济体系边缘"的国家。大卫·李嘉图曾主张，如果各国都生产各自生产率最高的产品，并用其来交易自己需要的产品，那么每个国家都能受益。但普雷维什坚持认为，这无法提高边缘国家的工人的生产率，也难以改善人民的生活质量。相反，他认为边缘国家就像是在跑步机上奔跑，它们需要出口越来越多的原材料才能进口与之前数量相当的制成品。他说，这些国家与其积极响应自由贸易，倒不如引进工厂和机械设备，同时减少消费品的进口。因为消费品可以在高关税的保护下由国内工厂生产，然后出口到富裕国家。普雷维什声称，随着时间的推移，这一策略将提高边缘国家的生产力，使它们逐步开放经济。[11]

普雷维什的设想被称为进口替代战略，在世界大部分地区受到欢迎。它为拉丁美洲国家提供了削弱英美经济影响的方案，为亚洲和非洲的前殖民地给出了摆脱宗主国对它们的经济控制的指南。刚取得独立的印度在1950年成立了计划委员会；曾受英国殖民统治的黄金海岸在1957年独立为加纳共和国之前，就成立了一个计划部门；各国政府都委任专家来决定本国应该发展哪些产业，以及如何发展这些产业。不同于由国家主导的苏联共产主义和美国倡导的资本主义，进口替代提供了经济发展的"第三条道路"。1955年，在印度尼西亚万隆召开的亚非会议上，这一战略得到 29 个亚非国家领导人的支持。这些国家领导人几乎一致认为，他们的国家与世界上较富裕地区之间存在着不平等关系。

在他们看来，要消除目前的不平衡，需要让大宗商品价格停止剧烈波动，以免给本国经济带来致命打击。1958 年，参与《关贸总协定》的一些知名经济学家赞同这一观点，认为抑制国际市场的剧烈波动具有重要意义。许多国家希望保持大宗商品价格稳定，77 个国家（被称为"77 国集团"）立刻请求联合国帮助实现这一目标。联合国不顾欧洲和美国的反对，于 1964 年成立了一个组织——联合国贸易和发展会议（简称"贸发会议"），以解决发展中国家的问题。普雷维什被任命为贸发会议领导人，他呼吁彻底改变富裕国家和贫穷国家之间的关系，包括通过合作稳定大宗商品价格、支持进口替代以加强发展中国家的制造业，以及给予更大力度的外国援助。这一揽子提案及后续更多的提议，后来被称为"国际经济新秩序"。

这些想法在理论上具有巨大的吸引力，但实现起来困难重重。例如，要稳定咖啡的价格，第一，需要生产咖啡的各国限制产量，也就是要控制每次种植的收成。第二，一个国际基金需要采购、储存和销售一定量的咖啡，以保证全球市场上的咖啡价格保持在商定的水平。而这就需要巨额资金和非凡的智慧，才能判断现在的价格是不是过高，是否需要销掉库存，或价格是不是太低，是否需要购入咖啡。人们很难筹集到足够的资金，也很难找到具有高超智慧、能够管理这样一套系统的人才。至于进口替代，有权发放进口许可和补贴的官员有无数机会贪污，这必然导致一些产业因为缺乏国际竞争力而效率低下。只有少数国家和地区，特别是韩国、中国台湾，以及多年后的中国大陆，成功实现了进口替代。许多国家按照联合国贸发会议的建议，成立了商船队，并确保它们在本国的海上贸易中占有一定份额，但对于赞助它们的政府或不得不和它们合作的出口商来说，这些经营不善的企业大幅提高了成本。[12]

截至20世纪60年代末，许多贫穷国家仍然与世界经济脱轨。亚洲的发展中国家深受一系列事件的影响，包括在越南和老挝等地爆发的战争、印度和巴基斯坦之间持续不断的冲突、朝韩边境的武装对峙等各种动荡。据联合国贸发会议统计，在1967年全球干货出口中，这些国家占的份额不足1%。非洲的经济停滞不前，外债如山的拉丁美洲在进口替代方面几乎没有什么成绩。世界上大部分人都认为国际贸易是"北方"控制"南方"的阴谋，大多数贫穷国家并不想参与其中。若干年后，这种局面将发生逆转。[13]

第二部分
一个世界

PART II ONE WORLD

第五章 集装箱革命

THE CONTAINER REVOLUTION

在漫长的历史中，1956年对两个领域来说至关重要。这一年制成品的国际贸易总量首次超过大宗商品。也是在这一年，一种全新的运输方式——集装箱运输，开始投入使用。尽管这两件事在当时没有引起注意，但它们都是第二波全球化的里程碑事件，并将使世界经济在第三波全球化期间发生巨变。

第二次世界大战后，货物运输的成本是国际贸易的主要障碍。商船的巨大进步——比如远洋蒸汽船取代帆船、钢制船体取代铁制船体、高效率的组合式发动机的发展等——都发生在几十年前。跨国铁路运输既缓慢又昂贵：在欧洲，客运优先于货运，后者并不受国有铁路公司重视；在北美，运费管制导致铁路公司利润过低，它们只能大幅削减对铁轨和货场的投资；在亚洲，跨国铁路几乎不存在。某些创新，如大型油轮的登场、叉车在码头的使用等，同样不足以使货运成本稳步下降。

大量出口大宗商品非常简单。传送带将小麦或铁矿石运到散装货船的船舱，原油或汽油则可以用油泵注入油船，这些只需要付出很少的时间和劳动力。出口所谓的"散装货物"则比较吃力。散装货物指的是需要独立包装的物品，如一台洗衣机、一袋咖啡豆或一箱塑料娃娃。它们在离开工厂或加工厂时用木箱、金属桶、麻袋或纸板箱等各种方式打包,每件货物必须单独装上卡车或火车。如果出口货物需要经海路运输,则要先将它们运到港口,然后再将它们从卡车或火车卸下,存进仓库。它们可能会在仓库中存放几个星期,直到运输船出发。装船时,每件货物都必须被运到码头,与其他货物一起放在网里或木托盘上,然后用绞车将货物吊入船舱。在那里,码头工人会将组装好的货物分类,并决定每件货物堆放的位置。因此,在船舶起航之前,每桶化学品或每箱鞋子都会经过多次处理。[1]

20世纪50年代,一艘横渡大西洋的船只通常可以装载20万件单独的货物,从打包的棉花到四门轿车。但仅仅是装船这一过程就可能要花费2周时间,并需要动用至少100名码头工人。船抵达目的地后,卸载货物、将货物运往最终目的地等过程同样十分烦琐。总而言之,将货物从美国工厂运到欧洲(美国的主要出口地)客户的手中,可能需要3个月,运输成本约为货物价值的10%至20%,而且货物很可能遭窃或被损坏。为了尽可能减少运输时间和成本,工厂往往聚集在港口城市的码头附近。因此,伦敦、汉堡、纽约等主要的港口城市同时也是制造业中心,而工厂在选址时也会考虑如何降低将货物从一个地方运输到另一处的费用和难度。

将货物装入集装箱以降低运输成本算不上全新的想法。18世纪,为运河船装上可拆卸的货舱可以说是这一想法的首次试验;19世纪,法国和英国开始用铁路运输四方形的木箱子,并用手摇式起重机将其在轨道平车和马拉货车之间转移;到了20世纪20年代,美国各铁路公司将货物装入一种钢制小箱子,然后将它们并排放在特殊设计的轨道平车上。不过，集装箱并没有完全得到铁路监管机构州际商业委员会的认可。该委员会一直要求利用铁路运输的每种商品都要有各自的费率，还规定铁路公司对集装箱的收费不能低于运输同等重量的集装箱中费率最高的商品的费用。为了遵守这一规定，铁路公司必须打开每个集装箱来检查其中的每一件包裹，但这并不能加快运输速度或降低运输成本。

第二次世界大战后，对集装箱的试验越来越多。曾为了在太平洋岛屿的海岸实现两栖登陆而设计的舰艇被改造成滚装式集装箱船，用于在美国的大西洋沿岸运输卡车。最初由欧洲铁路公司于1933年成立的国际集装箱局，重新开始鼓励在货运列车上使用小型木制集装箱。美国军方采用了被称为"康乃克斯集装箱"（Conex box）的小型钢箱，用来装士兵的个人物品。美国的一些铁路公司也开发了可在特殊设计的卡车和轨道平车之间转移的集装箱，另外还有少量的钢制集装箱通过船只运输。

然而，这些努力都没能降低国际货运成本。铁路公司与船运公司的集装箱系统并不互相适用。要把集装箱装上船，码头工人首先要用梯子爬上船顶，在集装箱四角装上钩子，再让绞车把集装箱吊进船舱。随后，另一个码头工人要爬上船顶把钩子取下，然后将船舱里的集装箱和其他货物码好。但船舶不是为这些大型金属箱量身定做的，集装箱会浪费船舱里的宝贵空间。1954年，法国装卸工协会的领导人说："如果货物是单独码放而不是放在集装箱里，占用的空间一定会少得多。"而将一个空集装箱运回的费用也超过了使用集装箱运输节省下来的成本。到了20世纪50年代中期，人们普遍认为处理货物的高昂成本已经成为国际贸易的主要障碍，但是变化迟迟未来。[2]

集装箱时代始于1956年4月。当时，由一艘经历过战争的油轮改装而成的"理想X号"（Ideal-X）载着甲板上的58个铝制集装箱，从新泽西州的纽瓦克出发，驶往得克萨斯州的休斯敦。没有人能够想到"集装箱"这个概念会让世界经济发生翻天覆地的变化，它最初只是为了让北卡罗来纳州和纽约之间卡车运输的成本下降几美元。

"理想X号"是运输业巨头马尔康·P.马克林（Malcom P. McLean）的创意。马克林1913年出生在北卡罗来纳州的农村，在经济大萧条最严重时成为一名卡车司机，用一辆生锈的拖车为自己经营的加油站运送机油来多赚些钱。马克林的卡车运输公司在第二次世界大战期间迅速扩张，到1945年已拥有162辆卡车，从北卡罗来纳州出发向费城、纽约和新英格兰地区运送纺织品和香烟。与运输相关的规定使一些汽车运输公司难以发展新的运输路线，于是马克林收购了一些规模较小的卡车公司，企图打开新的市场。1954年，按收入计算，马克林的卡车公司已是美国第八大卡车公司；按税后利润计算，他的公司排名第三。

与铁路公司一样，卡车公司收取的运输费费率须得到州际商业委员会的批准。为了给出比竞争对手更低的费率以吸引新的客户，卡车公司必须向委员会证明拟定的费率是有利可图的。为了证明低费率的合理性，马克林不断削减成本，这是他成功的关键。正是这一点促使他在1953年想出了一个全新的运输货物的点子。由于第二次世界大战后汽车销量暴增，交通堵塞情况日益严重，增加了卡车的运输时间和运输成本。于是马克林想到在北卡罗来纳州、纽约市和罗得岛州建立海港码头，卡车可以在那里经坡道开到船上，将挂车运进船里。船可以避开日益拥堵的陆上交通，沿海岸航行。到达港口后，其他卡车会将挂车运送到目的地。

马克林经过进一步研究后确信，更合理的做法是将挂车和它的钢床、车轴、车轮分离，只将车体运上船。为了实施他的计划，马克林提出收购一家小型国内运输公司泛大西洋轮船公司，该公司已获授权可以在大西洋沿岸和墨西哥湾沿岸港口经营业务。但是监管机构不同意卡车公司拥有船只。马克林为了获得交易许可而出售马克林卡车运输公司，收购了泛大西洋轮船公司，并在其已有航线上经营集装箱船运输业务。泛大西洋轮船公司的收入主要来自往返美国本土与美属波多黎各的航行，从而避开了与卡车和火车的竞争。但这遭到了码头工会的抵制，他们担心集装箱会让工会的大部分工人失业，不过其他美国轮船公司也逐渐开始在往返夏威夷和阿拉斯加的航线上使用集装箱。[3]

第一批使用集装箱的轮船公司有一个共同特点：它们只使用最适合自身业务的集装箱。泛大西洋轮船公司的集装箱长度为35英尺，因为这是当时在通往新泽西码头的重要公路上卡车被允许拖运的最大长度。其他公司则试用过8、17或24英尺长的集装箱。一些集装箱底部有叉槽，以便用叉车运输。无槽的集装箱顶部有孔眼，码头工人可以用钩子挂在上面将其吊起。有些集装箱后面或侧面有门，还有些集装箱内部装着支架，便于码放货物。各家轮船公司都认为，遵守单一的行业标准意味着要使用并不适合自身业务的集装箱。美国海军虽然有权在战时征用受补贴的船只，但是他们也担心不合适的集装箱系统会使后勤工作复杂化。航运业在政府的压力下成立委员会，为集装箱的长度、强度、起重机制等制定标准。经过3年的激烈争论，委员会在1961年就最具争议性的问题达成一致，规定集装箱的长度包括10英尺、20英尺、30英尺和40英尺几个标准。这样，一些较小的集装箱占用的总空间就和一个大集装箱占用的空间相等。比如，一个20英尺的集装箱和两个10英尺的箱子在船上占据的空间与一个40英尺的集装箱相同。

接着是国际标准化组织（ISO）的介入。1961年9月，11个国家的代表在纽约讨论集装箱的标准，另有15个国家的观察员出席会议。关于集装箱的尺寸、内部结构、门的位置等争论曾在美国持续了3年，如今又在国际舞台上重演。不过，新的规则对所有人来说无疑都十分重要，因为国际集装箱船必须是专门设计的，如果其他尺寸也有可能被列为国际标准，那么没有人会愿意投资只能装载某个特定型号的集装箱的船。争议最大的问题则是如何起吊集装箱，怎样将集装箱固定在卡车底盘上，以及怎么将集装箱相互连接起来。每个集装箱制造商都希望自家的解决方式能够成为国际标准。直到1965年，委员会才最终为集装箱的每个钢制配件确定了统一的设计方案，这样一个40英尺长的标准集装箱就可以在世界任何地方的港口或铁路车站装卸了。集装箱船终于可以畅游四海。

1966年3月，两艘改造过的船载着集装箱和其他货物，在美国和北欧之间开始了首次航行，但这种混合运输的方式并不划算。如果船只抵达港口后还要再花费几天时间卸下集装箱之外的货物，集装箱运输成本低廉的优势就会丧失。第一艘专门为运载集装箱而设计的船仍然诞生自马克林的轮船公司，该公司此时已更名为海陆运输公司。这艘船在1966年4月抵达鹿特丹，随后卡车司机将船上的226个集装箱运往欧洲各地。此后，海陆运输公司的船只每周都会跨大西洋航行。它的竞争对手紧随其后。到了1968年，也就是集装箱船完成首次跨大西洋航行仅仅2年之后，每周往返于北大西洋两岸的集装箱船已达10艘，传统的散装货船彻底退出了这条航线。

太平洋地区的航运业发展相对缓慢。专家们认为，跨太平洋的集装箱运输没有多大的经济意义，因为北美和亚洲之间的距离较远，船舶在海上航行的时间远远超过在码头装卸货物的时间，所以即使提高装卸效率也不能节省多少成本。况且20世纪60年代的亚洲并不是一个特别有发展前景的市场。亚洲各国中只有日本是主要贸易国家；中国当时不允许国际投资和私营企业的发展，对外贸易极少；韩国的工业刚刚起步，仍然非常贫穷，主要的出口商品是领带、鞋子等劳动密集型产品，进口规模很小；越南则处于分裂状态，且陷入战争中，几乎无法建立起任何对外商业关系。

意外的是，美国在越南发动的战争成了联合运输的突破口。南北长约700英里的南越（越南共和国）不适合展开现代军事行动——它只有位于西贡（今胡志明市）的一个深水港、一条基本上无法使用的老旧铁路线，以及一套落后的公路系统，大部分路段还是土路。这样的基础设施只能勉强为23000名美国士兵提供保障，这些士兵于1965年年初前往越南，帮助南越在一场漫长的战争中对抗北越（越南民主共和国）。1965年4月，当美国总统林登·约翰逊决定投入大量美军时，美国海军军事海运局发现自己很难为士兵输送靴子和建筑材料，更不要说通信设备和武器了。西贡码头堆满了运来的货物，战场上的士兵的基本装备却得不到补充。随着战况越来越糟糕，杂志刊登了一些批评后勤混乱的文章，令华盛顿当局非常尴尬。

为了解决这个问题，一个军事调研组在1965年12月提议彻底改革运输流程。他们的第一个建议就是"组合包装"（这是集装箱运输的另一个说法）所有运往越南的货物。这一提议一直受到军方抵制，直到1967年3月，海陆运输公司才获得了一份合同，授权其在美国本土和金兰湾（一个刚刚建成的越南港口）之间运营集装箱船。同年晚些时候，海陆运输公司正式开始运作，第一艘集装箱船运送了609个集装箱，相当于10艘向越南运输军需品的传统散装货船的载货量。这条前往金兰湾的航线打消了人们对于集装箱船是否能在广阔的太平洋运营的疑虑。1967年，集装箱船开始在日本和美国之间航行。接下来的3年里，集装箱船开始驶往澳大利亚、菲律宾等地，将这些国家与由日本、美国和西欧主导的国际贸易体系更紧密地联系在一起。

集装箱航运拓展了全球化的范围，极大促进了国际贸易的发展。1967年，美国进口汽车数量第一次突破100万辆，其中大部分来自德国。需要用集装箱运输的并非这些车辆，而是它们的零部件。美国的轮胎和管材则主要从法国和日本进口，在国际集装箱运输发展的最初10年里，这些货物的进口以每年25%的速率增长。美国从日本和德国进口的照相机的增长率与此类似。1972年，美国制成品的进口量多于出口量，这是19世纪以来的第一次。1968年至1978年间，美国公司对外国工厂的投资额增加了1倍以上，而外资在美国拥有的制造业资产增加了2倍，包括在宾夕法尼亚州新建的大众汽车装配厂——得益于集装箱船将发动机和变速器运过大西洋的低廉成本。[4]

集装箱化使日本成为出口大国。随着它日益先进的制成品打入欧洲和亚洲各地的市场，日本开始加大对海外投资的力度。1978年，日本企业（传统上它们一直着眼于国内）在美国的投资是10年前的10倍。由于交通变得便捷，日本开始在韩国和中国台湾设立工厂，将日本的零部件组装成低成本的收音机和闹钟，卖到其他发展中国家。美国的大型企业则在马来西亚、新加坡和菲律宾设立工厂，将美国制造的零件组装成部件，再运回美国的工厂。到1980年，日本之外的亚洲国家的出口额是10年前的11倍，进口额的增长速度与此大致相当。这些海外加工厂逐渐形成一条国际供应链，全球化因此登上了新的台阶。[5]

第六章 热钱

6
HOT MONEY

第二次世界大战后的 25 年里，稳定的汇率是世界各地经济的黏合剂。但到了 20 世纪 60 年代末，汇率开始失调，随之而来的经济混乱表明各国政府无力应对一个全球化的金融体系带来的压力和负担——但金融全球化势不可挡，只是公众注定要付出巨大代价。

1944 年在布雷顿森林达成的协议旨在尽可能降低汇率波动。这要求各国对金融部门严加管控，从而抑制资金跨境流通。许多国家的政府严格控制国内银行对外贷款，要求进口商必须取得许可才能使用宝贵的外汇，甚至明确规定出国旅行者可携带出境的现金金额。一家公司要收购另一家外国公司，可能需要收购方的政府批准资金流出海外以达成贸易，同时需要另一方政府承诺允许新的子公司将红利汇往国外。经营一家依赖进口零部件的工厂存在一定风险，因为厂家可能无法获得用于采购这些进口物品的美元或日元。跨国生意不得不面对高耸的金融壁垒。

整个汇率制度高度依赖美国。由于美国支援战后重建，又为其驻扎在西欧和日本的军队支付费用，美元最终流入其他国家中央银行的金库。使用这些美元为这些国家的进口和国际投资提供资金，不会给它们的央行带来风险，因为美国承诺，不论在什么时候它都会以每盎司35美元的价格将美元兑换成黄金。但在20世纪50年代至60年代初（除了一年），每年从美国流出的美元都比流入的多。回收美元导致美国的黄金储备不断减少，甚至不足以兑换其他国家政府和中央银行持有的所有美元。如果这些外国人都想用美元兑换黄金，黄金就会耗尽，从而动摇布雷顿森林体系。只要美元还是世界主要货币，那么就不可能不让外国人持有美元。如果美元没有过剩，就难以为国际贸易和国际投资提供足够的资金，正是这二者推动了世界经济的快速增长。[1]

在这种矛盾下，布雷顿森林体系开始逐渐崩溃。批评者希望让这一体系加速瓦解，如法国总统戴高乐为动摇美国的霸权，在1965年威胁要将法国持有的美元全部兑换成美国的黄金。美国政府采取了一些无关痛痒的措施，试图遏制美元外流，比如1961年颁布的一项法律降低了美国游客在国外购买商品的免税额度，1964年出台的一项法律对美国发行的外国股票和债券征税。另外，华盛顿要求美国银行削减对外贷款。每当美国政府采取类似的举措，银行家和投资者都更加确信，固定汇率必定无法维持下去。1967年，常年的贸易赤字导致英国外汇短缺，英镑意外贬值，引发市场动荡。此后，美国总统尼克松在1971年宣布放弃美元兑换黄金的承诺。世界各国领导人接二连三地召开紧急峰会，努力寻找稳定汇率的新方法。1972年，他们放弃努力，一致同意由市场决定货币的价值。[2]

向浮动汇率的转变降低了严格管控国际金融的必要性。1973年，美国政府宣布，对塑造一个开放性的世界经济而言，资本的自由流通与商品的自由流通一样重要。其他国家则强烈反对。比利时财政大臣维利·德克莱克（Willy de Clercq）质问道："这种投机行为会影响国际贸易的流动，进而影响全球数百万人的工作，这样合理吗？"作为全球最大的金融市场和最重要货币的发行国，美国回答了这个问题。在接下来的几年里，随着各国向国外的投资者、银行家和企业打开大门，允许他们在国内发行股票、建立工厂或收购当地的公司，一项接一项的法规退出了历史舞台。虽然商品贸易仍受一系列管制和复杂因素的阻碍，但货币的自由流通已经实现了。[3]

布雷顿森林体系的终结，正值中东石油出口国同意减产并要求提高油价之际。石油在世界范围内均以美元计价，随着1973年石油价格暴涨，沙特阿拉伯和利比亚等出口国突然发现自己持有大量美元，却不知道应当如何管理。伦敦、纽约和东京的银行家十分乐意前来帮助它们，但飙升的油价使他们自己的国家陷入经济衰退，于是他们只好把这些石油出口国的"石油美元"输入其他国家。自第一次世界大战爆发以来，各国银行首次向拉丁美洲、东欧、非洲和亚洲的贫穷国家大量借贷。那些欠发达国家（LDC）接受了长期的低利率贷款以修建道路、水坝和工厂。它们认为这些工程可以促进自身的经济发展。

在很多情况下，大银行会将一部分贷款卖给其他银行，而这些银行通常对借款人知之甚少或一无所知。这样，亚特兰大或杜塞尔多夫的银行的命运，只能取决于布宜诺斯艾利斯或雅加达的借款人是否按时还款。面向欠发达国家的贷款金额庞大，占美国银行所有贷款的 1/6。与此同时，富裕国家的公司同样利用浮动汇率为自身谋利。它们借入外币，这导致全球金融变得更加复杂。1971 年至 1974 年间，为应对大量涌入的资金，169 家外国银行在欧洲主要金融中心设立了分行。正如历史学家哈罗德·詹姆斯所言："银行业在 20 世纪 70 年代真正实现了国际化。"[4]

银行家们几乎没有意识到自己正面临着前所未有的风险。他们知道如何评估商业借款人，但并没有应对汇率风险的经验。如果汇率走势与预期相反，用美元存款为意大利里拉或日元贷款提供资金的银行就可能没钱支付储户。一些在欠发达国家经营的企业，即使它们的商业战略看起来很合理，但向其借出的贷款很可能因为意外的货币贬值或进口限制而成为坏账。富裕国家的政府鼓励银行向欠发达国家借贷，因此当这些贷款使银行陷入危机时，银行家们自然而然地认为自己能够得到救助。毕竟，国际货币基金组织和世界银行等机构正是为了这个目的设立的。花旗银行的掌门人、当时最著名的银行家沃尔特·瑞斯顿认为，银行对国际贷款轻车熟路，因此不太可能遭受巨大损失。此外，瑞斯顿还有一句名言："国家不会破产。"[5]

负责维护各国银行体系安全的银行监管者，对国外贷款十分警惕。不过，他们虽然可以监管本国银行，却无法监管国际银行。瑞士的保密法使美国政府无法审查美国银行在苏黎世的业务。而且美国联邦储备委员会（简称"美联储"）其实并没有派驻海外的银行监管人员。没有监管者能够确保，如果借款人无力偿还一家日本银行的纽约分行的贷款，该银行位于东京的总部不会受到波及，因为美国和日本当局都无法充分了解银行的财务状况。对于银行需要多少资本（股东资金），才能确保在借款人或贸易伙伴违约的情况下仍然能偿还储户，国际上并无一致意见。在放贷的比拼中，资本不足的银行可能会削弱资金雄厚的银行的竞争力，从而引发恶性竞争，导致银行在经济不好的情况下变得脆弱。而且，人们根本没有意识到风险传递的问题，如果一个国家出现危机，其他国家也会受到波及。

所有这些风险在1974年春夏突然暴露在大众面前。首先，监管者发现，一家总部位于纽约市附近的中等规模的银行富兰克林国民银行，因从事未经许可的外汇交易而蒙受了损失，具体金额未披露。该银行与世界各地的银行进行了数百次交易。一旦它宣布清算并倒闭，它的一些贸易伙伴可能也会破产。美国政府不得不让富兰克林国民银行继续存活下去，为其注入资金并逐步解除头寸。一个月后，一家鲜为人知的德国银行赫斯塔特银行，同样被发现规避内部管控，从事外汇交易，并蒙受了巨额损失。德国的监管者迅速勒令其关闭。但他们完全没有想到，赫斯塔特银行与国外银行之间存在着大量交易，它被关闭后无法继续向其他国家的银行支付款项，这将导致这些国外银行的资金不足。赫斯塔特银行的倒闭又暴露了其他银行的问题，这些银行通过在不同国家的子公司之间转移资金来逃避各国政府的监管，使银行业变成了一场三张牌的蒙特游戏（一种经典的赌博游戏。庄家向玩家展示三张牌，然后将牌面翻转朝下，玩家为他们所认定的目标牌下注。在这种游戏中，庄家会与线人串通控制牌局，从而骗取玩家赌注）。监管者对小型银行的这些问题一无所知，人们因此开始怀疑他们对规模更大、结构更复杂的机构是否充分了解。

面对自20世纪30年代以后的第一次国际金融危机，欧洲、北美和日本的银行监管者开始定期召开会议，讨论怎样才能使跨境银行业务变得更加安全，但相关政策是一大阻力。监管人员没有合法权力与其他国家的同行分享信息，而且每个人都希望新的标准不会对本国银行不利。最终商定的国际协议回避了最棘手的问题，比如决定哪个国家对开展跨境业务的金融机构负有最终监管责任。监管人员得出结论："不可能通过制定明确的规则来决定每个具体案例中监管责任的归属。"因此，该国际协议并未制定新的条例，以防止再次出现类似富兰克林国民银行和赫斯塔特银行造成的危机。至于是否应该要求各国银行保持类似水平的股东资金，由于这个问题具有极高的政治敏锐性，所以监管委员会在1976年10月的会议上决定不再讨论这个问题。至于国际金融，仍然没有负责的机构。[6]

银行监管者的讨论旷日持久，而涌入石油出口国并被借贷到世界各地的美元越来越多。1972年，对欠发达国家的商业贷款为170亿美元；到了1981年，这个数字已经增加到2090亿美元。银行业让人咋舌的增长速度，掩盖了其根基日益脆弱的事实。

1979年10月，美联储决定提高利率，以避免美国经济的过快增长并降低长期以来严重的通货膨胀率。美国财政部发行的一年期国债利率在1980年上半年是9.4%，到1981年已达到惊人的17%。鉴于美国的经济规模，美联储的举措对全世界造成了负面影响。在美国，房地产市场一蹶不振，汽车业全面崩溃，美国迎来了自经济大萧条以来最高的失业率。日本和欧洲也受到重创，因为随着利率上升，购买丰田和宝马汽车的美国消费者变少了。但欠发达国家才是这场波及全世界的危机最大的受害者。这些国家的大量贷款基于浮动利率，它们对银行家的欠款会随着美国利率上升而增加。当波兰、乌拉圭和印尼等国试图募集新资金以偿还旧债时，它们发现当初那些热情的银行家已不再愿意向它们借款了。这些国家的中央银行几乎没有可用于还债的美元储备。

　　国际债务危机并不是首次出现，第一波全球化期间已经发生过多次。首次国际债务危机可能发生在1890年英国利率急剧上升时，这导致当时作为世界主要金融大国的英国对阿根廷的投资热情戛然而止。那时阿根廷经济萎靡，阿根廷政府的债券违约损害了其主要债权人英国商业银行巴林兄弟银行的利益，并引发了整个拉丁美洲的经济混乱。这场危机直到英格兰银行出手援助巴林兄弟银行才告一段落。1907年的经济恐慌是从纽约证券交易所的铜业板块暴跌开始的，导致了美国经济陷入深度衰退，瑞典、日本、智利等国普遍出现银行倒闭和经济低迷的现象。令人意外的是，最后施以援手的是法国央行。1914年8月，随着第一次世界大战爆发出现的金融危机波及50个国家，远至日本、秘鲁、印度等国，这些国家的融资和商品出口都依赖被卷入战争的欧洲国家。[7]

　　第二波全球化期间，由于对跨境资金流动的限制，这种像病毒性传染病般从一个国家传播到另一个国家的金融危机起初非常罕见。20世纪70年代的经济政策制定者中，很少有人亲身经历过金融危机。但随着跨境资金从涓涓细流发展成汹涌波涛，危机的"病毒"再次席卷而来。1981年，三大洲11个国家重新就国外贷款问题举行谈判。此后，墨西哥政府在1982年8月12日告知美国财政部，它无法支付下周一到期的3亿美元贷款，更无力偿还未来一年每月20亿美元的外债。商业银行立即停止向欠发达国家贷款。尽管巴西官员坚持说"巴西不是墨西哥",但金融家们已经发现欠发达国家具有相似之处,这是他们以前没有注意到的。他们的怀疑是合理的,因为不仅巴西无力及时偿还外债,土耳其、阿根廷、印度尼西亚和波兰等国也一样。到1982年年底,欠发达国家共有7000多亿美元的外币债务,其中有40个国家拖欠债款。[8]

欠发达国家的债务危机一直持续到20世纪90年代,这些国家在这场危机中付出了极大的经济和人力代价。债务国面临着人民生活水平下降、营养不良和婴儿死亡率上升等问题。进口消费品从货架上消失了,工资增长率被故意维持在低于通货膨胀率的水平,以压低出口产品在国外的价格。美国经济学家鲁迪格·多恩布什评论道:"付出代价的主要是实际工资被削减的工人。"秘鲁和菲律宾需要再花近20年的时间才使其平均收入重新达到1982年的购买力水平。富裕国家坚持让欠发达国家采取财政紧缩政策,以积累足够的资金偿还外债,这意味着欠发达国家不得不在卫生、教育、住房和其他社会需求方面削减开支。即便采取这些措施,高负债国中只有韩国通过促进出口,迅速筹集了足以偿还债务的美元。而沉重的债务严重阻碍其他国家培养身体素质更好、受教育程度更高的劳动者,从而削弱了它们在快速变化的世界经济中的竞争能力。20世纪80年代被称为"失去的十年"并非没有道理。[9]

在这场危机中,较富裕的经济体付出的代价更难以计算。这些国家的收入增速放缓,失业率上升。银行因拖欠外债而陷入瘫痪,无法开展日常业务,比如帮助企业更换旧机器,建设新设施，也无法提供资金供消费者购买商品。全球最大的几家银行挣扎在破产边缘，纳税人的钱被用来拯救它们。1992年，原日本大藏省（现财务省和金融厅前身）副相行天丰雄评论道："风险不断从私人贷款方向公共贷款方转移。"他指出，1984年商业银行持有发展中国家62%的债务，但到1990年只占一半，其余的债务由政府或国际组织持有。1989年至1994年间，在世界银行、美洲开发银行和其他由各国政府资助的组织的帮助下，拥有1910亿美元未偿债务的18个国家，通过谈判被免除了部分或全部债务。富裕经济体纳税人的钱实际上被用来支持金融全球化。[10]

热钱的一个影响将持续更长时间。欠发达国家的经济危机使其货币相对于富裕经济体的货币（尤其是美元）贬值。这样的汇率使欠发达国家的出口商品在国外市场更受欢迎，而国外的进口商品在欠发达国家则变得更加昂贵，欠发达国家因此实现了贸易顺差。国际货币基金组织认为，贸易顺差能使欠发达国家累积外汇以偿还其从外国银行借出的贷款。该组织在1985年的报告中自豪地写道："美国从亚洲和欧洲发展中国家的进口从1980年到1984年增加了大约80%。"又补充道："制成品出口商取得了非凡的成功。"美国工人感受到了这个结果带来的影响。美国与东亚发展中国家的贸易逆差从1980年的40亿美元增加到1986年的300亿美元。服装厂、制鞋厂和钢铁厂裁减了数万名工人。在债务危机爆发前的4年间，美国工厂平均每年雇用近1900万人，但在危机出现之后，就业规模再也无法恢复到这一水平了。[11]

第七章 放松管制

DEREGULATION 7

　　对熟悉历史的人来说，始于 20 世纪 70 年代的金融全球化就像是一部重映的老电影。早在第一次世界大战爆发前，就已经有大量资金在全球范围内流动：71 家外国银行在伦敦设立办事处；德国大银行联合创办的德华银行为亚洲各地的贸易提供资金；纽约国民城市银行（花旗银行前身）高调宣称它与 132 家国外银行建立了友好关系，可以在 24 小时内在任意一座城市支付大大小小的各种款项。然而，1973 年后再次出现的跨境借贷并不仅仅是过去的重演。就在银行重新开辟国外市场的同时，许多曾限制银行发展新业务、承担新风险的规则也因"放松管制"而被取消了。[1]

　　银行业的变化只是一个开始。在 20 世纪的最后几十年里，世界各地对商业活动的管制被解除，极大地改变了全球经济的运作方式。拥护者对此的说法无外乎：政府的管制偏向既得利益集团，阻碍创新并给公众增添本无必要的负担。他们主张放松管制将带来更高的效率、更活跃的竞争和更低的价格，因为市场力量发挥了作用。在一些情况下，放松管制确实有这样的效果，但在另外一些时候并不如此。虽然它成功刺激了竞争，但同时也可能让消费者失去保护，使工会变得软弱无力，让许多工人不得不在更低的工资和更糟糕的工作条件下苦苦挣扎。对金融部门的不合理的放松管制还引发了从韩国到阿根廷的一系列危机。最重要的是,它削弱了各国政府管控本国经济的力量,因为这些国家放弃了传统的权力,将责任外包。两位意大利中央银行家描述了那个时代的关键发展:"市场成了促进全球经济一体化的重要因素。"20世纪80年代后期以后,放松管制带动了第三波全球化的兴起。[2]

战后世界的商业管制的严格程度令人震惊。在东欧的社会主义国家,对私人部门设限自然不是什么大问题,因为几乎所有的经济活动都在政府的直接控制下,私营企业规模很小或根本不存在。在其他地方,尽管大多数企业是私有的,但林林总总的规则仍然限定了它们可以做什么、怎样做、何时做,以及可以收取怎样的价格。不是所有规则都由国家政府直接制定,一些地方的省长和市长手握很大的商业权力,许多私人组织也有权管理企业、行业,有时甚至有权操纵价格。每个国家都有不同的历史遗留问题,但所有国家都一致决定通过法律来约束不受控制的竞争。

各类法规背后都有其明确的社会目的。设定最低工资或最高工时的法律旨在解决劳资关系失衡的问题。工作场所安全管理制度的出台是因为意识到除非政府干预,否则竞争压力可能会导致雇主偷工减料。但在许多其他情况下,法规主要是为了保护某些企业的利益不受其他企业侵害。例如,伊利诺伊州宪法规定,本州银行只能设立一个办事处,这样芝加哥等大城市的银行家就不能迫使小城镇的银行关门了;伦敦的股票交易佣金由证券交易所决定，以防出现可能会损害资深经纪人利益的竞争；印度的"牌照制度"（license raj）要求企业在开办之前必须完成数十项审批流程，这对现存企业有利，同时也将外国竞争者拒之门外；日本20世纪50年代出台的一项法律规定，除非取得周围商家的同意，否则商铺的面积不得超过500平方米；西德的监管机构则试图控制驳船和卡车的运费，将运输业务转移给国有铁路。[3]

在现实中，这些规定难免走样。有些规定无形中使一名顾客的钱补贴了另一名顾客。另一些规定则以"公平"为名让商家必须对所有顾客一视同仁，无论对方购买了多少商品，而丝毫不考虑大小客户的服务成本并不一样。那些觉得这类负担并不合理的客户会想方设法逃避。仅举一个例子，20世纪60年代初，自美国工厂发出的货物中有1/6是由制造商用自己的卡车运输的。这并不是因为制造商想开展卡车运输业务，而是因为向公众提供服务的卡车司机受一些法规约束，而工厂拥有的卡车不受其管制。这些法规意味着，如果得梅因的一家工厂想雇用一家卡车公司将一名顾客订购的木门送到帕迪尤卡，那么它需要找到一家得到法定授权在这两地运输木门的公司，并向其支付官方规定的报酬。对工厂来说，代之以自己的卡车往往更简单、更便宜，尽管它们可能要空车而回。[4]

管制与市场之间的矛盾不时引发要求放松或解除管制的呼声。美国学者曾在基金会的资助下掀起了一场放松管制运动。他们撰写了大量论文、期刊文章和书籍来攻击国家管制。在一些个案中，放松管制取得了初步进展，但并没有更大的目标。1954年，澳大利亚的司法裁决废除了对州际卡车运输的管制，但在接下来的20年里，澳大利亚各州政府仍继续规定卡车的运输费率和路线。1968年英国的一项法律降低了卡车司机行业的准入门槛，但价格管制仍然存在。1969年，当美国联邦通信委员会（FCC）首次允许一家初创企业使用微波天线传输语音电话和数据时，没有人会想到美国电话电报公司（AT&T）的全国性垄断会在15年内被打破。为减少政府管制而施加的政治压力仍然十分有限。正如美国政治学者玛莎·德西克（Martha Derthick）和保罗·夸克（Paul J. Quirk）在1971年所说，放松管制"仍然只是一个广泛存在的问题的可能的解决方案"。[5]

一个问题恰巧在此时出现了。20世纪70年代初，许多服务于美国东北部和中西部的铁路公司宣布破产，数百个社区的经济因而受到威胁。铁路公司的困难处境部分是由于管制，这些管制措施迫使它们继续运营亏损的客运列车和低运载量的支线列车。1976年，国会颁布了一项关于破产企业重组的法律，给予铁路公司更大的定价权，以期它们能够夺回失去的货运市场，并找到更稳定的财政基础。事实证明，这只是放松管制的第一步。政治共识出现了180度的大转变。持不同意识形态的人出奇一致地认为，过度管制使美国运输的效率低下，损害了消费者的利益并阻碍了经济增长。受此激励的美国国会在1976年至1986年间通过了9项不同的法律，放松了对运输系统的管制，收回了联邦政府的一些权力，使政府再也没有权力决定哪些航空公司可以在洛杉矶和西雅图之间飞行，城际客运应该向乘客收取多少费用，以及卡车司机可以运载哪种商品，等等。但是，当时几乎没有人意识到放松管制最重要的影响——运输公司可以根据合同运输货物。[6]

几十年来，几乎每个国家的运输监管部门的主要职责都是确保所有顾客能以相同的费用得到同等服务。非歧视性原则意味着，一家船运公司向在香港和汉堡之间运货的所有玩具制造商收取的每吨货物的费率必须是相同的；而一家铁路公司不能允许一个客户保留一辆货车数天，同时又要求另一个客户及时归还。监管部门十分厌恶那些规定具体费率和服务的合同，因为它们具有歧视性——谁签了合同，谁就可以得到别人没有的待遇。但是，大量的监管要求和司法判例使货运成本居高不下且缺乏稳定性。一辆厢式货车可能需要数周时间才能将货物运到1000英里以外的地方，而一趟远洋运输可能要花费好几个月的时间。运输公司并不担心延误，因为它们不会因如期将货物送达而获得额外的奖励，反之也不会被罚款。关于货物丢失或损坏的索赔频频发生。想要运送小麦的农民经常发现，空车并没有在承诺的时间出现。国际运输的成本高昂，许多产品因此失去了运输的价值。为防范重要货物不能按时到达的风险，制造商和零售商会在仓库里堆满零部件和成品，这是一种防止业务中断的高成本保险形式。[7]

放松管制后，运输公司可以与客户签订合同，这样双方可以就价格和服务标准展开谈判。根据最先签订的一批合同中的一份约定，福特汽车公司每天可以从犹他州的盐湖城运出一列火车的汽车和零部件，经西太平洋铁路运往加利福尼亚州的圣何塞。铁路公司同意每天在凌晨2时30分前发车，并承诺火车每迟到15分钟就向福特公司支付一笔罚款。福特公司则不同意为每节货运车厢支付同样的费用。如果一列火车有60节货运车厢，铁路公司应该向福特收取更低的费率；而当列车车厢较少时，铁路公司可以提高每节车厢的费率。从1984年开始，船运公司也达成了类似的协议，包括各种承诺、意外条款，以及未履行义务时的处罚等。其他国家也纷纷效仿美国，契约运输在国际贸易中变得司空见惯。到1986年,有超过80%的从日本到美国太平洋海岸(美国进口量最大的航线)的货物是根据合同运输的。[8]

契约运输决定性地推动了工厂生产的全球化。很巧的是,在此期间,商务电话服务行业的管制也得到了放松。由于长期垄断地位受到竞争对手的威胁,美国电话电报公司在1981年到1982年间将国际通话资费下调了40%。而随着通话费用大幅减少,从美国打出的海外电话数量在1980年至1990年间增长了6倍。欧洲也出现了类似的变化。各国政府在商务通信服务业中引入竞争,并以1984年英国电信的民营化为契机,开始对通信行业的国有垄断企业实行私有化。更可靠的运输系统和低成本的通信相互结合,使制造商和零售商得以建立起一条条复杂精细的远距离供应链,一个国家的工厂生产的物品可以运到另一个国家进一步加工,然后再送到其他地方的消费者手中。在这个过程中,电话机、电传机和传真机起到远程协调生产的作用。[9]

放松管制运动也以另一种方式推动了全球化。对于已被放松管制的行业来说,私人投资(通常是外资)的时机已经成熟。在被称为"金融大爆炸"的1986年金融市场全面放松管制期间,英国几乎所有的主要证券经纪商和商业银行都被致力于全球扩张的外国银行收购。大量国有电力、煤气和自来水公司被拍卖给外国买家,从印尼到爱尔兰的电话特许经营权也被外国企业获得。1992年,日本修订了《大店法》,允许商店扩大规模并延长营业时间,美国和欧洲的主要零售商也进入了这个市场。甚至连一些国有企业也成了全球性企业，竞标经营世界各地"私有化"的铁路、机场和港口码头。[10]

20世纪80年代至90年代，许多发展中国家发现，放松管制是获得外资的"代价"。专家们断言，陷入赤字、发展缓慢的国有企业将在私人手中变得高效且可以赢利。他们主张，让市场力量而不是政府法令来决定欠发达国家的经济发展，可以帮助其利用国际援助将自身打造为一个繁荣的现代经济体。因此，对于那些需要向外国政府寻求援助资金，或向世界银行等国际组织申请低息贷款的国家来说，放松管制是不得不做的事情。[11]

然而，这些建议没有考虑历史。没有哪个国家是完全依靠市场的力量实现经济发展，并最终由穷国变为富国的。18世纪，如果没有政府深思熟虑的政策，包括限制纺织品进口、阻止可能将纺织技术传播到国外的工匠移民、圈地，以及将流离失所的劳动者推向正在崛起的工业城市，那么使英国成为世界最大经济强国的工业革命就不会发生。19世纪晚期，使美国富裕起来的制造业发展不仅依赖进口限制，还得益于各项监管规定，尤其是法院做出的有利于降低劳动力成本的裁决，包括打压工会、阻止各州就限制工时和改善工厂条件立法。第二次世界大战之后，西欧经济的高速增长同样与大量的政府规划有关。哪些企业可以获得贷款、哪些可以持有外币通常是由官员决定的。而在20世纪晚期，日本、韩国和中国台湾的经济繁荣也是基于当局的指导，比如哪些产业应该得到进口保护、低息贷款和廉价土地的支持。仅凭市场力量让贫穷国家富起来的想法只是一个神话。

此外，很少有欠发达国家能够管理好放松管制的官僚性事务。虽然战后时代的严厉管制往往服务于政治而非公众利益，但要使放松管制和私有化发挥作用，政府并不能简单地将所有规定撤销，而是仍然需要制定和执行一系列规章制度。如果没有关于如何转移通话或如何与其他运营商共享计费信息的详细规定，那么以前占垄断地位的国有通信企业不过是变成了私有垄断企业，这不会给企业的新持有者以外的任何人带来经济利益。

在放松对金融部门的管制时，缺乏管理能力会导致灾难性的后果。俄罗斯、马来西亚和印度尼西亚等国听从国际指导，让在本国开设银行变得更加容易，并放松对银行的监管，同时允许本国企业在海外自由借贷。这意味着人脉较广的企业家实际上主导了这些国家的银行系统并大量借贷，而央行和银行监管者则不得不尽力维持国家金融体系的稳定。这三个国家对金融部门放松管制，导致了1998年的严重经济危机，并使数百万刚刚开始享受全球化便利的人大幅降低了生活水准。甚至连经济专家云集的世界银行，也不得不承认它的许多建议是完全错误的。该机构的专家们懊恼地说："20世纪90年代的经验表明了私有化和管制到底多么困难。"[12]

放松管制对全世界产生了影响。在20世纪80年代初经济衰退期间，制成品的国际贸易额停滞不前，但从1983年到1990年，这一数据增长了130%。几乎所有货物运输都是在托运人和运输公司协定的合同下进行的。这一波货运浪潮促进了对大型船舶、高科技配送中心和可以堆放两层集装箱的轨道车的投资，使单列火车的运载量翻番。放松管制为电信行业带来了创新，使制造商、零售商和运输公司能够管理复杂的供应链。如果不是因为受到严格管制的国有垄断通信企业在20世纪被迫面对竞争，互联网根本没有机会在21世纪改变世界。[13]

放松管制带来的创新，并未使所有企业平等获利。赢家往往是大型企业。它们可以通过在全球范围内经营业务来降低成本，也可以通过对货运市场的长期介入而获得最新信息，并利用这些信息与运输公司和通信公司讨价还价，以获得对自身最有利的条件。消费者也是赢家。他们可以用更少的钱买到比以往多得多的商品。而另一方面，工人和小型企业在这个管制逐渐放松的世界里成为输家。在面临进口商品竞争的行业工作的人，不得不接受比以往更低的工资，甚或失去工作。而数十年来一直作为当地经济基石的小型企业，由于没有足够的筹码与铁路公司或船运公司讨价还价，因此当廉价进口商品大举侵占它们的市场时，往往只能被迫将公司出售或选择关门了事。能否享受到放松管制带来的好处，取决于一家企业的规模和实力。实力不足、规模不够大的企业通常会在竞争中落败，而胜利者则期待着一个国家边界变得更加模糊的世界的到来。

第八章 "巨大的抽吸声"

A GIANT SUCKING SOUND 8

在从1948年开始的25年间,西欧国家的经济蓬勃发展。繁荣的经济使几乎所有人都用上了电话、冰箱和室内给排水设施,而这很大程度上要归功于1957年《罗马条约》签订后形成的欧洲自由贸易区。到了1969年,也就是推动欧洲共同市场形成并发展的机构欧洲煤钢共同体成立18年后,欧共体成员国终于取消了彼此之间的出口关税。在此期间,法国的人均收入增长了1倍多,德国的人均收入增加了2倍。到了1973年,德国的出口额已占其经济产出的近1/4,这一占比是1950年时的4倍,而且出口帮助德国创造了数百万个就业岗位。欧共体其他国家的情况与德国类似。由于可以不受限制地进入更大的市场,制造商可以利用经济规模的优势有效地提高自身的生产率。欧共体的劳动者每小时的平均产量在这些年里增加了2倍,更高的生产效率极大提高了他们的收入。丹麦、英国和爱尔兰这三个未被纳入自由关税区的国家,对外贸易和公民收入的增长则要慢得多,而且差距十分明显,因此它们在1971年都急于申请加入欧共体。[1]

始于1973年10月的石油危机是一个转折点。急剧上升的油价掏空了消费者的钱包，企业的利润大幅减少，经济增长率直线下滑。此前 20 年间，西欧维持着极低的失业率，如今各个国家的失业率都在攀升。通货膨胀侵蚀了工人的购买力，曾使欧洲的私营企业和积极国家（activist state）共同创造了充足的就业机会、优厚的社会福利和稳定上升的生活水平的宝贵的社会市场经济，此时似乎也陷入了危机。

为了安抚选民，欧洲的领导人加大了对社会福利项目的投入，包括住房补贴和儿童津贴。他们降低了退休年龄，理论上这将为年轻人腾出更多工作岗位。到了 1980 年，西欧大多数女性在 61 岁时就退出了劳动力市场，大多数男性的退休年龄则是 63 岁。为了避免发生大规模裁员，政府还为一些亏损工厂提供补贴。但这个策略适得其反，让"僵尸工厂"继续存活实际上损害了一些经营状况更好的竞争对手的利益。欧洲政府为支持新兴信息技术产业投入的资金，比美国或日本在这方面的投资更多，却没有发展出一家可以独立生存下去的企业。当工业补助金不足时，欧洲政府鼓励"危机卡特尔"，要求企业家们自行决定他们中的哪些工厂应该关闭，与此同时，国家会为因此失去工作的工人发放长期救济金。

但欧洲人再也无缘享受 1973 年前的美好时光了。长期以来的煤钢城镇已被摧毁，1978 年至 1981 年间，每 5 个炼钢工人中就有 1 人失业。到 20 世纪 80 年代中期，1/4 的法国年轻人和 1/3 的意大利青年劳动力面临失业。全欧洲有超过 40% 的失业工人已经有一年多没有找到工作。1984 年，欧洲共同体首脑加斯东·托恩发问："欧洲人民怀疑欧共体是否有能力恢复经济增长和降低失业率，有人会觉得惊讶吗？"[2]

根本问题在于没有现成的解决方案。生产率在20世纪60年代至20世纪70年代初快速增长，此时已经慢了下来。几乎每个欧洲国家都感受到了生产率的下降。1963年至1973年，衡量生产率的最基本指标，即平均每个工人一小时的产出，在意大利几乎翻了一番；但在1973年至1983年间，增幅只有不到1/3。比利时的生产率增长，在从1963年到1973年的10年间为86%，但在接下来的10年里下降到37%。欧洲已经失去了活力。1984年，"欧洲硬化症"这个词进入了人们的语言体系，它是指欧洲人既不愿意让旧产业退出历史舞台，也不愿意发展新产业，从而扼杀了经济增长。1985年，自由市场派经济学家赫伯特·吉尔施在分析这个问题时说道："这个经济体的主要成员已经变得太过僵化，因而无法做出快速且无痛的调整。"[3]

虽然《罗马条约》通过取消欧共体成员国之间的贸易关税振兴了欧洲的经济，但它同时使很多其他事务完全处于各国政府的控制之下。每个国家仍然有各自的技术标准，比如来自西德的玩具只有在符合法国安全条例的情况下才能在法国销售，洗涤剂制造商可能需要按不同的配方生产不同的产品才能分别达到罗马和阿姆斯特丹的要求。运输业和服务业不包含在《罗马条约》中。该条约确实带来了许多切实的好处，但它已经到达极限。根据一项调查，90%的欧洲企业高管将尚未实现统合的欧洲视为提高效率的障碍。[4]

欧洲领导人别无他法，只能进一步加大开放力度。1985年，他们同意在取消关税的基础上建立一个从希腊到爱尔兰的单一市场。1987年生效的《单一欧洲法案》取消了边防哨所，运载货物和乘客的卡车和飞机可以自由往来于欧洲共同体各国之间，从兽药到客车尾气排放的所有事物均采用统一标准。一个国家的人可以到任意一个成员国工作或移民到另一个国家，他们的职业培训和大学学位在所有12个成员国都有效。评估大型企业合并造成的影响，处理船舶的污染问题，监管广播行业，以及处理数百项其他事务的责任从各国政府转移到了欧共体。为促成一个统一的欧洲，民选政府以一种前所未有的方式自愿交出了它们的大部分主权。各企业也开始把欧洲看作一个整体，而不再是多个不同的市场。[5]

北美似乎不太可能效仿欧洲的做法。美国和加拿大的关系密切，1965年的一项特别协议允许美国和加拿大的汽车制造商在两国间跨境运送发动机、零部件和成品汽车而无须办理正式手续，但墨西哥要谨慎得多。19世纪，该国一半以上的领土被割让给美国。墨西哥担心遭受北方的进一步入侵，因而设置了天价关税，而且宪法明确禁止外国人投资石油工业。许多进口商品需要许可证，而如果国内有能力生产同类产品，政府很少会发放这种凭证。在墨西哥销售的新车必须在墨西哥组装，而且要求主要使用国内生产的零部件。由于诸如此类的政策，若以国际标准来衡量墨西哥的制造业，它是十分落后的。位于普埃布拉的大众汽车工厂，是世界上最后一家生产老式甲壳虫（这款车在墨西哥城的出租车中占很大比例）的工厂，工人们还在做着几年前已在德国实现自动化的工作。虽然制造业自20世纪50年代起迅速扩张，但销往国外的商品很少——除了在边境工厂组装的产品。这些分布在边境的工厂利用墨西哥的廉价劳动力，焊接美国的晶体管或缝制美国已剪裁的布料，然后将制成品运到北方。墨西哥拒绝加入关贸总协定，因为这将要求它降低关税。相反，它希望美国能向墨西哥的出口商品张开怀抱，且不需要墨西哥提供任何回报。1976年至1981年间任墨西哥总统的何塞·洛佩斯·波蒂略总喜欢说，贸易协定应该"以平等的方式对待平等的国家，以不平等的方式对待不平等的国家"。美国政府自然不会同意。[6]

墨西哥的进口替代政策使它的经济增长率在一段时间内保持稳定。但到了20世纪70年代，墨西哥发现了大量石油储备并引起了华盛顿的关注。1977年1月上台的美国总统吉米·卡特曾寻求与墨西哥建立更紧密的关系。美国一直担心能源短缺并深受其困扰。它希望墨西哥能允许美国公司钻探石油，并期望更多的墨西哥原油可以降低汽油价格和通货膨胀率。然而，控制石油工业在墨西哥是一个争议极大的问题。墨西哥人愿意向国外借贷，用借来的钱建设油井、管道和炼油厂，但他们并不打算让外国人以任何方式参与这些事情。他们同意成立一个联合委员会来设法解决美墨关系中的重大问题，包括贸易和移民，但拒绝开放经济。在美国的不断敦促下，何塞·洛佩斯·波蒂略终于在1979年同意降低关税，这样墨西哥就能够加入关贸总协定。但面对墨西哥国内的反对声浪，他随后撤销了这一决定。[7]

波蒂略的决定在当时看来似乎不太重要，因为墨西哥的经济蒸蒸日上。从纽约飞往墨西哥城的航班被银行家们抢购一空，他们急于向墨西哥政府、大型私营企业和墨西哥国家石油公司（PEMEX）贷款。1975年，墨西哥的外债是180亿美元，到1981年时已经达到780亿美元，此时墨西哥国家石油公司已经是外币的主要流入通道，但这一年它的石油产量未及预期。1982年8月，墨西哥政府宣布无力偿还外债，墨西哥的经济泡沫破灭。何塞·洛佩斯·波蒂略的举措使情况进一步恶化。他突然宣布将在墨西哥的所有美国银行国有化。由于银行持有许多公司的股份，国有化使墨西哥政府控制了墨西哥的大量私营机构。同年10月，当国际货币基金组织、美国政府和墨西哥的外国银行家勉强拿出一套纾困方案时，比索已经贬值75%，墨西哥的经济已然瘫痪。

墨西哥的经济停滞持续了7年，工人们即使幸运地保住了工作，但也已经失去了购买力。那些借了外债的企业纷纷倒闭，因为即使其国内业务经营状况良好，但它们必须赚取更多的比索才能偿清原先的外债。虽然20世纪80年代的制造业产出增长非常缓慢，但由于各企业都在不顾一切地赚取美元来还债，非石油出口在10年内翻了两番——所有能外销的东西都被出口了。所有美元都被支付给债权人，墨西哥没有多余的资金投资设备、教育和基础设施建设。

银行的国有化切断了墨西哥政府和工业家之间的密切联系。墨西哥的工业家们一直乐意接受政府的大力干预，只要他们能在宽松的竞争环境中赚取丰厚的利润。但如今，许多墨西哥企业高管认为，唯一能将政府踢出企业的方法是让经济对市场（包括国际贸易）开放。他们通过美墨商业联合委员会小心翼翼地提出了一些当时仍属异端邪说的想法，比如欢迎外国投资和消除贸易壁垒。1982年下半年上任的墨西哥总统米格尔·德·拉·马德里做出了谨慎的回应。一些关税税率在1984年下调了，需要许可证的进口商品越来越少。1985年，他与商界领袖共进早餐时暗示，墨西哥可能会加入关贸总协定，并可能寻求机会与美国签订贸易协议。美墨随后达成的协议只包括一些规程和指导方针，其中大多数不具有任何约束力。但尽管如此，它还是引起了极大的争议。两国政府不得不再次向民众保证，他们并不打算推动建立一个类似于欧洲正在形成的那种单一市场。[8]

对于美国来说，与墨西哥之间的贸易协议只是其正在推进的几个项目中的一个。罗纳德·里根总统毫不掩饰他对自由放任经济的信仰。这种经济理论以自由贸易和私营企业为基础，而墨西哥只是他的政府用来向全世界传播这一理论的其中一张牌。

最重要的是旨在重塑《关贸总协定》的"乌拉圭回合谈判"。虽然《关贸总协定》从20世纪40年代后期以来已经成功地多次降低了制成品的关税并促进了贸易的发展，但它还有很大的漏洞。《关贸总协定》没能覆盖农产品贸易和服务贸易，前者在任何一个国家都是敏感议题。纺织品和服装的运输不受《关贸总协定》约束，高额关税和进口配额的使用在这个行业屡见不鲜。而当一个国家指责另一个国家对出口商品实施补贴或声称进口商品正在破坏国内市场时，《关贸总协定》也几乎无能为力。至于《关贸总协定》的约束力，人们已普遍将其视为纸老虎。因此，1986年9月，数十位贸易部长在乌拉圭的埃斯特角城召开会议，致力于填补这些漏洞，完善《关贸总协定》。[9]

这些谈判最终将涉及123个国家，但进展缓慢。因此，里根政府自行做出了一个出乎意料的举动——它开始与最大贸易伙伴加拿大就达成一项贸易协定展开谈判。早在1965年，美加双方就已经放开了汽车贸易，每天有数千辆卡车在安大略和密歇根的汽车厂之间运送零部件和成品车。1988年正式批准的新的《美加自由贸易协定》迈出了一大步。双方同意取消所有商品的进口关税，放宽对商务人士出行的限制，允许一个国家的企业参与另一个国家政府采购项目的竞标，以及承诺平等对待双方的服务供应商。事实上，该协定的外交意义大于经济意义。根据一套流行的理论，贸易谈判就像骑自行车，只有不断前进，才能保持平衡，否则自行车就会倒下。美国声明，如果其他国家拒绝签署一项开放边境的大型协议，那么它将通过每次与一个国家签署一项小型协议的方式来使自由贸易保持发展势头。

墨西哥人并不想与这个庞大而强势的邻居建立如此密切的联系。他们很清楚，为美国客户组装货物的大量边境工厂并不能为墨西哥带来多大的经济利益。这些工厂只雇用非技术劳动力，几乎不使用墨西哥的产品和技术，因而不可能帮助墨西哥发展出更有价值的制造业。新一届的墨西哥官员希望吸引更成熟的外国投资。但当1990年墨西哥总统卡洛斯·萨利纳斯试图引起欧洲银行家和工业家对墨西哥的兴趣时，他发现自己几乎吸引不到任何投资者。东欧各国正致力于摆脱意识形态统治，寻求与西欧的合作，没有哪个欧洲国家有空理会墨西哥。萨利纳斯别无选择，只能让墨西哥向北美张开怀抱。他做出这个决定仅仅两年后，《美加自由贸易协定》就扩大为一份三个国家之间的贸易协定，即1992年签署的《北美自由贸易协定》。

《北美自由贸易协定》多少有些名不副实，因为它1700页的内容只字未提自由贸易。许多条款都是为某个国家的特定利益量身定做的，而一些欧洲正在讨论的、最具争议性的问题并没有被摆上台面，比如让工人自由流动、发行统一货币等。《北美自由贸易协定》的确取消了三国之间的贸易关税，但这要求征收更高关税的墨西哥必须比加拿大和美国削减更多的关税。然而，许多障碍仍然存在。墨西哥的卡车司机不能在美国各站点之间运输货物，反之亦然；加拿大维持乳制品进口配额不变；墨西哥的能源行业仍然禁止外国投资。但未来预期远比这些细节重要。通过保护外国投资者不受墨西哥剧烈变化的经济政策的影响，并让墨西哥商品几乎不受限制地进入北方市场，《北美自由贸易协定》使墨西哥走上了一条意想不到的道路。墨西哥不再只出口石油和由非技术劳动力生产的廉价商品，而是吸引到了跨国公司为自己带来有技术含量的工作岗位和最新的技术。萨利纳斯还下了一步好棋。1991年至1992年间，他下令将18家在1982年金融危机期间被国有化的银行出售给国内买家。这并不是《北美自由贸易协定》规定的，而是墨西哥渴望加入现代世界经济体系的一个信号。

这一前景并未受到普遍欢迎。在墨西哥，这个突然放弃独立经济的举措令人震惊。在2英亩（1英亩约合4046.86平方米）坡地上种植玉米的贫困农户和使用陈旧机器的小型制造商，担心自己被来自北方的进口洪流冲走；经济民族主义者十分愤怒，因为新近被私有化的银行最终可能落入外国人手中。另一方面，加拿大和美国的工会抗议制造商将把产业链向南方转移，环保组织预见污染企业将搬迁到美墨边境靠墨西哥一侧，激进的民族主义者则认为国家主权受到了侵犯。有人在美国的主流报纸上刊登了整版的谴责声明："蓄意破坏！对美国的健康、安全和环境法规（的蓄意破坏）！"1992年竞选总统的富豪兼保守派商人罗斯·佩罗预言："你会听到巨大的抽吸声，这个国家的工作机会将被不断吸走。"1993年，克林顿总统向国会提交《北美自由贸易协定》后，他所在的民主党的大多数成员都投了反对票。只有当反对派共和党人站出来支持时，国会才通过这一协定。[10]

欧洲和北美先后采取的举措使它们的贸易变得更加自由。就在北美达成《北美自由贸易协定》的同时，欧共体也扩大到15个国家，并转变为一个内部联系更为密切的团体——欧盟。欧盟的一些成员国甚至希望用统一的欧洲货币取代本国货币。尽管政策上的争吵和对布鲁塞尔官僚作风的抱怨无休无止，但一个统一的欧洲所能带来的好处，仍然吸引着东欧和地中海地区的各个国家纷纷排队等待加入。刚刚使《北美自由贸易协定》获得批准的克林顿，马不停蹄地开始推动欧洲人结束乌拉圭回合谈判。最后一次谈判是在美国和欧洲的主导下进行的。经过数周昼夜不断的讨论，一项复杂协议的大部分内容才达成共识。1994年4月，也就是埃斯特角城的谈判开始8年后，该协议被正式签署。当时的一份官方解释承认："这场谈判让全世界的贸易官员精疲力尽。"[11]

在乌拉圭回合谈判中，各参与国就众多议题（从削减农业补贴到推动服务贸易发展）达成一致意见。其中两项对全球化的发展起到了至关重要的作用：富裕国家终于承诺对贫穷国家生产的服装打开市场，到2005年，大部分富裕国家将取消对服装和纺织品施加的进口配额，孟加拉国、柬埔寨等几乎游离在世界经济之外的国家因而能够发展大规模的服装产业；与此同时，富裕国家和贫穷国家都同意大幅削减进口商品特别是制成品的关税，大量商品甚至完全免税。在欧盟扩大和《北美自由贸易协定》通过之后，乌拉圭回合的成果进一步改变了跨国公司的成本计算方式。总的来说，如今它们可以放心地在一个国家制造产品再运到另一个国家，而几乎无须担心关税会对成本造成什么影响。在20世纪80年代初步成形的国际供应链，此时有了向世界上更多的地区扩张的能力。[12]

事情确实是这样发展的。贸易模式出现了明显的变化。20世纪90年代末，零部件贸易占国际贸易的29%，这是因为生产商会在一个国家裁剪一卷布料或蚀刻一个半导体，然后将它们运到另一个国家做进一步加工。更重要的是，1990年以后，欠发达经济体对富裕经济体的出口稳步增加。传统的贸易中心欧洲、北美和日本已经不再占据主导地位。两国或几个国家形成的小集团达成了大量协议，这些协议取消了关税，简化了进口手续，并移除了对外贸易和投资的其他障碍。1990年，当美国、加拿大和墨西哥第一次就《北美自由贸易协定》展开谈判时，全世界有19个这样的协议生效。到了2000年，全世界已有79个类似的协议，从4个太平洋岛国之间的温和的贸易协定，一直到加拿大和智利之间涉及贸易、国际投资、环境和竞争政策、电信和众多其他主题的雄心勃勃的协定。[13]

更低的关税，更便宜、更可靠的运输，以及不断下降的电信成本，使世界经济进入了一个全新的阶段——第三波全球化。1980年至1985年间，许多国家经济衰退，全球制成品贸易停滞不前；但1985年至1990年间，以美元计算的全球贸易额翻了一番，1990年至2000年间又翻了一番；2000年至2010年间再次翻番。国际投资也触底反弹。在20世纪七八十年代，大型企业属于哪个国家一目了然；但自20世纪90年代开始，这些企业开始具有国际化特征，比如将非常重要的研究工作放在国外，而总部的办公室里则挤满了来自世界各地的管理人员。[14]

然而，创建欧洲单一市场、北美自由贸易区，以及在世界范围内降低关税所产生的效果，与20世纪90年代前期设计这些措施时的预期相去甚远。得益于信息技术的进步，尤其是互联网的发展，一个国家的客户可以密切监督另一个国家的供应商，供应商则可以实时访问客户的库存记录，并能据此在短时间内调整生产计划。然而，尽管从理论上说，集装箱船和计算机可以让制造商和零售商将供应链延伸到几乎任何有港口和电话线的地方，但这并没有成为现实。与之相反，企业的产业价值链所连接的主要是那些最富裕的经济体，以及少数工资水平较低的国家，后者包括中国、墨西哥、土耳其、孟加拉国、越南和少数东欧国家，它们是国际制成品市场上规模最大的生产国。其他国家则像几十年前一样，主要通过供应大宗商品的方式参与第三波全球化，同时眼看着它们低效的国内企业遭受价格低廉的中国商品的巨大冲击。

然而，尽管人们都在谈论商品的自由贸易、国际投资的自由流动和国界的消失，但第三波全球化其实不完全是一个市场现象。第三波全球化的每个关键点都是由政府塑造的，而且塑造的方式往往与各国政治领导人支持的目标相悖。

第三部分

超速

PART 3   TALES OF EXCESS

第九章 牙医的船

DENTIST SHIPS

贸易壁垒的降低，资本的自由流动，运输、计算机和通信领域的进步都使世界变得越来越小。但是，这些根本性的变化并不是使企业供应链在全球范围内扩张的全部原因。决定在哪里制造产品以及如何运输它们的一个关键因素在于远洋运输可以得到高额补贴，而国内运输往往无法享受这个好处。船厂以及船舶、运河和码头的经营者和工作人员都是受益者，因为他们直接或间接地得到了补贴，可以大幅降低服务价格。讽刺的是，许多这样的补贴是由工资水平较高的国家政府提供的，但它们反而受到了严重冲击，因为低价运输降低了进口商品的价格，使这些国家的制造业工作大量流失。

19世纪，一些国家已经为按照合同运送邮袋的客船提供补贴，但运费补贴在第二次世界大战之后仍非常态。战前的数十年间，世界造船厂平均每年生产的船舶能够运载的货物还不到300万吨。战时的船舶产量是战前的数倍，尽管其中数千艘船沉没了，但美国造船厂在战争期间匆忙制造的大部分商船直到20世纪50年代初仍在使用。不过那些船都被刻意造得很小，以减少因受鱼雷攻击而造成的武器和粮食损失。石油公司和大宗商品贸易商则希望船厂建造更大的船舶，这样它们就能够用更低的价格满足石油、粮食和铁矿石等迅速增长的贸易需求。它们的订单使造船厂达到了产能上限。在1948年至1954年间，仅希腊船王亚里士多德·奥纳西斯一人就从美国、德国和法国的造船厂购买了30艘新油轮。1954年，新下水船舶的运载量突破了500万吨，10年后超过了1000万吨，而且超大型油轮已经完全取代了二战时体积只有其1/10的船只。到了20世纪70年代初，集装箱船进入全盛时期，每年穿梭于海上的船舶的运载量超过3000万吨，是战前的10倍。[1]

第二次世界大战后，欧洲建造了世界上最多的商船——比如1960年有2/3的商船是在欧洲生产的——其余的份额则大部分为日本所有。欧洲和日本政府都将造船业视为核心产业。制造远洋船只的船厂通常会雇用数千名工人，而且是钢材的主要消费者。从1950年到1973年，世界的钢产量几乎翻了两番，其中很大一部分被用来制造船壳、船的横梁和甲板钢板，最后再被焊接成远洋船只。日本专门建造油轮，而且通常使用标准化设计，而欧洲的造船厂更擅长制造客轮、普通货轮和集装箱船。美国海军的一项研究得出结论："日本的造船厂在这一时期改进了生产技术，它们的生产率是欧洲和美国的造船厂的2倍甚至更多。"而且日本的劳动力成本仍旧很低。当时政府对造船业的补贴相对较少，除了美国和日本。美国政府通过发放补贴来吸引那些运营国际航线的美国公司在美国的船厂造船，而日本进出口银行在20世纪60年代为国外的船东提供低成本融资。[2]

1973年的石油危机在一夜之间改变了一切。对油轮的需求直线下降，不断蔓延的经济衰退也严重打击了其他商品的贸易。

许多船东拒绝接收预订的船只，因为它们已经派不上用场。在1973年至1978年间，日本造船厂的订单减少了九成，欧洲的情况也好不到哪里去。就在行业前景看上去一片暗淡之际，韩国挤进了这一产业。韩国在此前10年靠服装和鞋袜等劳动密集型产品的出口迅速完成了工业化，但随着工资上涨，政府的经济政策制定者将重工业视为未来的发展方向，因为劳动力成本对重工业的影响相对较小，工人们可以获得更高的收入。为此，他们制订了一系列重大国家投资计划。他们选择的第一家公司是成立于1968年的浦项制铁公司，这家公司获得的补贴超出在此之前世界上任何一家工业企业。继钢铁行业之后，韩国政府又制订了发展造船业的计划，提出在1980年前建立9个船厂，在1985年前再增加5个。

韩国造船厂以前只制造用于捕鱼和近海贸易的小型船只，以木船为主，国内没有一家船厂有能力建造现代油轮或集装箱船。于是政府向现代集团（韩国最大的工业企业集团）等企业施压，要求它们创建并经营新的造船厂。政府承诺将给予这些企业免税期，让它们得到稀缺的外汇，允许它们获得国家银行的低息贷款，同时为它们的低息外债做担保。现代集团的第一个造船厂设在韩国蔚山，这样它就可以从设在浦项的新制铁厂那里以低价购入钢材——蔚山和浦项均位于韩国东海岸，蔚山在浦项以北35英里处。现代集团刚开始采用国外的船舶设计方案，即先分别制造一艘油轮的两半，再组装起来。但由于经验不足，已经完工的两个部分并不吻合，无法组装到一起，这导致船厂错过了承诺的交货日期。当买方拒绝接收船只时，政府又帮忙成立了一家新的船运公司，接收了买家不要的船只。这家公司就是韩国现代商船株式会社，它很快成为世界主要远洋运输公司之一。[3]

作为一项为创造工作岗位而制定的战略，发展重工业的计划非常成功。对船厂和浦项制铁公司的补贴，以及韩国工人低水平的工资，使韩国的造船厂能够靠价格优势与欧洲和日本的对手展开竞争，这样全世界的船运公司都能以低廉的价格买到船只。国家的资助甚至使船厂可以将新船舶租给一些经营状况十分糟糕、没有商业银行愿意借贷的运输公司——这一策略为造船厂赢得了大量订单，但船东得到了更多的实惠。[4]

韩国在1990年制造的船舶数量是1975年的8倍，而与此同时，其他主要造船国建造的船只总载重量都少于以往。日本的造船业受到的打击最大。日本政府指导日本造船厂组成了"反萧条卡特尔"，要求日本138个干船坞中的50个在1980年年底前关闭，11.9万个工作岗位随之消失。欧洲政府则没有那么果断，而是选择大量补贴新造的船只。由于补贴过多，欧共体不得不在1987年规定，对船只的"生产援助"不得超过船只生产成本的28%。这条指令甚至被视为一项成就。由于新船很容易获得低息贷款，轮船公司迫不及待地将更多的集装箱船投入已经饱和的市场。[5]

不只是船厂和钢铁厂得到了补贴，航运业的投资者也获得了不错的待遇。一般来说，商人和金融家投资商船是为了赢利。但随着集装箱船的快速发展，大多流入航运业的资金是冲着亏损去的。西德政府制定的复杂的税法，鼓励想要避税的富裕公民投资远洋船只。拥有德国最大港口的汉堡一跃成为航运业的华尔街，以人为的低成本为一个正在实现全球化的世界提供了另一种运输货物的方式。

汉堡位于易北河畔，距北海约 70 英里，自中世纪以来一直是重要的航运和贸易中心。第二次世界大战之后，德国的分裂严重影响了这座城市。由于东西欧国家之间的铁幕，汉堡的港口无法再像以前那样，通过在易北河上来往的驳船为柏林、布拉格等地运输货物。尽管如此，这座德国第二大城市仍然是主要的造船厂和众多船运公司的所在地，而且拥有大量银行家、保险人、工程师、经纪人和专门处理海事业务的律师。但到了 20 世纪 70 年代初，汉堡人的生计受到了威胁。希腊税法的变化导致德国船东在两年内将 631 艘船的国籍由德国改为希腊。这种改变船籍的做法立即使德国的税收减少。而从更长远的角度来看，对这些船舶的持有、管理和融资等也很可能从德国转移到希腊。[6]

德国政府的应对方法是更慷慨地减免船东的税款。1973 年前后，银行家们抓住税法变化带来的机会，创造了一种为船舶融资的妙招。他们没有让投资人直接买入一艘船的份额——只有非常富裕的人才能这样做——而是邀请中产阶级投资有限合伙企业，每家企业被用来资助一艘船舶的建造。有了中产阶级的投资，这些被称为船舶基金的合伙企业就能借到建造船舶所需的剩余资金。这样，船东们只须投入少量资金就能得到新的船只。这种金融"巫术"确保新建的船只至少在 10 年内无法赢利。然后，船舶基金将亏损分配给个人合伙人，它们在向税务机关报税时就可以在总收入中减掉投资金额 2.5 倍的免税金额。这是一项无懈可击的交易。超过 50 家德国金融机构成立了船舶基金，他们需要为此支付大笔管理费用，还要向财务顾问支付佣金，后者向客户们承诺了无风险的高额回报。正如历史学家埃里克·林德纳（Erik Lindner）所说，"船队所有者应该赢利的传统观念已经消失不见了"。[7]

税收减免政策十分成功，政府在1984年和1995年两度进一步减税。不过，它遭到了欧盟执行机构欧盟委员会的反对。1997年，欧盟委员会发现一些税收措施通过补贴新船"企图营造或维持产能过剩的局面"，这无疑能让船舶公司以低价购入船只。欧盟委员会要求，只有在"关于船舶的战略和商业管理"都在欧盟内部进行，而且相关企业遵守欧洲关于安全和工作条件的规定时，各国政府才能对航运业予以税收减免。[8]

合伙企业的船舶往往达不到这些标准，投资者申报高于其投资金额的税损减免也违反了上述规定。但欧盟委员会在取消减税的同时，批准了另一项政策，即吨位税。吨位税规定，无论船舶在何处建造，只要它在欧洲注册并用于国际贸易，就可以根据其大小而非实际盈亏对其征税。这对德国牙医和医生的吸引力更大。虽然不能再申报税损减免，但他们每年都能得到一笔轻税的红利。流入船舶基金的资金创下新高。在21世纪初的高峰时期，这些基金每年为航运业提供200亿欧元（约合260亿美元）的投资，足够建造数百艘船。[9]

很多所谓的"牙医的船"由组织合伙企业的汉堡的公司所有，这些公司按照大型船舶的规格建造这些船只，然后依据合同运营。德国船舶管理公司E. R. Schiffahrt就是一个典型的例子，它由一个享有名望的汉堡航运家族控制。2008年，该公司共有82艘集装箱船或是已投入使用，或是正在建造。所有船只都是通过一家姊妹公司北方资本公司融资的，这家公司从参与建立合伙企业的4.1万名投资者手中筹集了16亿欧元。有了这笔钱，北方资本公司可以向专门从事航运业务的银行，如德国北方银行和德国商业银行贷款，以筹措剩余的船舶建造费用。其他公司也筹建了类似的船舶基金，为通常在韩国或中国建造的油轮和散装货船融资。一个船舶基金通常能吸引到数千名投资者，每笔投资的金额相对较小——一般约为2.5万欧元（约合当时的3.5万美元）。靠着这些船舶基金，德国的船队不断壮大。总部位于汉堡的北方银行宣称自己是世界上最大的船舶贷款机构，它发放了高达400亿欧元的船舶贷款，占其全部贷款的一半。

得益于船舶基金，21世纪头几年建造的集装箱船中，每3艘就有1艘是由德国船东订购的，并在德国政府的税收补贴下运营。中国台湾与智利、法国和日本的航运公司都以优惠的条件租用德国的船舶。许多新船是在2007年和2008年订购的，于2009年和2010年由于金融危机导致的贸易萧条期内交付，这就意味着这些享受高额补贴的船在最差的时机被投入市场。

对船舶基金的投资者而言，其结果是灾难性的。本应没有风险的合伙企业蒙受了惊人的损失，因为船只要么载着半舱货物出航，要么全部闲置在码头，这让投资者陷入困境。数百家合伙企业以及资助它们的船舶管理公司宣布破产。德国的纳税人曾提供资金补贴新船的建造，如今又不得不再次出钱拯救摇摇欲坠的银行。北方银行的所有者是汉堡市和石勒苏益格-荷尔斯泰因州政府，它们遭受了约140亿欧元的损失，最后只能将该银行出售。德国商业银行则接受了160亿欧元的联邦救助，但银行不得不将

1/4的股份交给联邦政府。由于大量"牙医的船"被卖掉用来筹集资金，集装箱船租赁船队中德国所有船只的份额从2010年的2/3下降到2017年的1/3。不过，尽管不再为德国所有，这些船只仍然能用来运输货物，它们强大的运载能力使运费下降，并人为地使海上运输的费用相对较低。[10]

德国投资者退出的同时，中国步入了这个市场。2006年，中国政府将造船业定为"战略性产业"，并制订了在10年内将中国发展为世界最大造船国的目标。政府为造船厂注入了大量资金，例如，两家国有企业中国船舶重工集团和中国船舶工业集团获得了约43亿美元的资金。它们利用这些资金在7年内增加了100多个规模大到足够建造商船的干船坞。中国的造船厂——其中很多为国有企业——掀起了一轮换船浪潮，老旧的油轮、散装货船和集装箱船被享受高额补贴的新船取代，这些新船几乎都是在中国的船厂建造的。

中国迅速占据了散装货船市场的主导地位，这些散装货船主要用于运输煤炭和矿石等原材料。2006年至2012年间，全世界新建造的散装货船中有57%产自中国。但想进入更加复杂的集装箱船市场则没有那么容易。直到2005年，几乎所有大型集装箱船都是在韩国和日本建造的，因为船东认为中国缺少能建造这些复杂船舶的技术人员。但在大量国家补贴的扶持下，中国的进步神速。虽然同样享受高额补贴，但在中国船厂建造一艘集装箱船的费用比韩国船厂低20%至30%。无怪乎2006年至2012年间，中国建造的集装箱船约占全球新增集装箱船总数的2/5。[11]

补贴航运业的经济影响绝不仅仅是花费纳税人的钱那么简

单。由于公共部门承担了建造和运营船舶的部分费用，全球商船船队的扩张速度比没有补贴时快得多。但这导致了长期的运载能力过剩。由于船太多而货物太少，航运费率被压得很低，航行一次的收入仅能勉强覆盖其燃料费用。但航运公司的巨额财务损失对托运人（即一些经海路运输货物的公司）有利。因为有造船补贴，所以托运人需要支付的海上运输费用低于运输的实际花费，因此他们能以不反映真实运输成本的价格出售出口商品。纳税人的补贴使远距离价值链在经济上变得可行。

补贴航运业对国内外竞争造成的影响同样值得考虑。在世界范围内，政府对水陆运输的补贴一般比对远洋运输的补贴少，许多国家的卡车司机必须支付大量的柴油税和公路费。铁路运费一般以赢利为目的定价，如果铁路为政府所有，则货运利润通常用于补贴客运服务。对远洋运输造成的环境成本的宽松管理，以及邮费费率结构（相较于国内运输，这种结构对从发展中国家向发达国家运输货物更加有利），也可被视为另一种补贴。而一些通过卡车或火车向国内客户运输货物的公司，则要支付几乎全额的运输费用，因此其运输成本比进口商的海运成本更高。即使国内生产商与进口商竞争力相当，进口商也可以通过航运补贴获得优势。这种产业政策实在令人费解。[12]

第十章 控制规模

10
HAND ON THE SCALE

对航运业的补贴从资金方面使全球化变得可行,但对国际贸易的补贴则使全球化引发争议。

就国际贸易而言,"补贴"一词并没有明确的定义。政府为鼓励一些企业在某地设立工厂而给予资金支持,这显然是补贴。但还有一些补贴则不易被察觉,例如政府为外国客户的银行贷款提供担保,这样它就能够购买出口商品。除非借款人违约,纳税人不得不为坏账埋单,否则这类补贴不会引起注意。隐藏在税法中的特殊减税政策、国家对某项工业研究计划的资助、使国内生产商能够提高产品价格的进口限制等,都是补贴。还有一些更加隐蔽的补贴,如要求军方只能采购国内制造的设备等。这些补贴有一个共同点,即一个国家的政府通过影响另一个国家的进口、出口和投资来扭曲竞争。[1]

在一个几乎所有贸易都在国内进行的世界里,一国政府对其农民或制造商的补贴对于其他国家来说并不是什么大事。传统经济学家认为这种不在乎的态度是合理的。但对购买商品的国家而言,出口补贴是一大幸事。如果有人想以低于生产成本的价格卖给你某样东西,那为什么要拒绝这份礼物呢?直到20世纪60

年代，对国际贸易中不公现象的申诉主要是针对工资差异，而非补贴。例如，20世纪50年代，美国制造商强烈抗议日本的进口服装时，它们反对的是"外国廉价劳动力的竞争"。1957年，当时还属低工资国家的日本同意限制棉制服装的出口。[2]

到了20世纪60年代，补贴才开始成为一个敏感问题。美国政府将军事和太空项目的合同给了美国公司，而欧洲国家反对美国人利用政府资助的研究，在制造客机、计算机和其他数千种面向民用市场的产品上获得不公平的优势。欧洲的飞机制造商一直在生死线上挣扎，直到1970年，法国、德国、荷兰、英国和西班牙的制造公司（大部分是国有企业）不得不做出一个艰难的决定——合并成一家泛欧公司，即空中客车工业公司。美国旋即抱怨大量补贴流向了空中客车。欧洲人对此做出反击，声称波音公司和洛克西德公司等美国航空航天公司的商用飞机得到了同样补贴。这场争端将持续数十年，当一家公司在某次交易中战胜了它的竞争对手时，争端就会再次爆发。

欧盟借"结构调整"之名，试图遏制钢铁、造船、化工和造纸等经营状况较差的产业的萎缩趋势，希望建立足够强大的企业参与国际竞争。欧洲的政治家们担心，如果任由这些产业崩坍，欧共体的生存会受到威胁。美国联邦政府对个体企业的现金补贴并没有那么大方，但州政府和地方政府经常利用补助金和低息贷款鼓励新企业的建立，同时维持既有企业的生存。其他国家则强烈谴责美国的一些行径，包括大量使用贸易壁垒来保护国内陷入困境的产业，要求使用政府资金采购的商品必须是在美国国内生产的，而不能是进口货。美国还将庞大的国防预算用于资助航空器、计算机和其他易于改作民用的尖端技术的开发。加利福尼亚州的微电子产业之所以能跻身世界领先地位，部分是因为美国军方将大量资金注入硅谷的公司。1967年以前，美国生产的集成电路中一半以上被用于导弹系统，美国芯片制造商的规模让其他国家望尘莫及。这些对美国出口商有利的公共开支是否已经构成不公平的补贴？这将成为此后多年争论的焦点。[3]

早在20世纪50年代，对钢铁、化工等资本密集型产业的补贴就已是争端的焦点。由于历史原因，全球大部分产能集中在一些发展单一产业的城镇，如俄亥俄州的扬斯敦和德国西南部的路德维希港，许多龙头企业几十年前就已经在这些地方开设工厂。这些地区的高工资对成本的影响不大，因为劳动力只占生产成本的一小部分，而既有工厂的规模效应带来的成本优势使其他国家的新工厂难以立足。当亚洲和拉丁美洲的国家决定建立自己的钢铁和化工产业时，它们只能通过补贴工厂并限制进口以保护国内生产者的手段才有可能获得成功。

但正如我们在第四章看到的，这种进口替代策略经常不起作用。印度和阿根廷等国的大部分新工厂耗资不菲但没什么价值。它们生产一些本可以用更低价格进口的东西，对推动经济增长和解决贫困问题毫无贡献。然而，日本的进口替代战略十分成功。在限制进口和补贴等强有力的政策扶持下，日本的制造业从制衣、焊接电路板等劳动密集型产业起步，发展到有能力大规模生产机械、汽车、化工产品和金属制品。日本的独到之处在于日本政府在排斥国外竞争者的同时，也迫使国内企业展开激烈的竞争并将产品出口海外。没有竞争力的公司只能面对失败，而胜利者具备了与海外一流企业一争高下的生产力。[4]

日本的进口额在此前20年一直高于出口额，但到了1965年，日本开始出现贸易顺差。这种现象持续了46年，其间只出现过短暂的中断。物美价廉的达特桑牌汽车和丰田汽车出现在美国街头，日本的钢铁制品也进军加利福尼亚州。在加利福尼亚，跨太平洋运输钢卷的费用比从匹兹堡和芝加哥通过铁路运输的费用更低。1968年集装箱船的运输业务开通后，运输成本进一步降低，运输过程中的货物损失减少，美国和加拿大电器商店的货架上摆满了日本制造的电视机、音响和微波炉。到了1970年，日本已经成为一个高度工业化和经济极度繁荣的国家，工厂生产带来的收入占其国民总收入的45%。与此同时，各种官方或非官方的贸易壁垒使国外产品在日本寸步难行。1966年，日本共组装了约250万辆汽车，而进口汽车只有15244辆。

1968年，在钢铁行业的强烈抗议下，美国国务院要求日本和欧洲"自愿"限制它们各自的钢铁出口。几个月后，美国的彩色电视机制造商声称日本的电视机正在破坏它们的产业，而总统候选人理查德·尼克松已经承诺要限制从日本进口纺织品。1969年1月，尼克松上台。不久后，他告诉记者自己"更希望在自愿的基础上处理这个问题"。由于日本在出口市场和军事防御方面均依赖美国，日本政府明白了这一暗示。强势的日本通商产业省（简称"通产省"，现在的日本经济产业省）限制了纺织品的出口，并向日本企业发布了新的指导意见。1972年，通产省宣布："'我们必须扩大一切产品的出口'这一观念已不再适用……从目前的情况来看，该政策易于引起其他国家的不满。"[5]

1973年10月爆发的石油危机,将出口补贴变成了商业战争的利器。中东石油出口国减产,石油价格因此飙升,并导致世界其他地区出现经济衰退。日本面临着比其他国家更严重的危机,因为它自身完全不生产石油。为了筹集进口石油所需的美元,东京政府急于扩大出口。但日本无法再制造低价的商品:其3/4的能源来自如今价格高昂的石油,而以美元计算的工人平均工资在1971年到1973年间上升了38%。通产省决定,为了日本的繁荣,依赖廉价能源或廉价劳动力的产业应该让位于"知识产业"。通产省希望日本不再通过出口玩具、服装和晶体管收音机,而是通过销售汽车、先进电子产品和精密机械来实现财富增长。

通产省有能力也有资金实现自己的构想。它鼓励竞争者自行决定其中哪些铝冶炼厂、造纸厂和造船厂应该关闭。由于大量纺织厂被关停,日本在1972年对美国许下的限制合成纤维出口的承诺轻而易举地实现了。依照通产省的建议行事的公司会得到津贴和补助贷款以开展新的业务,而且还会得到保护,免受进口商品的竞争。此外,1973年至1979年的产业结构调整虽然使80万制造业工人失去工作,但政府的慷慨补贴缓解了他们的痛苦。[6]

汽车制造业是最受重视的行业之一。虽然日本汽车体积小,乘坐起来不是特别舒适,但它们能完美应对石油危机,而耗油量大的凯迪拉克和宝马等汽车的驾驶成本越来越高。从1973年到1980年,日本的年汽车出口量几乎增加了2倍,卡车出口量增速更快。1980年,美国销售的汽车中有1/4是日本汽车。但在日本，工人们不太可能用他们迅速增加的收入购买雪佛兰或大众等美国汽车，因为关税使外国制造的汽车的价格增加了30%到40%，而且大型进口汽车的注册费用远高于小型日本汽车。结果，札幌和福冈的汽车经销商很少愿意销售外国车。[7]

与通产省官员设想的一样，"更轻、更薄、更短、更小"的信条得到了日本公司高层的认可。到了1975年，机械和运输设备占日本出口的一半，这个份额是20年前的4倍。得益于通产省对研究和开发的支持，日本工厂开始大量生产计算机、先进的光学相机、数控机床和高性能的彩色复印机。不过，并不是所有得到通产省扶持的产业都能获得成功。尽管通产省鼓励日本生产商用喷气发动机，但它们并未取得成功。不过，日本限制进口并促进出口的战略，帮助它在与那些能够生产尖端工业品的国家做生意时获得了巨额的贸易顺差。日本的新的贸易模式迅速成为一个国际问题，美国、加拿大和西欧的政治家和工会成员都愤怒无比。美国中西部、英国中部、德国鲁尔区和法国北部等地区的工业区受到进口商品的严重打击，工厂纷纷倒闭，一个新的经济术语"去工业化"随之出现。[8]

在全球经济增长放缓之际，日本进军先进制造业，并对自第二次世界大战以来在全球化中发挥重要作用的布雷顿森林体系发出了挑战。当初参与协议磋商的人并没有盲目乐观。他们深知每个政府都肩负着为工人、企业和社区提供帮助的压力，但没有预料到补贴问题会严重到对更加开放的世界经济造成破坏的地步。日本受到指责，它在使大量享受高补贴的出口商品充斥全球市场的同时，却不让自己的市场对外开放。批评者控诉，通产省对贸易的严重干预，损害了其他国家的利益，仅使日本一国获利。[9]

17个贸易规模最大的国家在1960年达成的协议正是为了应对这种情况。根据该协定，如果受到补贴的出口商品对进口国家的产业造成了"实质性伤害"，则该进口国有权对出口商品征收与其补贴等额的进口税，这就能削弱外国产品的成本优势。这一规定十分奏效。日本政府不希望被指责为违反国际规则的国家，于是它再次同意"自愿"限制出口，就像1972年为安抚理查德·尼克松而承诺限制合成纤维出口一样。1977年，日本政府限制国内公司向英国出口汽车以及向美国出口彩色电视机。1978年，它对汽车、摩托车、钢铁、电视机、船舶、复印机、手表和照相机等商品的出口商实行"强化监督和指导"政策，还为向美国和加拿大出口的机床设定了最低价格，使日本公司无法通过低价战略来占领市场。次年，美国对螺栓、螺母和螺钉征收15%的关税，以"拯救"在与日本的竞争下受到威胁的美国工业，尽管它的工厂极其落后且低效。[10]

同年，即1979年，美国第三大汽车制造商克莱斯勒公司濒临破产，这也预示了美国即将面临大规模失业潮。美国国会为维持克莱斯勒公司的生存，同意为其高达15亿美元的贷款提供担保。其他汽车公司同样处于破产边缘，1980年成为美国汽车产业历史上最糟糕的年份之一。尽管销量下滑的罪魁祸首是高利率和车型问题（小型车很少），但政治家和工会领袖对日本大加指摘。通常被认为支持自由贸易的罗纳德·里根，在竞选总统期间对底特律克莱斯勒工厂的工人说，美国政府"应该使日本人相信，为了他们自己的最大利益，他们应控制住涌入美国的汽车洪流，而我们的产业将重新立足"。1981年，日本"自愿"限制对美国的汽车出口，同时更加严格控制对西欧和加拿大的汽车出口。截至1983年，日本已经同意限制多种产品对欧洲的出口，包括录像机、石英表、车床、叉车等，每次的限制都是"自愿的"。[11]

结果与预想的不同。一项项新的"自愿出口限制"不仅没有缩小，反而扩大了日本的贸易顺差，因为日本制造商能出口的汽车和电视机数量有限，于是它们以更高的价格出口更尖端的产品。增加的利润使日本企业有足够的资金在北美和西欧设立工厂，这使当时的人觉得日本式资本主义正在征服世界。不过后来人们才发现，日本虽然大力发展先进制造业，却将低效的服务业抛诸脑后。例如，在日本银行兑换货币需要几名银行职员签字，而在繁华的东京银座的百货商店里，年轻女性被雇来穿着和服向前来的顾客一一鞠躬。总的来说，1980年日本的服务业生产率甚至低于1970年。僵化的服务业后来被认为拖了日本经济增长的后腿，不过在20世纪80年代日本制造业的繁荣期，服务业的停滞不前并未引起重视。[12]

在世界经济停步不前时，日本并不是唯一使贸易伙伴感到不安的国家。韩国对日本经验的借鉴超过其他任何一个国家。虽然韩国的人口很少，但它效仿日本，通过补贴成功重塑了自身的国际贸易模式。

韩国经济直到20世纪60年代还是处于停滞状态。从1910年到1945年，朝鲜半岛一直被日本占领，被当作大米和钨的产地。第二次世界大战结束时，朝鲜半岛被划分为南北两个部分，分别受美国和苏联的影响。1950年至1953年的战争使半岛的大部分基础设施和工业毁于一旦,超过100万人死于战争之中。战争刚刚结束,南方政府就决心快速实现工业化,第一步是发展制衣业和制鞋业,但其经济政策是内向型的,对进口商品设置了极高的贸易壁垒,而出口在1963年以前微乎其微。

1965年,韩国总统朴正熙公布了新的方针。他告诉全国民众:"我们也能在与其他国家的国际出口竞争中取得胜利。"政府将韩国货币韩元贬值,使韩国产品在海外的价格变得更低,又提供大量资金鼓励出口,还对用于制造出口商品的进口商品免税。政府为特定商品的出口设定了年度目标,并让韩国的中央银行韩国银行为企业提供低息信贷以助其达成目标。此外,为了刺激出口商之间的竞争,政府还规定前一年达到出口目标的企业可以以更优惠的利率获得贷款。韩国的经济专家坚信,规模十分重要。因此,他们鼓励一些多元产业集团(即韩国财阀)扩大自身规模,使其能够在全球范围内与欧洲、日本和北美的跨国企业竞争。政府的政策制定者们利用进口关税和国有控股银行的贷款,引导财阀将资金投入特定行业,如汽车和电子制造业。美国经济学家爱丽丝·安士敦写道:"从20世纪60年代到20世纪70年代的这十几年里,产业多元化的每一次重要转变都是由国家主导的。"[13]

与许多贫穷国家不同,韩国在教育上投入了大量资金,这就使其拥有一批受过教育的高素质劳动力。这是一个巨大的优势,尤其在世界经济衰退,受政府资助的韩国企业转而寻找新的出口产品时。1962年,在实行出口导向战略之前,食品和原材料占韩国出口的4/5,海藻是主要的出口产品。到1980年,韩国的制造业规模是1962年的15倍,以制成品为主的对外贸易占韩国经济产出的 2/3 以上，远高于欧洲、北美和日本的对外贸易份额。但这并不受外国欢迎。20 世纪 80 年代初，向高收入国家出口的韩国商品中，近半受到旨在应对不平等贸易的出口限制。这一时期，全球经济增长放缓，韩国经济进入了短暂的停滞期。在那之后，韩国政府试图使韩国的出口导向型经济进入另一条不同的轨道，即重视创新和先进技术。日本公司的投资曾经不受欢迎，但如今帮助韩国生产了汽车、彩色电视机和药物。[14]

这种由国家主导的经济政策彻底改变了这个曾经以内向型经济为主的国家。1986 年，韩国持续了数十年的贸易逆差首次转变为顺差。到了 1988 年，韩国已经成为世界第十大贸易国，扣除通货膨胀因素后的人均收入是 1960 年的 8 倍。1980 年，韩国仅有 54 个企业研发中心，但 10 年后企业研发中心的数量已经增加到 996 个。这是因为企业响应政府号召，雇用工程师并停止依赖廉价劳动力。补贴、贸易壁垒和人为制造的货币贬值并没有消失，但此时人们更多地指责韩国通过不公平的手段窃取高科技产品的市场份额。半导体产业是韩国的成功案例之一。一直以来，美国在半导体产业中一家独大。但到了 1990 年，韩国已经成为美国市场上第二大计算机内存芯片供应商。1993 年，美国国际贸易委员会裁定，一些韩国企业出售低于公允价格的内存芯片的行为损害了美国生产商的利益，但同时它也不得不承认，客户发现韩国芯片比美国芯片更可靠，而且读取速度更快。[15]

韩国向高附加值产业进军是经过精心规划的。政府在 1992 年公布名为"机械、材料和零部件本土化计划"的五年计划后，帮助韩国企业减少了 4000 种产品的进口，包括汽车零部件、机械、半导体和计算机部件。在此之前，韩国的这些产品大多要靠日本提供，但现在政府拨款让工厂在国内生产这些产品。补贴再次对贸易模式产生了重大影响。韩国的这些重点发展行业的贸易顺差从1997年的30亿美元飙升至2014年的1080亿美元。同时，韩国首次成为大规模的中间产品出口国，它的大部分中间产品通过国际供应链被输送到中国的工厂。相比于其他国家的同类产品，中国更依赖于韩国的半导体和光学元件。[16]

第十一章 中国价格

11
THE CHINA PRICE

20世纪80年代初，中国在国际经济中的存在感很低，而且极少参与国际事务。这个国家在70年代的大部分时间里面目全非，混乱的局面和计划经济政策使中国处于贫困状态。转变始于1978年。当时的中国领导人邓小平访问了日本和新加坡，并在一系列谈话中说道："根本的一点，是要承认自己的落后，承认现在很多方法不对头，需要改。"但中国还有很长的路要走。当时的生产方式十分落后，数百万个本可以帮助中国实现现代化的学生正在下乡务农。当时的中国过于贫穷，无法施展自己的力量，因此在军事和外交上的影响力很小。[1]

在大众的记忆里，经过数十年的发展，中国崛起了，变得强大且繁荣，这是个从一个成功走向另一个成功的故事。但在1978年改革开放后的最初几年，无论是经济还是其他方面，中国都难称强国。英国记者乔·史塔威尔评论道："奉行自给自足政策的中国无法制造出任何一种具有国际竞争力的工业产品。"与大多数社会主义经济体一样，政策制定者长期以来一直将发展重心放在重工业上。邓小平领导下的第一个五年计划（即"六五"计划）要求全力发展钢铁产业，争取在1985年之前将钢铁产量翻一番,并建设冶炼厂、煤矿、油田、港口、发电厂和铁路。这个雄心勃勃的计划远远超出了中国的承受能力。很快,它就被更为实际的增加消费品产出的计划取代。为10亿中国人生产鞋子、化妆品和晶体管收音机需要的劳动力远远多于钢铁业,这为几千万在实现农业现代化过程中被淘汰的农民提供了出路。同时,轻工业的发展也为中国家庭提供了消费品,提高了他们的生活水平。[2]

1979年邓小平访问美国后,中国政府谨慎地设立了几个经济特区,鼓励经济特区开展对外贸易。据估计,当时香港制造业的平均工资是内地的20倍,港台地区的制造商被价格低廉的劳动力吸引,开始在华南地区开设工厂。它们在其他地方生产化学制品、塑料、布料和零部件,然后将这些产品运到深圳和广东的其他地区制成玩偶、裙子或电钻,再通过香港转口到世界各地。内地的工人成本低廉,服从管理,而且兢兢业业。

富裕国家大力支持中国对外开放。它们将对中国产品征收的关税降低到与其他大多数发展中国家相同的水平,这为中国消除了一个巨大的竞争劣势。对出口到北美、日本和欧洲的中国商品征收较低关税,将使中国再次成为一个贸易国家,不过西方的贸易伙伴更关心的是力量平衡而非贸易平衡。它们降低关税是为了借中国之力制衡苏联——苏联和西方关系紧张。此外,这份礼物是有附加条件的。美国给予中国的最惠国待遇每年都要经过国会审议,因此中国面临着美方可能随时终止关税优惠的威胁。[3]

中国的国际贸易总额在1978年至1980年间翻了一番,但随后就遇到了瓶颈。中国政府坚持外国人只能通过与央企或地方国企合资的方式投资,这使外国制造商难以进入中国市场。但在不信任国外投资的同时，中国也无法仅凭自身的力量发展现代工业。在经济中占主导地位的国有企业是按照既定计划，而不是根据客户喜好实施生产的。民营企业无法将赚取的利润用于研发，因为企业家找不到融资渠道——股票市场当时还不存在，1978年以后才逐步恢复重建的商业银行体系尚不清楚如何为民营企业发放贷款。不仅如此，甚至连国有企业也很难借到资金。1980年，一家中日合资的纺织品企业为筹措资金发行了外债，这引起了很大的争议，并导致政府犹豫是否允许其他企业效仿。

直到1986年，中国产品在世界制成品出口中仍然只占很小的份额，而且增长乏力。对于中国来说，成为世界经济中心似乎只是一个遥远的梦想。[4]

中国在第二次世界大战期间属于盟军阵营，也是1947年关贸总协定的创始缔约国之一。1949年，中华人民共和国成立。1950年，台湾当局宣布退出关贸总协定。中华人民共和国政府并不承认这一决定的合法性，但此时的中国已经饱受数十年战争的摧残，中国政府正在努力恢复秩序，对经济的定位是内向型的。此外，中国一直与西方殖民主义国家关系紧张，欧洲国家仍然占据着香港和澳门等中国领土。对外开放经济并不是新政府的当务之急。[5]

30年后，开始向世界敞开大门的中国强烈意识到自己需要外国的技术、投资和市场，重返关贸总协定成为头等大事。不加入关贸总协定是有风险的，因为在《关贸总协定》中，各国就管理国际贸易而协商了各项规则。例如，如果一个国家声称日本的聚氨酯让它的化工产业蒙受损失，那么它必须遵循一定的程序才能限制日本的这些违规产品的进口。而作为非成员国的中国并不受这些规则保护。加入关贸总协定，可以让其他国家难以干预中国的贸易。

从1981年开始，中国对关贸总协定的兴趣使它收到了关贸总协定各项会议的邀请，但只能作为观察员国家出席会议。一些国家怀疑中国是否适合成为成员国。1986年，中国要求恢复成员国资格，但被拒绝了。毕竟，当时中国的产业以国有为主，进出口由国家决定，而且法律体系与西方国家有所差异，这些都让中国看起来并不适合加入一个为市场经济设计的贸易体系。在接下来的几年里，博茨瓦纳、哥斯达黎加、摩洛哥、委内瑞拉等发展中国家都接受了以市场价格进行更加自由的贸易对其经济发展更为有利，并通过协商加入了关贸总协定，中国却仍然被拒之门外，只能驻足观望。[6]

中国的经济改革始于1978年，到了20世纪80年代后期改革仍在进行，但中国经济增长的速度已经变慢。《商业周刊》引用一名美国买家的话："中国以蜗牛般的速度前进，而其他国家正在飞奔。"中国的工资不再快速增长，通货膨胀率也达到了两位数。中国政府听从邓小平的建议，继续推进改革，开放中国经济。邓小平告诫党的最高领导人："不搞改革开放就不能继续发展，经济要滑坡。走回头路，人民生活要下降。改革的趋势是改变不了的。"[7]

1989年11月，邓小平辞去了他的主要职务。虽然他在幕后仍然具有影响力，但他的政策，即鼓励民营企业发展和让市场力量发挥更大作用，甚至允许在深圳和上海开设证券交易所，受到了一些质疑。他公开做出回应，在1992年1月结束退休生活再次出山，开始了为期一个月的南方视察。在一次又一次的谈话中，他呼吁省级和地方领导人打破旧观念，采取能够提高生产力和生活水平的政策。在参观经济特区时，邓小平宣布这些8年前经他批准成立的市场化改革"试验田"取得了试验成功。

事实证明，邓小平的这次视察是全球化的转折点。1992年3月，中共中央政治局在北京召开会议，认为应加快改革开放的步伐。10月，在中国共产党第十四次全国代表大会上，中共中央总书记江泽民重申中国共产党的领导地位，并呼吁"加快改革开放和现代化建设步伐"。[8]

同年年底，政府放宽了对境外投资的限制，来自中国香港、日本和美国的资金开始涌入。1991年，当中国的发展方向还未完全确定时，外国人对工厂、建筑和商业企业的实际投资仅有40亿美元。到了1993年，随着中国经济腾飞，外商实际投资金额增加了6倍。虽然部分投资被用于生产商品，然后被拿到快速扩大的中国市场上出售，但大部分投资被用来为优衣库、家乐福等国际零售商，或惠普、通用汽车等制造商生产商品。[9]

中国的制成品出口额在20世纪90年代间增长了5倍，其中大部分增长是由一些中国此前几乎没有出口过的产品贡献的，比如化学制品、机械和电信设备。到了1998年，中国45%的出口商品由外资工厂生产。更低的进口关税提高了制造业的生产率，因为更多的中国工厂选择使用进口商品来制造出口货物。中央政府还让体量过大的国有企业"瘦身"，这同样有助于提高生产率。地方和省级政府遵循的是"抓大放小"的原则，小型国有企业被卖给民营企业家,每个行业的多个大型国有企业被整合重组为几家市场导向型企业,这样它们虽然仍由国家控股,但可以相互竞争。国有企业通过削减成本增强了在全球市场上的竞争力,但这场改革或许使2000多万工人下岗,这是第三波全球化对中国的冲击。[10]

旷日持久的乌拉圭回合谈判催生了取代关贸总协定的WTO(世界贸易组织),它被视为国际贸易的监督者。中国并没有在WTO成立之初加入,但从1995年年初WTO在日内瓦的威廉·拉帕德中心(此前为关贸总协定办公大楼)开设办公室时起,它就有了加入WTO的想法。

为了加入WTO,中国需要与每个成员国达成协议,设法消除它们对中国经济政策的担忧,并规划将如何对待它们的出口产品。但有些谈判引发了外界严重的争论,尤其是中国与美国和欧盟的谈判。反对中国加入WTO的呼声很高,许多美国和欧洲专家警告说,中国的出口商品将如洪水般席卷国外市场,但不会允许外国企业有同等的机会进入它的国内市场。还有人指责中国故意使人民币贬值,人为地使它的产品以低价销往其他国家。但争论的另一方持不同意见。快速增长的中国经济和拥有巨大潜力的中国市场,对于跨国企业的高管们来说是不可抗拒的诱惑,他们努力推动中国加入WTO。最终达成的协议包含了非常具体的规定:中国对汽车征收的关税将从80%以上降至25%,对欧洲的意大利面征收的关税从25%降至15%,对美国的冷冻猪肉的关税从20%降至12%；中国的民营企业可以从事进出口贸易，无须经过政府审批；外国银行可以在中国开展业务；外国人可以在电信业的合资企业中拥有高达49%的股份；等等。[11]

中国做出了上千项承诺，这些承诺往往反映了其他国家的特定商业利益。作为回报，142个国家同意对中国产品敞开大门。从此以后，不管是中国还是外国的制造商、批发商和零售商，都可以将中国纳入其供应链，无须担心因为其他国家会突然提高关税或对中国制造的产品实施进口配额制而打乱它们的计划。中国还被认定为发展中国家，这一地位使它有权限制进口和与贸易相关的投资，而发达国家无权这样做。[12]

2001年12月，中国加入WTO，这带来了立竿见影的影响。其他国家的制造商开始要求它们的供应商从中国采购商品，除非它们设在更高工资国家的工厂生产的产品可以在价格上与"中国价格"竞争。1995年，当时在美国的小城镇经营小型折扣店的沃尔玛，曾承诺销售美国制造的商品。到了2002年，已经是全世界最大零售商的沃尔玛，利用中国加入WTO的时机，将其全球采购总部迁到深圳，在那里与数千家为巴西、日本等国的超大购物中心供货的中国工厂建立了联系。其他数百家零售商纷纷效仿沃尔玛。2005年1月，美国刚刚取消服装的进口配额，1820万件中国制造的棉针织衫就抵达美国，这个数量是2004年1月的19倍。美国服装制造商丽诗加邦（Liz Claiborne）的一名高管告诉《华尔街日报》的记者："中国将成为我们的采购战略中最重要的国家。"——他知道董事会对此不会有异议。当时，在美国的进口纺织品和服装中，中国产品的份额不足1/3。8年后，中国产品的份额超过50%。[13]

中国崛起为经济强国，其贸易模式也发生了改变。20世纪90年代初，当党的领导人讨论邓小平的经济改革主张时，中国的对外贸易还相对平衡。1993年，中国的进口额超过了出口额。1995年开始，中国的贸易模式发生了转变。"饥饿"的工厂"吞食"了大量的进口铜、煤和铁，并利用这些原材料创造了巨大的制成品贸易顺差。到2005年，中国工厂的出口几乎占中国全部经济产出的1/3，而且出口商品的成熟度高于一般的低收入、以非技术劳动力为主的国家。进入21世纪后，中国生活成本指数调整后的人均收入低于突尼斯和多米尼加共和国，但当这些国家在出口服装和利用进口原材料组装的电子产品时，中国却在制造发动机、厨房电器和太阳能光伏。[14]

在中国成为世界经济的主要参与者的过程中，补贴起了很大作用。1980年改革开放伊始，中国的商品出口和服务出口占经济产出的比重不到6%，远低于全球平均水平。25年后，中国的出口额占经济总产出的35%，高于世界其他国家。高额关税和其他贸易壁垒不利于其他国家的产品在中国销售，但用于制造出口商品的进口零部件的关税是可以退回的，因此工厂生产出口商品的成本低于生产面向国内市场的产品。这样的补贴对出口商非常有利。[15]

根据一项研究，1995年至2005年间中国政府在工业补贴上的开支是3100亿美元，其中国有企业（主要是地方国企而非央企）获得了近半的补贴。3100亿美元相当于2000年中国经济总产出的1/4，而且这个数字只包含直接支付给企业的金额，没有将每年约合150亿美元的出口退税、电费补贴，以及对高新技术产业开发区的制造商的税费减免计算在内。入驻产业园区的外国公司可以以极低的税率缴纳所得税，一些科技企业甚至完全免税。出口汽车制造商可以优先获得贷款和外汇。这一时期，超过一半的中央政府补贴旨在推动创新和高科技产品的出口，帮助出口企业研发销往海外的新产品。中国的目标是创建具有世界竞争力的跨国公司。[16]

随着中国汽车工业的发展，轮胎工业也有了进步。1990年以前，中国的轮胎制造商规模较小，而且几乎只面向国内市场。1990年至2014年间，有近60家生产轿车轮胎和轻型卡车轮胎的工厂开工。世界上规模最大的轮胎制造企业纷纷来华设厂，但要遵守很多严格的规定，比如许多制造商被要求与中国企业建立合资企业，一些工厂只能生产用于出口的产品。凭着十多种不同的补贴，包括国有银行的低息贷款、进口设备免税、地方政府的拨款等，各国的轮胎制造商都希望能够在中国设厂。从2004年到2014年，中国轻型汽车轮胎的产量从8400万快速增长至3.99亿，其中一半以上被运往国外。[17]

铝的故事与轮胎类似。2019年一项关于全球17家主要原铝生产商——原铝指通过熔融铝土矿得到的高品质铝，而非通过融化回收的啤酒罐得到的低纯度铝——的详尽研究显示，每家公司都得到了政府补贴，但中国的企业得到的补贴高于加拿大、巴林、沙特阿拉伯和卡塔尔等国的企业。2013年至2017年这5年间，全球铝业共得到127亿美元补贴，其中中国的补贴占六成以上。1995年，中国在这个广泛分布于世界各地的行业中占的份额很轻。但到了2017年，得益于能源补贴、税收减免和国有银行的低息贷款，中国的原铝产量占全球原铝产量的一半以上。与此同时，中国政府对出口的原铝征收15%的税，以确保中国的铝制产品制造商可以获得低价的金属供应。[18]

从造纸业（缺乏森林资源的国家缺乏明显的竞争优势）到尖端显示器制造业的许多其他行业采用的是同样的模式。中国用补贴吸引外国企业进入中国。到了2006年，中国40%的出口额由外资企业贡献，20%来自中外合资企业——全球企业通过在中国投资将它们的产品销往世界各地。但许多企业发现，中国的法律对这些企业的专利和设计的保护不足。[19]

从2001年到2008年的7年间，中国的制成品出口数量惊人地增长了464%。中国几乎在一夜之间成了全球电子设备、汽车零部件和钢铁市场的主要供应国。它自身也成了一个让国际商家有利可图的庞大市场。中国的鞋厂可能拥有10万名工人，电子厂可能拥有30万名工人，而且厂区设有员工宿舍，可以确保有足够的人手完成紧急订单。没有哪个国家有这样的能力。外国汽车制造商接二连三地与地方国企合资设厂。2001年——中国于当年12月11日加入WTO——中国车厂的乘用车产量约为70万辆。2009年，这一产量达到900万辆，中国成了全球最大的汽车生产国。同年，日本汽车制造商全球工厂的总产量中，有1/7来自中国的合资企业，而2000年时它们还未在中国开设工厂。[20]

中国的高速工业化改变了数亿人的生活。1978年改革开放刚开始时，82%的中国人生活在农村里，条件往往十分艰苦。农村人口在1991年前后达到顶峰。其后，随着新开设的工厂吸引了来自偏远地区的农民进城务工，农村人口开始下降。到了

2010年，中国有一半人口居住在城市里。改革开放之初，中国的人均预期寿命为66岁，30年后已经达到75岁，婴儿的死亡率也下降了3/4。污水处理和自来水在广大城乡地区推广开来。1978年，每500户家庭中仅有一户能用上电话；到了2010年，移动电话已随处可见。这一年，按购买力平价调整后的人均收入是改革开放之初的15倍，许多人变得富裕，中国也成了世界最大的汽车市场。如此多的人迅速脱贫，这一成就是史无前例的。

第十二章 捕捉价值

12
CAPTURING VALUE

在硅谷的一处商务花园里，一个工程师团队设计了一款智能手机。而欧洲和亚洲研发中心的同事们，则通过电脑以及即时通信软件和视频软件与他们一同工作。完成设计后，研究人员的美国雇主用一笔象征性费用将设计的所有权转让给设在爱尔兰的子公司。爱尔兰子公司将制造外包给一家在中国大陆设厂的台湾制造商，后者分别从日本、韩国、德国和美国订购显示屏、芯片、摄像头和耳机。随后，中国大陆的工厂按照指示将零件组装起来，并将成品运回设计该产品的硅谷公司。最后，这款手机以该公司的品牌在多个国家销售。

现在让我们思考一个问题：该手机的产地应如何标示？

直到20世纪80年代末，产地是哪里这个问题还是很容易回答的。大多数制成品都是由一家公司的员工设计并在同一家公司的工厂中生产，部件主要由公司内部或附近的工厂制造。虽然硅谷的高科技制造商在20世纪80年代开始将焊接电路板和组装电脑等技术含量较低的工作外包，但这些工作几乎都移交给了附近的小公司。即使希捷公司知道在低工资水平国家制造电脑硬盘的成本会更低，但它还是选择让其在新加坡开设的工厂来完成这些工作。客户在购买尼康、柯达或徕卡相机时，同样会选择几乎完全由日本、美国或德国设计并制造的产品。商品的产销地一目了然，从德国工厂运往法国经销商的徕卡相机会被登记为法国进口、德国出口商品。

产地变得难以界定，是第三波全球化的一个显著特征。在两个较早的时期——第一次世界大战前的40多年和第二次世界大战后的40多年里，国家间的贸易壁垒逐渐瓦解，发展贸易和促进投资被视为国家的工作。每年的商品贸易是顺差还是逆差，一国公民在其他国家拥有多少资产，都成了评判一个国家在经济上成功与否的标准。企业被视为像公民一样的个体，如果一家企业发展得好，那么人们普遍认为它的国家也会受益。

从20世纪80年代后半期开始，国际经济关系呈现出十分不同的特点。制造商和零售商使供应链进一步扩张。得益于集装箱船和空运的发展，智能手机设计公司可以在能够提供最优惠价格或最高品质的地区生产天线、全球卫星定位系统（GPS）接收器和塑料外壳，然后以极低的成本将这些部件运到组装工厂。部件每跨越一次国界，就需要做一次货物进出口登记。当组装工厂将成品运往国外时，又需要再做一次登记。因此从表面上看，通信设备的贸易量迅速增长。另一个不合理的地方是，非物质性的投入同样占了手机价值中的很大一部分，比如整部手机的设计、手机内部每个半导体的设计，以及使手机能够发送信息和拍照的各种软件的开发等。虽然智能手机被归入货物贸易的范畴，但它的很大一部分价值与货物贸易无关。实际上，制造智能手机过程中的一系列交易，与其说构成了一条供应链，倒不如说形成了一条价值链。

供应链和价值链的区别不仅仅是名字。供应链主要涉及两种商业关系：一是投资，企业会建立或购买资产，如工厂、种植园或整个公司，以掌握关键产品的供应；二是贸易，公司会在国际或国内的市场交易中，购入其他公司的商品或服务。一家公司的国际贸易与它在其他国家的投资有直接关系。一家美国服装公司可能会将棉布出口到其在中美洲开设的缝纫厂，然后将成品服装运回美国销售。20世纪40年代到80年代的第二波全球化期间，跨国公司会在自己想要投资的国家自主经营工厂、矿山或发电厂。它们可能从当地供应商那里购买了部分物资，但生产技术和主要的供应都来自其在国内的设施。

相反，价值链可能需要各家公司建立更复杂的联系，包括技术的授权使用，创办合资公司，合作开发，建立长期战略伙伴关系，一家公司持有另一家公司少量所有权权益的投资等。制造商不必开设自己的工厂，航空公司也没有必要拥有自己的飞机。这两个行业的许多公司只须专注业务的某些方面，比如设计和推销新产品，或为航空旅客提供独特的体验，再通过合同将其他事务交由其他公司处理。一家公司是否持有其价值链上其他公司的股权，取决于该公司的商业战略。2019年的一项研究表明，一些在国际服装业和鞋业的龙头企业，平均每完成10亿美元销售额就需要与其他实体建立多达25种关系，而其他企业几乎没有这样的关系。这种合作关系很少以生产商品为中心。研究者对此的解释是，如果生产过程包括像装配这样的低价值工作，那么构建价值链的企业更愿意从外部实体那里购买产品，而不是自己投资或者建立合资企业。[1]

价值链的最大经济效益是专业化。拖拉机制造商可以专注于拖拉机的设计、组装和销售,并指导农民如何使用拖拉机。但制造拖拉机发动机需要的技术和知识与组装拖拉机不同,所以对于拖拉机制造商来说,从专业厂家那里购买发动机比自行设计和制造更加可行。反之,发动机制造商可能会觉得依赖金属加工公司十分明智,因为这些公司专业制造凸轮轴。同样,制造凸轮轴的工厂也没有理由自己炼制钢铁。价值链上的每家公司都为全球市场大量生产某一类产品,以降低生产成本,而不再小规模地制造一系列拖拉机零部件。

不过,制造商在价值链中的价值大部分并非通过在车间冲压金属和组装部件来实现。每家拖拉机公司都雇用了工程师和外部工程顾问来生产产品,比如选定最适合用来制造凸轮轴的钢材并设计出最适合发动机的凸轮轴。在21世纪的最初几年里,随着工厂的自动化程度变得越来越高,制成品生产中一半的附加值来自服务。这些服务大多是外包的,制造商需要从信息技术咨询公司、物流公司或广告公司那里购买。但到了2015年,每10个富裕经济体的制造业工人中就有4人从事服务工作,而非实际生产工作。

在一个商业围绕着价值链组织起来的世界里,关于贸易的传统思维变得落伍了。如果一个国家为了保护国内的钢铁厂而提高关税,那么它同时也会增加国内凸轮轴制造商的钢材成本。发动机制造商则会转而从钢材和凸轮轴价格都较低的国家那里购买这些关键商品。它们别无选择,因为它们自己的客户拖拉机制造商,并不会花更高的价钱购买用更贵的钢材制成的发动机。一旦贸易壁垒影响到价值链的任一环节，部分甚至所有环节就都可能发生变化，因为价值链的每个参与者都在努力保持自己在全球市场上的竞争力。

这些变化严重影响了21世纪公众对国际经济的理解。它们重新定义了跨国公司，比如计算机巨头国际商业机器公司前首席执行官塞缪尔·帕米萨诺（Samuel Palmisano）在2006年曾说："国界对企业的想法或行为的限制越来越少。"它们也推翻了一些长期以来一直被认为正确的假设，比如，贸易必然与制造产品或种植作物的地方有关系。而且事实证明，服务可以像货物一样轻易地跨境运输，审核采购订单或处理保险索赔的工人同样很容易失业，与转移袜子厂的针织工或摩托车厂的装配工一样，他们的工作也可能被转移到海外。价值链的扩张也意味着，进出口额、贸易顺差、贸易逆差等传统统计数字几乎不再能反映真实的经济情况、不同国家之间的经济联系，以及工人的生活水平和他们的社区的繁荣程度。[2]

1817年，大卫·李嘉图发表了他的比较优势论，用英国向葡萄牙出口布匹和葡萄牙向英国出口葡萄酒来说明为什么贸易能让两个国家都获利。英国的布匹被认为是英国的资本和劳动力的产物，就如葡萄酒是由葡萄牙的资本和劳动力创造的一样。不管是李嘉图，还是他反对的重商主义者，都认为贸易在一定程度上必然有国家的参与。但事实上，大多数进出口贸易发生在两国的私人组织之间，这并不符合李嘉图的分析。尽管如此，在接下来的两个世纪中，经济学家大多仍从李嘉图的角度看待贸易。一家20世纪的石油公司，即使它控制了上下游的每个环节，从油井到油轮，再到远离石油开采地的加油站，人们还是能够轻易地回答它的石油在哪里开采，又是在哪里提炼的。

不过，随着全球价值链的出现，贸易与企业的关系比与国家的关系更为密切。20世纪第二个10年，本田汽车公司在英国斯温顿开设的工厂有2条高速运转的流水线，每开动一次需要消耗1万个集装箱的零部件，其中3/4的零部件来自欧洲各地的零部件工厂。这些工厂在很多情况下依赖从其他地方进口的零件。据说在从斯温顿出口到美国的本田思域车中，约20%的零部件来自英国，20%来自日本，20%来自北美，而变速器来自印度。它显然不应被称为一辆日本车。[3]

价值链主要由大型企业构成，小型企业在其中只扮演次要角色。这些大多将总部设在北欧、北美、日本、韩国或中国的大企业，决定了在哪里生产部件和成品，在哪里购买服务，从哪个国家进口或向哪个国家出口哪些产品，以及什么时候可以与外部企业合作，而非直接投资建厂、收购经销商或与某家客户合并。企业选择在哪里为其产品增加价值往往与特定国家或城市既有的优势和劣势没什么关系。由于有了集装箱运输和空运，靠近港口——在20世纪50年代，这是主要优势——对于制造商来说已经没有吸引力了。21世纪的企业不再将附近有麦田、矿山或天然气管道视为必要条件，而且许多国家的教育水平迅速提高，即使是贫穷的经济体也能提供技术水平较高的工人。当企业总部决定如何布局价值链时，决定由谁在哪里制造什么的关键因素往往是政府的支持。

只有很少数企业真正实现了全球化。2007年,美国顶尖的1%的企业的对外贸易额占总贸易额的82%,是排在它们之后的1%的企业的15倍。这些规模庞大的贸易商通常经营数十种不同的产品,直接从18个国家的公司进口——这些公司又需要从其他地方进口——并向31个国家出口。这些世界级企业的生产率远高于其他企业,因此更容易扩张。进出口对全球规模最大的企业的影响同样显著。一项对加拿大制造商的研究揭示了一个有趣的细节:那些曾经构成全球价值链的一部分的企业,一旦停止进口或出口,或同时停止进出口,其生产率就会立即下降。一个想要成长、想要增加利润的成功企业,只能选择全球化。[4]

李嘉图及其后几代经济学家都认为,一国应出口它具有比较优势的产品,进口其他产品。但随着价值链的扩张,全球化企业甚至能在一些本没有明显优势的地方创造出比较优势。例如,英特尔公司在1996年宣布,它将在哥斯达黎加组装和测试微处理器。英特尔之所以做出这个决定,主要是由于哥斯达黎加有对其有利的税法,有不利于工会的"亲商环境",而且英特尔希望能在不同国家设立工厂。就自身条件而言,这个中美洲国家并不比其他国家更适合制造半导体。英特尔的出口额很快就占到哥斯达黎加总出口额的1/5,而且还帮助该国培养起了一批技术精湛的劳动力。2014年,当英特尔将微处理器组装业务转移到亚洲时,哥斯达黎加的工厂被改为英特尔的工程和设计中心,大量哥斯达黎加工程师任职其中。实际上,英特尔在微处理器组装厂的大量投资,已经使这个国家在电子制造业获得了前所未有的比较优势。[5]

企业价值链上某个国家的出口额,并不能说明该国的经济状况,因为出口产品的设计和零部件并非完全出自该国。具有重要经济意义的数字不是出口额,而是附加值。附加值是一个很简单的概念:如果一家公司以 8 美元的价格购买原材料和中间产品,以 11 美元的价格售出,那么附加值就是 3 美元,它会体现在利润、雇员薪酬和税款中。但在全球化经济中,附加值难以计算。人们只知道企业创造了价值,但不知道价值是在哪里创造的,也不知道创造的价值对工人和特定群体有怎样的影响。

本章开头讨论的那款智能手机是苹果公司的 3G 版苹果手机(iPhone 3G)。2009 年,这款手机的制造成本估计为 178.96 美元。其中只有 6.5 美元,即总成本的 3.6% 流入组装该产品的中国工厂,其余的 172.46 美元主要流向日本、德国、韩国和美国的多家为手机提供零部件的公司。遗憾的是,追溯价值源头的尝试只能到此为止,因为根据已公开信息,我们无法知道生产摄像头模块的德国公司或者生产触摸屏的日本公司是否使用了外国供应商的产品。[6]

但是,商品贸易统计数据并不能如实反映这款苹果手机复杂的供应关系。2009 年,中国向美国出口了价值约 20 亿美元的苹果手机,而苹果公司没有从美国直接向中国出口任何商品,其他美国制造商卖给中国苹果手机组装厂的零部件只有 1 亿美元左右。因此,这款手机的交易,无论在中国还是美国公布的官方统计数据中,都会显示为中国对美国有 19 亿美元的贸易顺差,但实际情况并非如此。如果按每部手机在中国产生的附加值为 6.5 美元计算,那么 2009 年所有从中国运往美国的苹果手机的总附加值约为7300万美元，低于从美国运往中国的零部件的价值。日本创造的苹果手机的价值将近中国的10倍，但只要这些手机是从中国运到美国的，它们就不会对日美贸易数据产生任何影响。[7]

这还不是全部。2009年，这款苹果手机在美国的零售价为500美元。包括半导体、摄像头、天线在内的硬件，加上组装和运行手机所需的软件的总成本，仅占销售价格的1/3。另外的2/3(每部手机321美元)归苹果公司这个没有工厂的制造商所有。苹果公司需要支付广告费用和开发这款手机的工程师和设计师的工资，包括苹果直营店在内的零售商会分走一部分，还有一小部分是从中国到美国的运输费用。剩下的是苹果公司的利润（每部手机约为95美元）。这笔利润一部分用于补偿公司的设计和品牌的价值，一部分用于给股东分红。总的来说，苹果手机500美元的售价与制造成本的关系不大，而与用于设计、包装和营销的知识产权的价值的关系很大。[8]

上面简单的计算显示了全球价值链如何使现在的进出口统计方法变得不再适用。关于苹果手机的双边商品贸易差额的计算毫无意义。虽然名义上是中国出口，但2009年美国人买到的3G版苹果手机中，日本和德国创造的价值远大于中国。计算苹果手机的服务贸易差额同样是没有意义的。苹果公司的设计团队很可能还有其他国家的工程师，他们通过互联网为苹果公司的加利福尼亚研究中心提供服务。但如果他们都是苹果公司的员工，他们和苹果公司之间的跨国交易可能就不会被计算在官方的贸易数据中了。苹果公司没有理由在意苹果手机的总开发成本中究竟有多少是由印度或爱尔兰工程师贡献的，政府的数据统计者很可能永远无法知晓。

还有一个事实值得我们注意。苹果手机在美国越来越受欢迎，美国的贸易逆差因此逐渐增加，但销售所得大部分归苹果公司所有。虽然苹果公司的贸易活动没有为美国增加出口额，也没有为美国电子厂的工人提供工作岗位，但它为工程、市场、财务和销售人员创造了就业机会，这些人的工作看起来与国际贸易没有任何关系，其中许多人并非受雇于苹果公司。据苹果公司的计算，这些人在2009年的附加值与任何国家的经济都无关。

2004年，托马斯·弗里德曼出版了关于全球化的畅销书《世界是平的》。从某些角度来说，20世纪初的世界确实变得越来越"平"了。由于有了互联网，让马尼拉和孟买呼叫中心的工作人员处理曼彻斯特和孟菲斯的银行客户的电话，可以提高银行的成本效益。如果一个人想出了一个好点子，得到了一个诱人的工作机会或有了一只可爱的小猫，他可以立即将消息告知全世界，而成本基本为零。但说到全球化，也就是人们生产和消费的商品和服务，世界并没有像大家普遍认为的那样变得那么平。仔细观察就可以发现，20世纪，贸易在价值链中的流动并不顺利。

毫无疑问，远距离价值链正在蓬勃发展。最初的原因一般是劳动力成本。大型工业园区很难管理，而且容易受到停工的影响，因为一旦一个地方停工，整个企业都可能陷入瘫痪。随着运输和通信成本的下降，企业开始寻找更小、更专业的工厂，这些工厂通常位于工会影响力较弱、劳动力成本较低的地方。外包（即从其他厂商那里购买零部件而非自行生产）也能节约成本，同时能让制造商专注于发展自己的强项并聘请专家为其解决其他问题。这就是苹果没有自己生产3G版苹果手机的半导体和天线，而是从其他厂商那里购买的原因。外包还使一些小型企业有机会迅速扩张，使它们有可能参与全球化下的竞争，因为它们不用筹集资金建立自己的工厂，而可以与其他制造商签订合同，让它们完成实际生产工作。

但大多数制造商从未完成从国内价值链向全球价值链的跨越。21世纪初，约90%的产品从工厂直接流向国内客户，而非国外买家。换句话说，一家生产出口产品的工厂主要从国内厂商那里采购商品，只有先进零部件需要依靠国外。美国经济学家特雷莎·C.福特（Teresa C. Fort）发现，组织全球价值链并依靠其为自身提供原料和中间商品的美国工厂效率最高、产量最大。只有它们拥有计算机辅助的设计、制造系统和先进的通信技术，能够协调商品在复杂的跨国生产网络中的运输。其他地方的情况也是如此。实际上，将国内附加值最大化可能反而会降低生产率，因为与国外替代品相比，如果国内的产品或服务的成本更高或质量更低，那么在国内增加产品价值只会让企业本身的国际竞争力下降。

经济学家理查德·鲍德温指出，大多数提供廉价劳动力的"工厂经济"与单一的"总部经济"相联系，但后者的工作——如开发产品和组织生产网络等——的报酬要高得多。[9]正是这些网络使全球商品贸易大幅增加。价值链通常从原材料开始。美国向亚洲的纺织厂输送了数百万包棉花，巴西和澳大利亚又通过散装货船将铁矿石运到中国和韩国，后两者从铁矿石中提取铁，将铁炼成钢，又用钢制成如电风扇外壳和活塞等基本工业产品。

拥挤在世界各国港口的集装箱船，装满了这些中间产品，不过它们还不是卖给消费者的成品，比如中国制造的电风扇外壳最终可能会在日本组装成电风扇，韩国制造的活塞可能被运往制造汽车发动机的美国工厂。总的来说，在21世纪的头几年，中间产品约占全球制成品进口总值的55%。全球价值链对某些行业至关紧要，比如电子、运输设备、化学品等制造业，但对其他行业则不那么重要。[10]

尽管大家都在谈论全球化，但21世纪初的制造业的全球化程度并没有想象的那么高。回到1986年，那时全球供应链刚刚形成，美国、日本、德国和苏联的工厂产量占全球总产量的58%。25年后，苏联已经解体，中国成了全球规模最大的制造国，但4个国家——现在是中国、美国、日本和德国——的工厂产量还是占全球总产量的55%。全世界过半的中间产品贸易发生在欧盟内部，或欧盟与其邻国之间。少数几个国家，最著名的是韩国和印度，已经成为制造业强国，还有一些国家迅速实现了工业化。1990年至2010年间，越南扣除通货膨胀影响后的出口额增长了20倍，印度尼西亚增长了4倍，两国都成了服装和鞋类的重要出口国。但许多国家的制造业没能繁荣起来。大部分发展中国家在全球价值链中的存在感极低。这些国家经常断电，卡车运输缓慢，如塑料桶、手电筒等简单家庭用品的生产成本甚至高于从中国进口的价格。它们没有像曾经的韩国或中国那样，利用丰富的劳动力资源制造服装和鞋子，从而迈上工业化的第一层台阶。[11]

其中一些国家转向出口农产品，如墨西哥的鳄梨、肯尼亚的鲜花和印度尼西亚的芒果等。1985年至2017年间，世界农产品贸易增长了5.5倍,许多发展中国家在传统农业之外,还发展了工业化农业生产,并按照富裕国家的标准培育农作物,并向这些国家大量出口达标的农产品。但工业化农业生产无法像曾经的工厂一样提供大量就业机会,更无法雇用所有因为传统农业被淘汰而流离失所的农民。除了阳光和廉价劳动力,生产农产品的国家在种植过程中通常没有为产品增加多少价值。即使是像择菜这样需要耗费大量劳动的工作的大部分附加值都被富裕国家分走了(在外籍劳工的帮助下)。2010年,八大蔬菜出口国包括美国、荷兰、西班牙、加拿大和法国等富裕经济体。

第三波全球化期间,许多行业的贸易模式更多的是按区域化,而不是全球化的路线发展。例如,德国仍然是欧洲第一大汽车组装国,但德国汽车中的很多零部件来自德国以东的一些工资水平较低的国家,而且进口零部件的比重越来越大。日本和韩国的汽车制造商则依靠中国为其提供最简单的零部件。而《北美自由贸易协定》使美国、加拿大和墨西哥的汽车厂形成了一个区域性的网络,零部件、组装好的发动机和成品车会定期跨境运输。但一些拥有重要工业部门的国家,特别是巴西和南非,由于自身的地理位置、高额运输成本或不受欢迎的经济政策,难以吸引制造商前来建立国际生产网络,只能眼睁睁看着本国的制造业逐渐萎缩。

第四部分

全球恐惧

PART 4 GLOBAL FEARS

第十三章 海上巨无霸

亚洲国家融入全球价值链，为海上贸易带来了繁荣。1994年至2003年，亚洲至北美航线的集装箱运量平均年增长率接近9%。最繁忙的亚洲至欧洲航线的货物运输需求增长得更快，这得益于东南亚国家从1997年的经济危机中复苏过来，以及世界人口第二大国印度放弃了长期以来的经济孤立政策。在2001年至2004年这短短3年间，印度的出口额就增长了1倍以上。

但对航运业来说，中国崛起为世界工厂才是最重要的。中国工厂与全球生产网络紧密联系在一起，这带来了巨大的货运需求。无论是散装货船上的矿石、油轮上的化学品，还是集装箱船上的塑料，更多的工厂生产就意味着需要进口更多货物。虽然中国有庞大的国内市场，但约1/4的中国制造业产出要通过长途海运运往欧洲和美洲。而这些出口货物中的很大一部分最终会以再生材料（如废纸和二手电子产品）的形式运回中国再加工，因为驶往中国的集装箱船经常是半空的，运输公司会开出最低的费率来运输低价值的货物。一名海事顾问评论道："对华出口的重要性怎么强调都不过分。"国际贸易的运输量比以往任何时候都要大得多。[1]

20世纪90年代亚洲出口贸易的繁荣,使世界最大的集装箱船航运公司马士基航运公司迎来了黄金机遇。像其他少数公司一样,马士基抓住了全球化浪潮中的机会,占据了亚欧贸易航线和跨太平洋贸易航线的最大市场份额。1999年,马士基通过收购南非的萨菲航运公司和马尔康·马克林的海陆运输公司扩大了自身的领先优势。这两起并购案为它的船队增加了120艘船,并使其成为集装箱港口码头的主要运营商。到了2003年,马士基共拥有280艘集装箱船,在30个港口经营集装箱码头,还拥有两家集装箱工厂。它的船队几乎都在满负荷运转,赚取了不菲的利润。[2]

马士基的经理们预计整个航运业的前景一片光明。但在2003年的最初几个月,他们担心的是马士基可能无法从行业的发展中分一杯羹。他们认为,如果没有新船,马士基将落于下风,只能眼睁睁看着竞争对手不断发展壮大。他们还担心,一旦如此,公司的市场份额将流失,最终导致每个集装箱的运输成本高于其竞争对手,从而导致每个集装箱的利润降低。相反,如果有新船,马士基的分析师估计,到2008年,公司的运输量将会增加25%以上,每周能多运8000个40英尺的集装箱横跨太平洋,多运7000个集装箱通过苏伊士运河。在哥本哈根海滨蓝白相间的马士基总部大楼,公司高层迫切想解决运力不足的问题。[3]

2003年6月18日,马士基董事长秘密成立了一个委员会,以起草一份建造新船的提案。委员会15名成员在一份机密备忘录中得到指示:"你们在工作中尤其要考虑到,为了公司的利益,我们要在竞争中以吨位赢得领先地位。你们也要考虑有哪些能为我们的班轮业务竞争带来决定性优势的特性——最好是能够申请专利的创新特性。"委员会不得不抓紧时间，因为他们要在不到3个月的时间里，为合作伙伴——母公司丹麦穆勒-马士基集团的高层管理人员——准备好最终提案。

委员会针对公司的两大主要市场提出了两种解决方案。针对中美航线，委员们提出购置一种可以在3周内从盐田港通过巴拿马运河到达纽瓦克的小型快速船舶，这些船的航速接近30节。相较中美航线过往的运输方案——一种是缓慢穿过巴拿马运河的全水路航行，另一种是先通过海路运往加利福尼亚或不列颠哥伦比亚，再用一周时间通过火车运输跨越北美——该方案能更快地将中国的出口货物运到美国东北部。货主一般对航运价格十分敏感，但委员会认为如时装和玩具公司等一小部分客户，为了让他们的中国制造产品提前几天进入市场，或许愿意负担更高的价格。马士基订购的7艘快船从2006年开始陆续交付，但这导致了一场商业灾难。这些快船的高速发动机十分耗油，因此油价上涨时船只的运营成本过高。到了2010年，7艘快船均停泊在苏格兰的一个湖中——其中有几艘刚刚出厂就被直接运到这里——它们被绑在一起，成为儿童冒险电视节目的布景。[4]

委员会在另一个解决方案中提出了一种被称为"欧迈"（Euromax）的革命性船舶，事实证明它更加可行。随着时间的推移，新的集装箱船的尺寸不断增大，而这种新船可以使船舶的运载能力得到质的提升。委员会认为，它的长度应该超过400米，比4个美式橄榄球场加起来还要长。它的甲板上可以并排容纳18到22个集装箱，是当时投入运营的最大船舶的2倍。船舱里的箱子可以堆放到 9 个或 10 个高。满载时的吃水深度为 14 米。委员会还提出了马士基管理层所要求的独特的设计。这艘船将由一个巨大的螺旋桨驱动,而不是像一般的大型集装箱船那样装有两个较小的螺旋桨。螺旋桨将由一台重达 2300 吨的巨型发动机驱动,废气会进入发动机被循环利用。这些创新可以使满载的船以 25.2 节至 27.1 节的速度快速航行,同时每个集装箱所需的燃料和排放的污染物均少于其他船舶。

但委员会明白这种船有其局限性:它的尺寸让它不便于装卸货物,在一个为期 47 天的航次中,有 1/4 的时间要用于在港口装箱和卸货;它吃水太深,无法停靠在纽约、汉堡和名古屋的主要港口;它不够灵活,只能用于亚欧航线;它不能通过巴拿马运河,而且因为体积过大不适用于跨太平洋航线;如果它需要维修,全世界只有少数几个造船厂有足够大的干船坞可以完成这项工作。但这种新船将解决令马士基头疼的运力问题,助其获得市场份额并重新夺回利润最高的船舶公司的地位。

在距离哥本哈根以西 2 个小时火车车程的欧登塞,马士基的造船厂分析了新船的 10 种不同设计方案。船厂最终选择了一个方案,并在荷兰海事研究所进一步测试。荷兰海事研究所是一个历史悠久的研究中心,坐落于距离海边 60 英里的宁静的瓦赫宁恩大学城。它以制作设计中的船舶的模型见长。它可以精确复制船头形状和螺旋桨叶片的曲率,并能让模型船在装满盐水的长条形贮水池中航行。荷兰海事研究所的工程师在贮水池上方,与贮水池长边平行的龙门架上安装了各种仪器和传感器,用来测试龙门架下方的船在不同风浪条件下的表现,并预测重载或轻载会否导致稳定性问题或造成不必要的应力。但荷兰海事研究所从来没有见过像欧迈船这样的船舶设计。它警告马士基说:"由于统计数据不足……对这种船的测试准确性可能不及其他船。"但它的测试已经证实了马士基最想知道的信息:如果马士基同意让欧迈船以慢于委员会建议的速度航行,这种船舶会非常省油。

所有证据都显示,这个方案是可行的。马士基的分析师估算,如果8艘这样的船以最高航速24节航行,那么它们每周可以完成一个从中国南部出发,经中国香港、马来西亚,通过苏伊士运河到达西班牙、北欧,再回到中国的航次,每航次平均每艘船可以运输44001个40英尺的集装箱。每艘船只需要13名船员,还不到一艘小船的船员数。算上建造和运营费用,新船单个集装箱舱位的成本将比马士基船队中最大的船少18%。

马士基预测,从亚洲驶往欧洲的船舶的满载率将达到90%,从欧洲驶往亚洲的满载率将有56%。它还预计,即使世界经济境况变坏或国际贸易放缓,这种新船也能带来高额利润,只需8年半的时间就能收回建造成本。2003年11月,被称为管理合伙人的马士基高管被告知:"舱位成本优势使这些船舶在竞争中难有敌手。"他们认同了这种说法。合伙人同意以12.4亿美元的空前高价购买8艘船,这些船在2006年到2008年间交付。他们匆忙做出这个决定的原因之一是欧盟正在打压造船补贴——欧盟只准许丹麦政府为2007年3月前交付的船舶承担6%的费用。

在欧登塞的造船厂建造新船的同时,马士基在媒体上暗示,大型船舶即将到来,但并未公布细节,而且严格保密。2005年第一批船正在建造时,马士基又公布了另一项重磅消息——它将以28亿美元收购世界第三大航运公司铁行渣华。这家公司本身就是由英国和荷兰两家航运公司合并而成。收购铁行渣华后,马士基获得了全球集装箱运输市场约 1/6 的份额，在航运业遥遥领先。马士基暗示，它希望自己所占有的市场份额和高效率的新船能促使小型航运公司合并或停止经营，从而可以更容易地避免过度建造船舶，并抑制时常扰乱行业秩序的价格战。为防止竞争对手们没有领会意思，马士基的一位高管隐晦地警告道："我们只是看到了行业整合的必要性。"[5]

集装箱船的运载能力以标准箱（TEU）为单位计算，一个卡车大小的 40 英尺长集装箱的运载能力为 2 标准箱。2006 年 8 月，第一艘欧迈船"艾玛·马士基号"投入使用，公布的运力是 11000 标准箱，与 5500 辆卡车的运载量相当。这个数据令人震惊，因为它的运力比任何其他集装箱船至少多 1/5。但这是根据马士基自身独特的计算运力的方法得出的数据。它很快告诉一家航运业有名的出版物，"艾玛·马士基号"可以运载 12504 个标准箱。该出版物猜测，真实运力可能达到 13400 标准箱。最终，马士基透露，如果按照其他航运公司的标准，这艘船的真实运力约为 15500 标准箱。也就是说，"艾玛·马士基号"比当时任何使用中或建造中的集装箱船都要大至少一半。整个航运业都被它的规模震惊了。一则头条新闻称赞道："'艾玛·马士基号'的尺寸可能是集装箱船的上限。"[6]

但事实并非如此。

"艾玛·马士基号"的规模和燃油效率使马士基在距离最远、最有利可图的航线上获得了令竞争对手们难以匹敌的成本优势。

其他航运公司的高管并不想屈居丹麦人之下。他们意识到自己也必须要订造大船，甚至是更大的船，并收购经营不佳的航运公司以获得更多船只。2005年9月，航运杂志《公平竞争》报道称："几乎每周都有关于新码头、新设施，甚至新船厂出现在亚洲的报道。"

仅在1个月内，就有5家亚洲船厂公布了扩建计划。到2007年年底，也就是"艾玛·马士基号"下水16个月后，船东们已经订购了118艘运力在1万标准箱以上的集装箱船。2年前，除了马士基，还没有哪家航运公司有这样的船。大型船只可能带来的效益吸引了所有人，而且政府因渴望让船厂保持运转而提供了大量补贴和低息贷款，这些都使船东能够以极低的成本建造船舶。虽然大型船舶对陆上基础设施和海港提出了更高的要求，比如需要更大的起重机、更多的码头闸口、更畅通的公路网，以及耗资较高的疏浚工程以开拓更宽更深的从公海到码头的水道，但航运公司在订购新船时完全没有考虑这些成本。实际上，它们根本没有不购买新船的理由。全世界的商船队几乎在一夜之间改头换面了。人们预计到2010年，船队能够运载的集装箱数量比2006年多一半，而每个集装箱的成本将大大降低。[7]

在哥本哈根，马士基的高管们开始重新思考由他们引发的航运业的激烈竞争。汉堡一家著名的船舶管理公司通常只在航运公司做出极其可靠的租船承诺时才会建造船舶。但这家公司对外公布，它在没有租船合同的情况下向韩国船厂订购了13000标准箱的船舶，而且它计划建造比"艾玛·马士基号"更大的船。"这个消息在我看来非常糟糕，"2007年4月，马士基航运公司的负责人给一名同事写道，"我们应该利用一切机会说出我们的看法，这种让市场运力过剩的投机行为实际上对行业发展没有一点好处。"

事实证明，欧迈船无法获得当初预期的高额利润，而且马士基在2005年对铁行渣华的收购也不成功，船期延误和不兼容的计算机系统让客户大发雷霆，其市场份额不断萎缩。由于油价上涨，马士基与制造商和零售商签订的在亚洲和北美之间运输集装箱的一年期合同成了亏本买卖。2006年，马士基的大部分主要竞争对手都赢利了，而马士基每运输一个集装箱就要亏损45美元。为了削减成本，马士基只能降低航速以减少油耗。因此，刚从造船厂出来的新的欧迈船无法按设计时的速度航行，而放慢的航速也意味着这些船需要多花一周时间才能在亚洲和欧洲之间往返一次。这样，马士基再也不能向各个港口的客户承诺提供一周一个航次的航运服务。一份马士基的内部备忘录上感慨道："客户真的想要（也就是会为此付费的意思）准点服务吗？"虽然其他航运公司也放慢了航速，但马士基因能够提供比竞争对手更加可靠的服务的名声已经受损。[8]

没有人比阿诺德·马士基·麦金尼·穆勒更在乎这种名声。93岁高龄的穆勒已不再管理穆勒－马士基集团或旗下航运公司的日常事务。但他是1904年创立这家企业的两名创始人的后人，控制了集团的大部分股份，而且并不忌讳说出自己的看法。据说，2005年他曾反对收购铁行渣华。2007年春，他曾慨叹航运公司正在脱离轨道。他抱怨说，马士基航运公司已经越来越官僚化了。它有太多进行中的方案，却没有人知道优先顺序。穆勒十分欣赏位于日内瓦的家族企业地中海航运公司，它已经成为第二大集装箱航运公司。马士基的许多人看不起它，认为它只是一个低端的竞争对手，但穆勒称赞它的管理层精干且果断。他说："马士基需要设定优先级，并处理好一个明摆着的问题，那就是我们的经营管理成本无疑比任何竞争对手都要高得多。"

马士基的经理们想要订购更多大型集装箱船以保证公司的市场份额，因为他们预计2008年的集装箱运输量将增长9%，次年将增长11%。但穆勒反对，他要的是赢利。到了2007年年中，3名要为铁行渣华经营不善负责的高管离职。马士基将把精力放在为股东增加收益上，而不是增加运力。

但管理层的变动无法改变这样一个事实：欧迈船已经用一种危险的方式从根本上改变了航运业。自1966年国际集装箱航运兴起以来，航运业一直随着世界经济的变化而波动。许多航运公司陆续退出竞争，因为它们的投资者无法忍受这种起起落落。但"艾玛·马士基号"和紧随其后的大型船舶的面世赋予了这种波动性全新的意义。每艘下水的新船都将取代2艘至3艘老船，而且将为市场提供更大的运力。但每艘新船都有一笔巨额抵押贷款，无论船舶能否赢利，这笔贷款都必须偿还。如果国际贸易像过往20年一样以强势的劲头增长，马士基和其他处于领先地位的竞争对手自然能够应付。但如果贸易增速放缓，航运业很可能面临致命打击。

第十四章 风险难测

RISKS UNMEASURED

2002年9月29日,美国太平洋沿岸的各个港口都安静了下来。从圣迭戈到西雅图,再往北到阿拉斯加,代表航运公司和海港码头的太平洋海运协会关闭码头,使国际码头及仓库工会的10500名成员无法像往常一样工作。该协会声称,这次争端是工会成员以极其缓慢的速度装卸船舶引发的。工会则指责雇主试图引进那些会淘汰码头工人的技术。一天内,100多艘集装箱船或是滞留码头,或在近海停靠,船上装满了为即将到来的圣诞节准备的商品。

慌乱接踵而至。俄勒冈州的一名农业生产者感叹道:"到处都是洋葱。"他的出口产品被滞留在码头上。本田汽车公司因缺乏进口零部件不得不暂停了北美三家组装厂的生产,丰田汽车公司的一家塑料零件制造商解雇了洛杉矶附近工厂的员工。服装制造商JPR服饰声称,它有12万件女装漂泊在洛杉矶港外,还有3400吨从新西兰进口的木材无法从停在萨克拉门托的一艘船上卸下。在2002年10月10日乔治·W. 布什总统下令重新开放码头之前,约有220艘装满了进口货物的远洋船舶在岸边"无所事事",而西部各州的铁路列车无货可运,只能停在轨道上一动不动。结束这一混乱局面并将货物运到目的地，又花费了好几个星期的时间。[1]

从国家层面来看，这次停工对美国和亚洲各国造成的经济损失不大。但从另一方面看，许多公司损失惨重。服装零售商 GAP 服饰向投资者预警，本打算在节日活动中销售的服装，有 1/4 困在运输途中，公司因此将下调赢利预期。电子公司领势（LINKSYS）因为零部件未交付，只能延迟推出连接计算机网络的新款交换机。美国最大的进口商沃尔玛百货公司也遭受了损失。数十家美国零售商为了赶在圣诞节销售旺季前将商品摆上货架，改用空运的方式从中国进口玩具。这些公司因为没有正确判断长距离供应链的风险而付出了高昂的代价——空运的运费是海运的数倍。[2]

任何业务都会面临风险，而供应链自身就存在着大量内在风险，例如，火灾可能破坏主要供应商的工厂，出问题的河流船闸可能会阻碍必需原材料的运输，汽油短缺可能会让生产工人无法到达工作地点。制造商曾通过直接控制供应链来控制这些风险，福特汽车公司就是一个典范。它拥有森林、矿山和橡胶种植园，利用公司的铁路将原材料运输到公司的工厂，在底特律附近建成了规模庞大的胭脂河工厂，那里有高炉、铸造厂、轧钢厂、玻璃厂、轮胎厂，甚至纺织厂。在胭脂河工厂，沙子、铁矿石和生橡胶被制成汽车零部件，后者又被组装成福特 A 型汽车。福特几乎控制了生产过程中的每个环节，确保它的组装厂能得到持续生产大量汽车所需的零部件。经济学家称之为"垂直整合"。到 1929 年，胭脂河工厂雇用了10万多名工人。[3]

但是，垂直整合也为自身带来了风险。胭脂河工厂这种占地1.7平方英里的巨型工厂很难管理。这么多的生产集中在一个地方，一场罢工、洪水或暴风雪都有可能让整个企业陷入瘫痪。即使不是巨型工厂，而只是一家整合了几个小型工厂的制造商，垂直整合也存在很大的弊端。在公司内部采购所有零件的费用可能高于从外部供应商处购买的成本。与专注于单一产品（如风扇电机或滑雪板绑带）的供应商相比，一家生产数千种产品的垂直整合企业的创新速度更慢。对于上市公司而言，最重要的也许是，20世纪80年代的投资者并不看好垂直整合，他们认为企业应该避免投资建筑物、研究实验室、土地和机器。他们认定"轻资产"才是获得更大赢利的合适途径。

对许多公司来说，要成为轻资产公司就要外包。企业签订合同将重要的工作外包给其他企业的想法并不新鲜。在纽约和巴黎这些时尚都会，著名的服装企业长期以来都依赖承包商帮它们在高峰季完成订单。自20世纪60年代始，日本和美国的电子公司就一直将电路板的生产外包给中国香港和韩国的厂商。电脑和其他电子设备的制造商也都普遍购买芯片，而非自己经营半导体晶圆厂，因为生产半导体需要高度专业化的工厂和设备。1988年，苹果公司的第一台彩屏电脑就因为日本的内存芯片短缺而推迟发布。那时，许多大品牌，比如三星和LG的电视机都是由韩国不知名的公司组装完成的。在电子业巨头看来，外包的主要风险是承包商会知道它们的商业机密，并挖走它们的客户。[4]

随着货运越来越可靠而且越来越便宜，再加上进口关税逐渐取消，生产成本的差异成为影响公司选择生产地的主要因素。在

20世纪的最后几年里，有两个因素最突出。一个是工资。中国、墨西哥或土耳其等地工人的工资与欧洲、日本或北美工人的工资差异巨大，即使低薪工人的生产效率更低，在海外（即低收入国家）生产还是能比国内生产获得更多利润。另一个是规模效益。一家汽车制造商的零部件部门可能只为其母公司的汽车制造汽车前照灯，而一家专门制造汽车前照灯的公司会向多家汽车制造商出售产品，从而实现大批量生产，并通过分摊管理和工程成本，降低每个车灯的生产成本。

这些最基本的财务考量——用最低成本生产和运输产品——推动了与组织价值链相关的决策。国外投资不再像以前那样与进出口密切关联了。有了外包，处于价值链顶端的公司，即那些在成品上印上自家品牌标签并将产品卖给零售商、批发商或终端用户的公司，就没有必要再向为其生产零部件或成品的国家投入大笔资金了。这些公司一般只有一名采购人员在当地探访潜在的供应商并签订协议。它们可以完全依靠独立工厂来生产其所需的货物，然后通过货运代理与航运公司、卡车公司和铁路公司谈判。从质量标准到保密协议，再到价值链上不同公司之间的关系，一切都可以通过合同来敲定。

将生产工作转移到海外所节省的成本让欧洲、北美、日本、韩国等的高管们为之震惊。一项对十家大型国际制造商、批发商和零售商的研究发现，在一个又一个的案例中，"最高管理层最关心的是每件产品的成本，并把它看作影响采购决策的主要因素"。研究发现，"不言而喻的压力使全球化采购看起来如此吸引人"，"而使其变得可行的方法则是只关注采购和运输成本"。有一半被研究的企业完全没有考虑，糟糕的质量、漫长的交货期、交付延误、空荡荡的货架，以及对重要产品单一来源的依赖等，都可能严重损害它们的利益。价值链顺利运作的前提是价值链上的每家公司都如期完成任务。但几乎没有人关心，任何价值链涉及的公司数量如此之多，由此带来的风险必然是巨大的。人们只在意价格，廉价才是最重要的。[5]

无论那些处于价值链顶端的企业是从高收入国家还是从低收入国家进口产品，它们对其供应商的供应商，即价值链的支链往往一无所知。德国汽车制造商宝马公司就因此付出了巨大代价。该公司在2005年被迫召回了数千辆汽车，起因是一种被污染的涂料。这种涂料由美国化工企业杜邦公司出售给美国汽车零部件制造商辉门公司，后者将它涂抹在小型金属插座上。这些插座又以每个几美分的价格卖给当时世界最大的汽车零部件供应商罗伯特·博世公司，后者在德国将其装在油泵上。宝马公司从博世购买这些油泵，用它们来控制注入柴油发动机的燃料。宝马与杜邦没有直接关系，但汽车购买者不知道也不在意到底是谁的过错。宝马价值链下游的涂料工厂出了问题，导致宝马在德国的一家汽车装配厂被勒令停工3天，受影响的汽车也要被召回。宝马公司的声誉因此严重受损。[6]

两年后的2007年，一场地震破坏了位于日本中部柏崎的几家工厂。这几家工厂专门生产活塞环和其他钢制零件。早年间，大多数汽车制造商都从由它们自己控制的汽车零部件公司购买这些零部件。此后，它们中的大部分将这些零部件的生产工作外包给了一家独立机构——日本理化学研究所（简称"理研"）。为了将成本降到最低并获得规模效应，理研特意将几家工厂设在一起。但当地震使理研的工厂停水停电，并破坏了其中两家工厂时，这一策略适得其反。几个小时内，日本的汽车和卡车装配线纷纷停了下来。正如《华尔街日报》观察到的："因为一个成本为 1.5 美元的活塞环，近 70% 的日本汽车生产一时陷入瘫痪。"为了使工厂恢复并重新运转，汽车制造商被迫从美国紧急订购关键零部件，赔上了它们通过精益化生产赚取的利润。[7]

跨国企业迟迟没能明白，正是它们的新商业模式给它们带来了新的风险。20 世纪 80 年代至 90 年代，企业在做采购决策时很少会考虑生产中断的可能性。比如，苹果公司的彩屏电脑因为内存芯片短缺造成的延迟发布，却被归因于运气不好。2001年 9 月美国受恐怖袭击后，航班停飞，运载来自加拿大的汽车零部件的卡车要接受更严格的检查，美国的汽车组装厂因此短暂停工。持续时间更长的业务中断，如 2002 年太平洋沿岸港口的劳资纠纷和 2011 年的日本地震，则证明了人们对供应链的风险考虑甚少。[8]

业务中断还远不是全球化带来的唯一风险。事实证明，国际知名品牌既能带来利润，也有自身的脆弱性。虽然拥有这些品牌的企业往往认为自己与国外供应商的交易只是单纯的商业关系，但消费者们往往认为它们要对整条供应链的劳动条件与环境影响负责，包括那些远离企业总部的环节。就算鞋类公司将运动鞋的生产外包给印度尼西亚的一家工厂，或糖果公司通过瑞士的一家贸易公司购买在加纳种植的可可豆，它们还是要对供应商的工作条件和环境影响负责。甚至连那些不直接与消费者打交道的企业，如航运公司和塑料制造商，也发现它们的客户对它们抱有类似的期待。在互联网时代，企业很容易被指责为内部存在着不道德行为（企业的高管可能从未听说过这些事），而由此导致的声誉受损是很难挽回的。[9]

此外，还有几乎被遗忘的贸易壁垒风险。全球价值链是在市场力量占优势的时期形成的。各国纷纷降低了进口关税，放宽了对外国投资者的限制，还签订了消除北美内部贸易壁垒的《北美自由贸易协定》和旨在建立一个允许人员、货物和资金在欧洲大陆自由流动的单一市场的《马斯特里赫特条约》（亦称《欧洲联盟条约》）。这些使许多曾将进口商品和国外投资者拒之门外的发展中国家对它们张开了怀抱。

人们曾经认为贸易壁垒会稳步减少，但事实证明这种想法是错的。1995 年，WTO 成员国仅两次试图限制进口被认为会损害本国产业的商品。随着富裕经济体内部的保护主义势力抬头，在接下来的 25 年中发生了近 400 次这样的进口限制，每次限制都会导致某种产品无法进口，并可能导致企业的价值链中断。一些发展中国家对更自由的贸易和投资也有不同的想法。印度是世界上经济增长最快的国家之一，它为了保护国内商家而禁止国外零售商进入印度。进入中国的国外投资者往往被要求与国有企业合资，而且不得不使用在中国生产而非进口的产品，并分享自身的技术。没有人能保证贸易关系总是平稳的。[10]

随着供应链的风险逐渐暴露，投资者开始要求公司董事会将更多的精力放在采购计划上。他们认为，如果某个遥远国度的不知名供应商被发现排放有毒化学品，或雇用未成年人，即使他们的持股公司不对这些问题负有直接责任，公司的股价也会受损。

大型企业为其供应商制定了行为准则,并聘请检查员监督供应商遵守准则。但企业不断压低价格,意味着供应商往往无法达到这些标准。以前的年度财务报告以销售额和利润表格为主体,现在还需要体现企业对某一供应商或某一国家的依赖程度,在整个供应链中为减少温室气体排放所做的努力,以及如何确保供应商没有雇用儿童。

应对供应链风险是需要成本的,东日本大地震就很好地说明了这一点。2011年3月11日,日本有记录以来最强烈的地震发生在距离东京以北4小时车程的东北地区。海啸掀起了40米高的巨浪,冲毁了海边的城镇,离海6英里以内的房屋全被淹没。超过2万人在这场灾难中丧生。好几个城市完全无法居住。受海啸袭击的3座核电站发生熔毁,导致日本大部分地区轮流停电,数百家汽车工厂被迫停产,并导致全球范围内从橡胶部件到汽车涂料等产品的短缺。克莱斯勒和福特告知其美国经销商不要订购某种颜色的汽车,因为这种颜色的油漆已经断供。据估计,地震使日本的经济总量减少了1.2%,灾区的工业生产在一年多的时间里都没能恢复到震前水平。在整个太平洋地区,美国的制造业产量连续6个月出现明显下降,原因是日本企业在美国开设的工厂由于缺少自日本进口的零部件而缩减了生产规模,其他企业的订单也因此减少。[11]

日本东北地区是瑞萨电子的生产基地。几年前,日本3家领先的电子公司将半导体业务整合,成立了瑞萨电子株式会社,它是汽车行业最大的半导体组件和微控制器供应商。由于瑞萨的工厂停工，三大洲的汽车装配线迅速陷入停顿——这些装配线曾由几家不同的芯片制造商供应芯片。仅仅是汽车行业的损失就高达数十亿美元。恢复生产后，瑞萨斥资重组工厂以提高自身的灵活性，确保在一家工厂被迫停产时，另一家工厂能迅速开始生产微控制器。而其主要客户之一丰田汽车公司构建了一个存储在65万个地点的零部件数据库，因此即使重要的零部件工厂关闭，丰田也能获得维持装配厂运转所需的零部件。[12]

零售商也开始注意让自己的供应链更加灵活。亚马逊重组了自身的航运和仓储网络，因此当2014年码头再次发生劳资纠纷时，它能迅速重新规划从中国进口的航线，取道美国东部的港口。2015年，亚马逊在美国的销售额快速增长，它特意将2/3的进口商品分散到大西洋和太平洋沿岸各港口，以降低运输系统任意一处中断带来的影响。沃尔玛是亚马逊的主要竞争对手，也是美国最大的集装箱进口商，而且进口量远超第二名。它在休斯敦附近建立了一个同时向西和向南的进口配送中心，既可以通过铁路接收加州港口的中国货物（这些货物占沃尔玛进口商品的87%），也可以接收用集装箱船经巴拿马运河运来的货物，并在附近的休斯敦港卸货。[13]

让全球价值链变得更可靠的最常用方法是增加库存，但这个方法的代价也许是最高的。库存是指已经生产出来但还没有售出的货物，包括那些放在船舱里、仓库货架上、工厂车间或汽车经销商地盘上的货物。经济学家视其为浪费，因为它们占用了资金，而且其价值也会因为老化而减少。适时生产（just-in-time manufacturing）是丰田汽车公司在第二次世界大战后提出的概念，推动适时生产的主要驱动力之一就是减少库存。所谓"精益化生产"的理念在20世纪80年代已经在全球范围内得到普及,即工业产品应该按需生产并立即投入使用,而不是生产后堆放在库房里。美国的经济数据记录了各类企业为减少商品库存付出的艰苦努力——各企业的月库销比从20世纪80年代到21世纪初稳步下降。

但库存并不完全是浪费,它们能起到缓冲作用。21世纪的国际贸易越来越不可靠,制造商、批发商和零售商都开始担心它们的价值链无法如期交货。它们只能通过储存更多货物来抵御这种风险。因此,库存量开始攀升。

扩大库存、在多个地点生产同一种产品、构建更多的运输路线、更严格地监控供应商等做法都增加了在世界范围内经营业务的成本。政府可能迫于政治压力对进口和外资施行新的限制,这种风险也是真实存在的。要减少上述风险是需要成本的,如果企业在选择产地时考虑了这些潜在成本,那么全球价值链恐怕就没有那么划算了。

第十五章 全球金融危机

15
THE CRISIS
IN GLOBAL FINANCE

从 1948 年至 2008 年，经过两波全球化之后，世界贸易总量的增长率是世界经济总量增长率的 3 倍。外国商品在 20 世纪 40 年代还十分罕见，但到了 21 世纪初，就变得随处可见。商品出口占全球经济产出的 1/4 以上，装满家具、塑料树脂和车灯的 40 英尺集装箱数量以无人能预见的速度迅速增加——60 年前，谁能想得到，每天竟然有数万辆卡车，载着装满汽车零部件的集装箱，在加拿大安大略省的温莎和美国密歇根州的底特律之间穿行？如今，大众已经知道，许多受欢迎的"国产"商品其实是在海外制造的，电话里彬彬有礼的有线电视公司客服人员可能身在波兰或菲律宾。大型制造商争先兼并国外的竞争对手，银行纷纷在高管们所知甚少的国家开设分行，沃尔玛、家乐福和乐购等零售商在世界各地开店，而且坚信单凭自身的规模就能保证这些新店赢利。2007 年，为取得外国企业所有权而输出的跨境资金，也就是经济学家所说的对外直接投资，超过了 3 万亿美元。30 年前，当欠发达国家陷入债务危机时，银行对外国人的贷款规模约 1 万亿美元，如今则达到了惊人的 30 万亿美元。

20 世纪 40 年代末到 80 年代末的第二波全球化，主要是在富裕经济体之间展开。较贫穷的经济体在这个过程中受益不大，只是扮演着为富裕国家提供原材料并购买其出口商品的角色。亚洲、非洲和拉丁美洲的大部分地区1985年的人均收入并不比1955年时高多少。除了少数经济精英，这些地区大部分人的生活水平几乎没有提高。对外贸易和外国投资带来的是剥削，而非繁荣。

但第三波全球化确实给世界上最贫穷的一些地区带来了经济利益。自20世纪80年代末以来，一些曾经极度贫穷、落后的国家，如孟加拉国、中国、印度尼西亚和越南，已经逐渐成为重要的贸易国。到20世纪末，许多国家已摆脱了对价格起伏巨大的矿产品和农产品出口的依赖，制成品占发展中国家出口的80%以上。

虽然人们常常指责不安全的工作环境和严重的生态破坏——这些指责并非无的放矢——但不可否认的是，以现金形式发放的工资迅速提高了当地人的卫生、教育和生活水准。即使是偏远山村的消费者，也有琳琅满目的进口商品可供选择，而且价格低于国内生产的同类产品。越来越激烈的国际竞争迫使保护性产业迅速实现现代化，并更快地将新技术引入市场。例如，肯尼亚的许多农民还无法获得稳定可靠的电力供应，但已经可以用中国制造的手机开通电子银行了。根据世界银行的定义标准，第三波全球化开始时，全世界超过1/3的人口处于极端贫困状态。20年后，这一比例下降了一半以上。经济学家乔瓦尼·费代里科和安东尼奥·特纳·洪吉托总结道："2007年的世界比一个世纪以前更加开放，人们通过贸易获得的收益与一个世纪前相比有大幅提升。"[1]

然而，到了2008年下半年，国际贸易崩溃了。国际贸易的崩溃既是第一次真正意义上的全球性经济衰退的原因，也是其导致的结果。

这场2007年年底开始的经济衰退源于美国房价下跌，这是美国多年来过度建房，以及金融机构欺诈性地向缺乏还款能力的购房者提供次级抵押贷款的结果。金融机构调低了初始利率，许多原本资质不足的借款人因而获得了贷款。但三四年后利率急剧上升，他们再也无力偿还月供了。一些金融机构甚至向无法提供能够证明自身收入和财产的书面资料的借款人发放贷款，而绝大多数这样的借款人都没有其所声称的收入。借贷的银行又将这些抵押贷款打包成能够使投资人获得高额收益率的证券。但是，如果大量借款人无力偿还贷款，这些证券就会变得一文不值。2007年6月，由于次级抵押贷款违约，华尔街投资银行贝尔斯登旗下的两只基金无法兑付。这个消息使投资者竞相撤回资金，因为他们不确定当前风险的性质，以及风险有多大。他们试图将资金转移到他们能找到的最安全的投资渠道。国债似乎成了最好的选择。[2]

全球化使美国的次贷危机蔓延到世界各地。一些银行和企业习惯性地通过还款期限为数日或数月的短期贷款维持资金周转，但当贷款方突然拒绝续借时，它们不得不四处筹集资金。许多外国银行（尤其是西欧银行）参与了美国住宅抵押贷款的投机活动。随着金融市场停摆，美国和欧洲的主要金融机构纷纷倒下。2007年，贷款唾手可得，甚至连一些信用极低的人都能轻易申请到贷款。但到了2009年，贷款几乎冻结，因为贷款方无力放款，而大部分零售商、制造商和房地产开发商早在几年前就已背上了大笔低息贷款，负担过重无法借贷。短短2年间，美国就有近200万个建筑岗位消失。到了2009年10月，每10个工人中就有1人失业。在大西洋彼岸的西班牙——那里的房产泡沫更大——近1/5的成年人面临失业。房价下跌使数千万借款人的债务超过了其所持房屋的价值，为偿还贷款他们不得不削减开支。

美国进口的商品远多于其他任何国家，而随着2009年美国减少进口，各地的制造商纷纷减产和裁员，而工人们也反过来缩减自己的开支。德国、法国、智利、委内瑞拉、马来西亚和南非陷入了经济衰退，韩国和菲律宾也险些加入它们的行列。世界经济增长放缓时，国际贸易规模总是会下降，但次贷危机和随后发生的欧债危机对国际贸易的影响是空前的。2008年下半年和2009年上半年，104个向世界贸易组织上报数据的国家和地区的进出口额都下降了，没有例外。更重要的是，贸易下降的速度和幅度都超过了工业生产。这出乎所有人的意料。一些国家拥有实力强大的银行、健康的房地产市场，而且完全没有参与美国的次贷投机活动，但其出口额仍然直线下降，跌幅甚至超过了处于危机中心的国家。从2008年第二季度到2009年第二季度，世界国际贸易总额下降了17%，这一跌幅十分惊人。经济学家理查德·鲍德温和达里亚·塔廖尼略带调侃地评论道："事实证明，'可推迟的'商品占了国际贸易的大头。"人们收入下降，不安全感增加，"可推迟的"贸易都被搁置了。2009年，自20世纪60年代世界银行开始统计世界总产出量以来，这个数据在2009年首次出现了下滑。[3]

贸易大崩溃的背后是什么？得益于国际价值链的延伸，贸易额的增长连年超过世界经济的增长。但如今，这一切突然被颠覆。当一家美国工厂取消购买德国的机器，德国的出口量连同德国从其他国家进口的部件的数目都会减少,而这些部件又依赖于其他地方的零件或原材料。每取消一笔订单,就会导致五六项乃至十几项已经事先安排好的国际交易被取消。出口和进口的区别不再那么严格,二者的关联性越来越大,一方急剧下降时另一方也会面临同样的命运。以日本为例,2009年4月至9月,日本的出口比前一年减少了36%,进口下跌了40%,令人震惊。日本没有次贷危机,银行体系也算不上脆弱,但由于该国企业的全球价值链断裂,日本陷入了比其他任何大型经济体更加严重的经济衰退之中。[4]

全球化经济的高效率现在成了它自身的敌人。在准时制物流系统(just-in-time logistics system)下,从买家改变主意到整条价值链被切断,当中的时间间隔变得极短。如果台灯在欧洲的销量下降,零售商的数据系统可以在短短几天内发现这一趋势,零售商就会尽可能减少库存,发邮件让中国的台灯厂家延迟发货。中国的厂家也会向它们的电线和搪瓷供应商发出同样的通知,后者继而会减少铜线和二氧化钛的采购量。在准时制经济中,没有人愿意将不能在短时间内卖出的货物堆在仓库里。但是,一个多元化经营的零售商做出的一个相对较小的调整,最终可能导致一家专门制造台灯开关和灯泡的厂家不得不做出大幅调整。全球一半的工厂紧急减产,并裁掉不需要的工人。

全球运输体系立即受到影响。航空货运量大幅下降。美国铁路集装箱运量——集装箱装的主要是进口货物——的降幅创历史之最。对于集装箱运输业史来说,2009年是有史以来最糟糕的一年,越洋运输的集装箱数量减少了1/4。运费暴跌,收益甚至不足以覆盖燃料费用,500多艘集装箱船停止运营。马士基航运公司在一年内损失了20多亿美元，它的竞争对手同样损失惨重。

过去的几十年里，进口和出口的低迷期都较短暂，进出口贸易的上升曲线表明国际贸易的增长率总会回归其长期趋势。经济学家们据此判断，2009年的贸易衰退也会以类似的方式结束。他们认为衰退的主要原因在于焦虑的消费者和企业的需求疲软，因此他们预计，如果欧洲、北美和亚洲各国政府能齐心协力重振经济，雇主和消费者就有可能重拾信心，工人可以重返岗位，对进口商品的需求也会复苏。预期的前半部分是正确的。虽然希腊、葡萄牙、西班牙和意大利政府无力偿还从欧洲银行借来的贷款，导致欧洲的经济持续低迷，但减税、紧急支出计划和利率几乎降至零等一系列措施终于使经济恢复增长。然而预期的后半部分与现实差距巨大，进口并没有恢复之前的增长趋势。以世界经济规模衡量的商品贸易经历了2009年的大幅衰退后，在2010年和2011年有所起色，但随后再度下滑。到2017年，贸易对世界经济的重要性已经不及十几年前。

单从数字的角度看，货物贸易的快速增长势头便很难维持。从20世纪90年代到2008年，数百位制造商关闭了它们在高收入国家开设的工厂，将生产转移到低收入国家。它们或是从自己的工厂出口货物，或是从其他企业旗下的工厂采购货物。凭借一系列重要的贸易协定，北美和欧洲各自创立了一个自由贸易区（后者的规模更大），中国、越南和沙特阿拉伯等国加入了世界贸易组织，制造商纷纷组织跨国生产线。除此之外，一些国家还通过双边协议降低了彼此之间商品乃至服务进口的门槛，比如2006年的土耳其和摩洛哥、2008年的日本和印度尼西亚，以及2009年的美国和秘鲁。每项协议都进一步推动了全球化。

但到经济大衰退结束时，欧洲、日本、美国和加拿大的制造业外流势头逐渐减弱，自由贸易协议的效果也逐渐弱化。1994年1月，《北美自由贸易协定》允许墨西哥商品自由进入美国市场，从那时起到2008年10月，美国从墨西哥的进口增长了4.5倍。但此后10年间的增长还不到1倍。与此类似，从2002年——这一年12个国家决定以欧元为本国货币——到2008年，欧盟内部的贸易额每年约增长6%，但2008年之后的年增长率仅为2%，而且大部分工厂的生产已经被转移到中国、印度、墨西哥或其他发展中国家，这能为制造商节省更多的生产成本。留在高收入国家的制造业以高端制造业为主，它们的自动化程度较高，有大量技术机密，对政府采购的规定敏感，无法转移到那些法律体系薄弱、难以保护专利和其他知识产权的国家。大量制造业工作转移到低收入国家，这一度有力地推动了贸易，但全球化的这个阶段已告终结。[5]

价值链在过去20年间实现了全球化，如今却受到疲软的贸易增长拖累。衡量价值链重要性的一个标准是，一个国家的出口总值中有多少是在另一个国家生产的。就整个世界而言，这一比例在20世纪90年代初（首次计算）到2008年间几乎增加了2倍。2008年，通过价值链生产的商品的贸易额占世界经济总产出的近1/5，远超完全在一个国家生产的商品的贸易额。但到了2009年，出口商品中的国外附加值占比陡降，虽然次年有所回升，但此后一直缓慢下降。这是多年来制造商第一次减少对国外进口产品的依赖，商品的价值更多地在国内被创造。[6]

世界各国政府的政策都在推动增加国内附加值，其中当数中国的势头最劲。早在几十万中国工人用进口零部件组装 3G 版苹果手机之前，中国的经济学家就对国内附加值在快速增长的出口额中占比极低的现象忧心忡忡。当 21 世纪初中国正在协商加入 WTO 时，进口零部件和原材料的价值就已经占其出口制成品总值的一半。除却劳动力，中国几乎没有创造附加值。与之形成鲜明对比的是日本，91% 的出口价值是在日本国内创造的。在高科技领域，中国创造的价值更少。中国在 2000 年出口了 590 亿美元的电子和光学产品，其中只有 160 亿美元是由中国工人和供应商创造的，其余价值来自其他国家，主要是日本、美国、韩国等。中国的对外贸易以来料加工贸易为主，即制造商输入外国制造的产品，利用廉价劳动力加以组装或包装，再将成品出口。虽然中国制造的商品充斥着外国市场，但它们都贴着外国品牌的商标。更高薪的工作和大部分利润都在海外。

为了增加贸易附加值，政府采取了"胡萝卜加大棒"的政策。快速发展的中国市场好比一根非常诱人的胡萝卜，但外国企业为了在这个市场中销售产品，必须将更尖端的制造业转移到中国，或者与中国的合作伙伴共享技术。经过十几年的发展，中国制造业出口总值中近 2/3 的份额来自国内。随着中国开始出口海尔冰箱和联想电脑而非白牌的零部件，来料加工贸易的规模从 2008 年左右开始大幅减少。这激怒了其他国家，因为低收入的装配工作已经转移到亚洲，这些国家担心飞机和电动汽车的生产也会步其后尘。2018年苹果公司推出第十代苹果手机（iPhone X）时，中国的附加值占售价的10.4%——9年前的3G版苹果手机中仅占1.3%。中国的零部件出口额则从2007年占经济总产出的1/3以上降到2019年的仅仅1/6，这表明价值链中的更多环节被转移到中国，需要跨境进出中国的零部件越来越少。[7]

中国的经济规模如此之大，它促使外国公司在中国境内增加产品附加值的做法在世界范围内掀起了轩然大波。在认定新能源汽车值得政府资助并将该产业列为"战略性新兴产业"后，中国中央和省级政府在2009年至2017年间给电动车的补贴约为590亿美元，相当于中国同一时期电动车销售额的42%。汽车制造商获得了一部分补贴，还有一部分则通过免除电动车的车辆购置税等方式使消费者受益。除了补贴和税收减免，中国政府还对进口汽车设置了25%的关税，以此来吸引外国公司在中国国内生产电动车，但它们必须与中国的合作伙伴分享技术。虽然欧洲国家、美国、日本和韩国也为电动车提供补贴，但力度远不及中国。[8]

类似的福利诱惑和严控政策也被用于其他行业。这些政策不仅使中国成为世界上最大的出口国，还让它能够出口与美国、欧盟和日本同类型的产品。中国的经济政策卓有成效地帮助中国建立了现代经济体系。在中国投身全球化的1991年至2013年间，其经济以每年至少7.5%的幅度增长。到2013年，中国的经济产出达到1991年的6倍。

但是，随着时间的推移，补贴的副作用日益显现。在补贴下迅速发展的中国工业造成全球许多产品产能过剩，利润随之减少。为了让工厂生存下去并避免工人失业，中国政府不得不继续提供补贴。虽然金额难以核实，但应该相当可观。有人估算，2017年中国为国内企业提供了4300亿元人民币的补贴。另一项研究发现，2018年上市公司的财务报告显示其获得的补贴金额高达1540亿元，考虑到还有许多公司并未上市，所以总的补贴金额仍然未知。许多补贴的受益者，比如汽车制造商，要在中国或海外市场上与外国企业竞争，这些补贴无疑为其带来了优势。[9]

虽然其他国家批评中国的补贴严重影响了21世纪头10年的贸易流动，但它们也要受到同样的指责。经济学家一直有一个共识，即国际贸易模式反映了各国的比较优势。他们认为，每个国家都会出口自身生产效率最高的商品和服务，其他的会依赖进口。然而，只有当贸易模式完全由市场力量决定时，这样的贸易模式才有可能实现。在一个商品和服务流动成本低、限制少的世界里，相较于比较优势，补贴更能决定什么商品在哪里生产，以及谁能从中获利。在第三波和第四波全球化进程中，由于货运和通信成本极低，补贴对国际经济产生了前所未有的影响。国际货币基金组织和世界银行的研究发现，绝大多数发展中国家向制造商提供了一定的免税期、临时的低息贷款或其他激励措施，期待它们为本国提供新的就业岗位。在大多数情况下，这些激励措施确实能够吸引外国公司。例如，新的出口政策促使外国汽车制造商将南非视为出口大本营，南非的汽车出口额从开始实行税收激励政策的1996年的5亿美元增加到10年后的近25亿美元。[10]

富裕经济体同样如此。2017年，丹麦做出惊人举动，为促进企业减少使用化石燃料而将其国民总收入的1.5%用作工业补贴。同年，整个欧盟的工业补贴总额——不包括对铁路和农业的补贴——达到了1160亿欧元。从2005年到2015年，加拿大几个大省的企业每年可以获得人均700至1200加元的补贴。加拿大主要是通过税收减免来降低农民或制造商的成本，使其能够更好地应对国际竞争。美国的州政府和地方政府每年投入约700亿美元来资助那些承诺保障就业的企业。2012年，亚拉巴马州为空中客车公司提供了1.58亿美元，吸引它在亚拉巴马州的莫比尔开设工厂。而在3年前，南卡罗来纳州已经向空中客车公司的美国对手波音公司提供了9亿美元，以说服其在查尔斯顿附近组装喷气式飞机——刚好赶在华盛顿州用87亿美元吸引波音公司在西雅图附近生产波音777客机之前。德国的汽车制造商，如大众、戴姆勒和宝马等，都获得了大笔激励，纷纷在美国东南部开设装配厂，并从那里出口汽车，而这些汽车曾经在欧洲或墨西哥生产。中国台湾的制造商富士康也可能在这股疯狂的补贴潮中受益。威斯康星州许诺为其提供高达40多亿美元的补贴，以换取其在该州投资设立一个规模庞大的液晶显示器生产厂。这项生产计划被认为是富士康将它的电子产品生产业务从中国转移到美国的前奏。但这个计划流产了，部分原因在于美国人或许不会乐意在富士康工厂从事枯燥的流水线工作。[11]

对于制造商来说，现金补贴并不是其决定在哪里开设工厂的唯一原因。印度要求太阳能电池及模组必须在国内生产。印度尼西亚要求智能手机中必须有本地成分。俄罗斯要求国有企业购买国内商品和服务，除非它们的成本远高于进口品。在美国，虽然政府不应该在企业中"挑选赢家和输家"已经成为某种信条，但受联邦政府资助的中转车必须在国内组装（不过很多零部件是进口的），一家餐具制造商在2019年说服国会，军队餐厅应该只购买美国制造的叉子和勺子。国际贸易组织发现，技术壁垒的数量激增，例如，精心制定的产品标准明显对进口商不利。这样的标准在2007年有27项，短短9年后就增加到了449项。

这些诱惑和规定极大地影响了企业的决定，包括在哪里投资、如何组织全球价值链等。2006年，欧洲央行调查了44家总部位于欧洲的跨国公司，发现工业企业越来越倾向于在产地销售成品，这一趋势必然会弱化进出口的重要性。欧洲央行报告称："在当地市场采购并生产，正在取代更早的贸易流动模式。"自20世纪60年代以来，世界贸易增速一直快于世界经济增速，但这一长期趋势现已告终。[12]

贸易增长疲软并非全球化脱离正轨的唯一信号。曾经雄心勃勃地闯进国外市场的投资者现在已经撤回资金。全球对外直接投资在2008年达到顶峰，到了2018年，其规模甚至低于18年前的水平。跨国并购的数量也直线下降，金融业的降幅尤其显著。银行失去了在世界各地设立分行的热情，越来越严苛的法规使其更难获得利润。跨境贷款在2008年年初之后出现收缩，此后一直处于低迷状态。国际债券市场不再增长。国际零售商在付出高昂代价后才意识到，针对一个国家的销售策略对另一个国家很可能不起作用，于是它们开始撤出海外市场。从各方面来看，全球化似乎已经过了黄金时期。

第十六章 强烈抵制

除了中国沿海繁荣的工业城市，第三波全球化对全世界造成了严重的社会和经济影响。由于生产被转移到墨西哥、亚洲和东欧，一些国家的工业城镇成了"鬼城"，经济萧条，失业率高企。英国在1990年后的1/4世纪里流失了近半数制造业岗位，日本失去了1/3，美国则是1/4。虽然部分岗位流失是因为自动化，但全球供应链使富裕经济体原本缓慢下滑的工厂就业率陡降。对挪威的一项研究发现，从中国进口商品与制造业岗位的流失有很强的相关性。西班牙自中国的进口额从1999年的40亿美元飙升至2007年的250亿美元，34万个制造业岗位的流失被归咎于中国商品的竞争。美国的制造业在1990年为国内提供了17%的岗位，但到了2010年这个比例仅为9%。根据一项估计，流失岗位中的1/5是因为中国进口商品的不断增加。2004年，美国工厂共生产了2.22亿个汽车轮胎，但到2014年只生产了1.26亿个，因为曾经在俄亥俄州、肯塔基州和得克萨斯州生产轮胎的公司已经改从中国进口。大连和青岛的轮胎制造业蓬勃发展，美国的轮胎产业却崩溃了。[1]

总的来说，第三波全球化改善了全世界人民的生活条件：极

175

端贫困人口迅速减少；各地对生活的预期和受教育水平均有所提高；20亿人用上了电；除了最贫穷的国家，手机已经在各国普及开来。亚洲的进步尤为显著，其与欧洲和北美的人均收入的差距越来越小。从1980年到2016年，欧盟的人均收入增加了66%，美国和加拿大增加了84%，而亚洲则增加了230%，其中最令人震惊的是中国的1237%。不过，平均数并不能反映世界经济的全貌。非洲和拉丁美洲大部分地区未能缩小与其他经济体人均收入差距的鸿沟。1980年，拉丁美洲成年人基于生活成本调整后的人均收入是中国的9倍。此后数十年里，中国积极拥抱全球化，拉丁美洲的大部分地区则没有如此。到了2016年，中国的成年人人均收入几乎与拉丁美洲持平。[2]

此外，平均数无法反映许多国家内部收入不平等的情况在加剧。在第三波全球化的进程中，增加的收入不成比例地流向了少数人，几乎每个国家都是如此。其中部分原因在于，全球性通货膨胀从1982年开始逐渐消退，而金融市场逐渐繁荣起来。股票和债券的价格涨得比工资更快，富人投身金融市场，获取了更多利益。技术改革给众多工人提供了新的就业机会，但同时自动化也使许多人失去了在办公室或工厂车间的常规工作。富裕经济体的经济增速放缓，促使制造商向那些更需要其产品的国家投资，反过来使富裕经济体的失业率进一步上升。被淘汰的制造业工人别无选择，只能从事技术含量和收入更低的工作。[3]

全球化是导致收入差距扩大的重要因素之一。跨国企业的管理者，或凭借特定技能在国际经济中占据优势的人，获得了更加丰厚的报酬，但更多人的议价能力遭到了削弱。随着贸易规模的增加，许多国家能够进口更加便宜的商品，这使国内制造商面临着更大的压力，从而导致制造业工人的工资下降。同时，一些失业工人为了谋生不得不转投其他行业，这些行业的工资水平因此也难有起色。各地工会为工人争取分享企业利润的能力也遭到削弱，因为一旦劳动力成本过高，企业随时可以将业务转移到其他国家。加拿大一个智囊团的研究结论是："全球化带来的经济收益主要被加拿大最富裕的20%人口拿走了。"[4]

不那么富裕的国家也不能避免全球化带来的痛苦。截至2010年，中国从发展中国家进口的商品中近70%是大宗商品，而其向发展中国家出口的是制成品——几乎是早先的重商主义贸易模式的翻版。不管是巴西圣保罗郊区，还是美国的俄亥俄州或法国的阿尔萨斯地区，从中国进口商品都对当地的工业造成了严重影响。非洲和东南亚的国家本希望利用制造业提振经济，就像曾经的日本、中国香港和韩国一样，却发现它们的领着微薄工资的工人们甚至连生产最简单的产品都缺乏竞争力。相反，它们的贸易伙伴却纷纷在深圳或广东开展业务，订购雨伞、插座、塑料袋等，然后用集装箱将这些商品运回家。中国出口的商品越多，这些国家的劳动密集型产业所能创造的生产岗位——而非贸易岗位——就越少。[5]

许多国家的工厂不再招工，但其他行业的增长速度不足以提供这么多的就业岗位。人们并不关心经济学家们将此归咎于技术进步还是全球化，不管因为什么，他们的收入确实减少了。年纪较大的工人可以受到工会合同的保护，有可能维持稳定的收入并在60岁退休，但年轻的求职者往往只能选择从事所谓的"微型工作"（mini-job）或签订"零工时合同"（zero-hours contract），前者是德国从2003年开始施行的一种低工资兼职工作，后者则是英国的创新，是一种没有明确工作时间的雇用合同。富裕经济体的每9份工作中就有1份是临时工——西班牙是1/4。停滞不前的工资收入和没有保障的工作环境，似乎都是全球化的代价。吸引大量外国投资通常被认为是解决就业问题的手段之一，但实际上外国投资并不利于工资增长。根据日本银行的一项研究，严重依赖出口的日本产业为了能吸引外资，不得不严格控制工资。[6]

金融全球化使高收入群体可以通过转移收入和资产的方法来避税，这也加剧了财富不平等。根据2007年的一项估算，全球8%的财富——这笔财富掌握在一小部分人手中——集中在那些几乎无法征税的国家。这些避税港，再加上富人们有能力抓住一些对于没什么存款的家庭来说风险较大的投资机会，都使富人更容易变得更富有。根据一项对欧洲、美国和中国的数据的估算，全球最富裕的1%的人在1985年掌握着全球26%的财富，到了2015年，这个比例增加到33%。这是以中产家庭为代价的——富人财富增加的幅度与中产家庭减少的幅度相近。中产阶级以下的人则不受影响，因为他们拥有的财富本就很少。[7]

那些由富人直接或间接掌控大部分股份的公司也玩起了避税游戏。实际上，与全球化相关的绝大部分重要补贴都采取了利润转移的方式。几乎所有企业都要缴纳收入所得税，但在全球范围内经营的企业可以选择向哪个国家支付税款。它们可以将一家子公司的产品卖给另一家子公司，从而确保利润记在低税率国家。它们也可以从高税率国家借贷，这样它们在计算收入时就可以减掉利息。此外，越来越多的"避税天堂"向外国企业提供极具诱惑力的税收优惠，以吸引企业在当地开设办公室或工厂。截至2018年，经济合作与发展组织（OECD）已经在全球范围内发现了不少于2.1万笔秘密的公司税收交易。

据一项估计，仅在2013年，政府——以富裕国家为主——因为这些企业的避税行为损失了1230亿美元的税收。经济学家托马斯·赖特和加布里埃尔·祖克曼指出："事实证明，利润转移是美国企业减少税收、提高海外业务税后收益的有效途径。"总部设在其他国家的公司也是如此。股东从更高的股价和股息中获利，而后果则要由广大纳税人承担，他们要缴纳更多的税却只能享受更少的政府服务，有时为弥补收入不足还要向政府借贷，而且需要偿还利息。避税使企业在国外投资比在国内投资更有利可图，这既扩大了收入差距，又鼓励公司进口而不是在国内制造产品，这又促使企业构建了一些本来无利可图的国际价值链。[8]

围绕着全球化的争议从未平息过：1992年，以反对《北美自由贸易协定》为中心议题的美国总统竞选人罗斯·佩罗，意外地赢得了19%的选票；1999年，当世界贸易组织在西雅图召开会议时，数万人举行了示威抗议活动；2001年，八国集团首脑会议在热那亚举行期间，警察采取暴力手段应对大批抗议者。考虑到这些，有人认为，人们会欢迎金融危机之后国际贸易和投资的衰退，至少富裕国家应该如此。但事实上，几乎没有人关注这一衰退。金融危机使人们将注意力集中到了收入和财富日益加剧的不平等上，而非全球化上。2011年9月，"占领华尔街"运动在离纽约证券交易所几个街区外的地方上演，但运动参与者更关注企业的贪得无厌和"大金融"，而不是进口和美国工厂工作岗位的流失。[9]

全球化无法回避，但它对工人和家庭造成的影响，取决于各国的社会政策和税收制度，而不是国际贸易与国际金融。一些国家的政府向收入减少的家庭提供额外的社会福利，同时增加对工人教育和培训的投资。相较于那些让工人自生自灭的国家，这些国家的收入分配更加公平。另一些国家如美国，则大幅减少高收入人群的个人所得税，还几乎取消了遗产税，这些措施必然使收入和财富的差距越来越大。俄罗斯也是如此，在20世纪90年代的私有化浪潮中，该国少数有良好社会关系的人接管了大量国有资产。全球化与其说是加剧不平等的罪魁祸首，还不如说是无力或不愿应对全球化经济现实的政府的替罪羊。

全球化经济的现实意味着，贸易政策这一长期被政府用来管理商业流动的主要工具，发挥作用的方式与以往大不相同了。许多已经实施多年的贸易政策，如降低关税、取消进口配额、限制可能妨碍企业以最好的方式组织物流的其他措施（比如政府采购法规），直接且意外地催生了扩张到世界各地的企业价值链。但是，不断发展的价值链使很多传统的贸易政策失去效用，甚至起到反作用，这令那些制定和执行贸易法规的行政人员、外交官和政治家不知所措，也使政府难以对全球化的负面影响做出政治上可行的应对。

从历史上看，每个国家的贸易政策都要在短期需求和长期目标之间寻求平衡，前者涉及在面对国外竞争时保障国内就业，后者则主要是刺激经济增长和保护国家安全。大多数国家政府都曾干预贸易，或是为了推动某个特定行业的发展，或是为了使一些本可能在其他国家发生的经济活动在本国进行——重商主义者会无条件支持这种想法。但另一方面，经济学家们几乎一致断言，设置进口壁垒会损害本国消费者的利益。20世纪末，每年用于"拯救"一个工作岗位的经济成本往往高于"被拯救"的工人们的所得，因为消费者不得不购买价格更高的商品。虽然就业保护带来的更多负面影响难以确定，但它们是真实存在的。就业保护延长了僵尸企业的寿命，使资金流向没有任何竞争力可言的产业，消解了农场和工厂做出改革以提高生产效率的压力。因此，保护政策很可能损害了经济长期增长的前景。如果保护政策导致其他国家也设置进口壁垒作为回应，那么制造出口产品的国家就会受到影响，因为消费者会削减开支，当地的出口商只能眼睁睁看着自己的销售额直线下降。[10]

然而，面对工会、实业家和一些地方领导人（尤其是工人和农民面对巨大竞争压力的地方）的贸易保护主义游说，保护政策的成本远高于其带来的收益这一论点一直没有被接受。高关税、进口商品配额，以及其他偏袒某一特定企业或行业的政策一旦出台并落实，要想赢得足够的支持撤回它们就非常困难了。这一困境催生了第一份现代贸易协定。这份协定由英国和法国在1860年签署，双方同意互降关税。美国在1934年也做过类似的尝试。国会为降低美国极高的关税，同意签署互惠贸易协定。这类协定通常是为满足某些具有极大政治影响力的行业的需要而量身定做的。美国的第一项互惠贸易协定是1934年与古巴签署的。根据协定，古巴降低了餐具和灯泡的关税，以满足美国出口商的需求。

作为回报，美国降低了古巴地板砖、糖和黄瓜等的关税。尽管美国的官方关税率仍然很高，但到了1940年，占美国贸易额60%以上的21个国家都与美国达成了这样的特殊协议。[11]

达成双边协议的谈判非常艰难，而且两国牺牲了一部分国际贸易本来被认为能够创造的经济收益。例如，如果美国从古巴而不是葡萄牙进口地砖，仅仅是因为古巴人同意给出一个较低的税率，那么这份协议对提高生产效率不会起任何作用。这也是双边协议在第二次世界大战以后不再受欢迎的原因之一，它们被《关贸总协定》和欧洲经济共同体内部的多边协议取而代之。不过，多边协议同样有自身的局限性。截至2001年中国加入世界贸易组织时，该组织已有140多个成员。让各个国家和地区的代表在同一张会议桌开会被证明是一项艰巨的挑战，而要让他们达成一项新的国际贸易协议更是不可能实现的任务，特别是当代表们总想要增加本国出口，而又严格控制具有政治敏锐性的产品进口时。由于更大的贸易协定无法达成，区域性协议流行起来，比如2014年智利、哥伦比亚、墨西哥和秘鲁之间为深化经济关系而签署的协议，以及2016年欧盟与非洲南部6个国家签署的自由货物贸易协定。

第三波全球化改变了贸易谈判中的政治盘算。参与全球价值链的出口商往往也是进口商。它们将原材料或部分成品带回国内，经过加工后再将产品运到国外。举个简单的例子。1千克的铁矿石可能要跨越好几次国境，因为它们要被熔化、铸造成钢坯，轧制成钢丝，再被锻造成螺栓，加工出螺纹，硬化后安装在机架上，成为针织机的一部分。为救助钢铁厂而实施的进口配额会提高钢丝的价格，并进而提高价值链上每个环节的产品的价格。如果制造螺栓的国家按上涨后的价格对钢丝征税,那么各产品的价格会进一步上涨。最后的结果可能是针织机丧失了在国际市场上的竞争力,不仅政策原本要救助的钢铁厂会受到损害,其他参与针织机制造的国内工厂也不能幸免。

第三波全球化期间,技术革新使服务在制成品价值中所占的份额稳步提升,情况因此变得更复杂了。得益于互联网,许多服务很容易就能在网上交易,这使一些本来旨在保护国内制造业的国家贸易政策最终损害了国内的服务业。例如,如果一辆在美国销售的日本皮卡车的部分价值是由加利福尼亚的工程师、设计师和计算机专家创造的,那么美国对这些皮卡车征收的关税虽然可能保护一些美国工人的就业机会,但同时会威胁到其他参与制造这辆汽车的美国劳动者。如果关税基于进口价格,那么美国实际上相当于对为汽车成品贡献劳动成果的美国劳动者征税。一般而言,贸易限制对服务部门的影响几乎未引起关注,但这些影响往往是巨大的。根据一项估计,2009年征收的关税中有30%是对制成品中的服务价值征收的。而一项关于欧洲制鞋业的研究表明,中国制造的鞋卖给欧洲消费者的价值中有一半以上来自欧洲提供的服务,这说明对中国制造的鞋的潜在贸易限制将损害欧洲设计师、生产工程师、运输线员工和欧洲管理人员的利益,这些损失可能超过了贸易限制给欧洲鞋厂工人带来的收益。[12]

无论罪魁祸首是不是贸易政策,认为全球化正在破坏稳定且高薪的就业、损害社会保障体系的想法却在不断发酵。这种想法源于政治左派。他们反对全球化,因为他们认为全球化使富裕国家的跨国公司获利,而贫穷国家的穷人无法从中受益。但在金融危机之后,政治右派更充分地接受了这种想法,并要求国家加强对移民、金融和贸易的控制。极右翼的压力导致英国在2016年举行了脱欧公投,英国人在"让我们夺回控制权"的口号下团结起来,支持英国脱离欧盟。在那之后不久的一次民意调查发现,英国的成年人,尤其是年龄在45岁以上的人,坚定地认为全球化与更严重的不平等、更低的工资之间存在极强的关联性。当叙利亚的内战和非洲的贫穷导致的难民涌入欧洲时,2017年竞选法国总统的玛丽娜·勒庞预见了"一条全新的分界线,对立的双方不再是左派和右派,而是爱国者和全球主义者"。虽然勒庞竞选失败,但英国首相特雷莎·梅等主流政客听到了她的声音。正如特雷莎·梅在2017年1月的达沃斯世界经济论坛上所说:"谈论全球化的进一步发展,会让人们感到恐惧。"[13]

第五部分

第四波全球化

PART 5　THE FOURTH GLOBALIZATION

第十七章 赤字之潮

17
RED TIDE

贝永大桥（Bayonne Bridge）是一个建筑奇迹。它于1931年11月通车，横跨范库尔水道。范库尔是一条潮汐通道，两旁排满了油罐和修船厂，将新泽西州的贝永和纽约市的史泰登岛隔开。虽然不及北边数英里之外的乔治·华盛顿大桥，但贝永大桥也足够令人叹为观止。这座拱桥全长1762米，桥身高出水平面46米，在几十年里一直是全世界最长的钢铁拱桥。1956年掀起集装箱革命的船只，从纽瓦克驶向休斯敦时，就是在这座桥下穿行而过。一艘又一艘的油轮和集装箱船，在沿范库尔水道往返北美大西洋沿岸最大的港口时，也要从它身下经过。

2006年"艾玛·马士基号"下水后，各航运公司开始疯狂订购体积比当时正在使用的船只大得多的船，这座壮观的大桥反倒成了障碍。订购的船舶能够运载8000辆全尺寸卡车的货物，预计最早在2010年投入使用。巴拿马运河的河道拓宽工程在2015年完工后，体积更大的船舶能够通过它，东亚至纽约的海运成本因而大幅降低。但这些大型船舶无法通过建成时间较早的贝永大桥，因此也就无法停靠在新泽西港最繁荣的集装箱码头。负责维护美国港口的美国陆军工程兵团在2009年的评估是："贝永大桥阻碍了航运公司通过经济、高效的船舶实现规模效益。"兵团警告说，船舶可能只驶往巴尔的摩或诺福克，而不经过纽约的港口，或者将集装箱运到太平洋沿岸的港口，再通过铁路向东运输。但无论采取哪种方式，美国第一大城市纽约都将失去与港口相关的产业、工作岗位和税收，而整个国家要为外贸支付更多的成本。[1]

建一座新桥或在范库尔水道下方开通隧道是不现实的，因为建造成本高得惊人。不过还有一种解决方案。在当地政客和工会领袖的一致支持下，加高贝永大桥的呼声越来越大。2013年，纽约和新泽西的港务局开始拆除拱桥上的通道，将大桥加高了20米。贝永大桥的改造堪称一个工程奇迹。改造后的贝永大桥在2017年通车，巨大船舶从此便能通往新泽西的码头了。该工程使新泽西码头的托运人、为其服务的远洋运输公司，以及因此可以停泊超大船舶的码头的业主受益匪浅，但经过大桥的通勤者并没有享受到任何好处。因为，大部分工程费用——该工程一共花费了17亿美元——并不是由航运公司或货主，而是汽车司机承担，他们在通过港务局的隧道和桥梁时要支付更高的过路费。

如此巨大的公共和私人支出建立在一个坚定的信念之上，即全球化将保持此前数十年的发展势头。但事实证明，这是一个灾难性的错误。国际贸易非但没有扩大，反而陷入困境。受累于经济危机，欧洲和美国的消费者不再需要那么多亚洲工厂制造的商品。空运的需求减少了，航行于世界各大洋的集装箱船都是半空的。经济危机过后，供应链的效率和可靠性都出现了明显下降。罢工、暴风雨和地震切断了远方工厂的生产线。2012年，载着鞋子的集装箱船从上海驶向西雅图所需的时间比20世纪90年代要多好几天，而且货物很可能无法准时送达。作为应对，零售商、批发商和制造商在更多地方修建仓库，并在仓库里储存更多货物。这些应对措施虽然降低了风险，但提高了成本，打破了最初建立全球价值链时的大部分逻辑。

进入集装箱时代以后，直到2009年，集装箱的年运输量从未下降。世界经济放缓会导致增长率下降，但随后又会继续增长。2010年，世界从经济危机中复苏，聪明的投资者下注历史将重演。马士基航运公司预测，集装箱航运量将以每年7%的幅度增长。马士基再次担心没有足够的船来运输预期中的大量货物，于是决定在船舶数量上超越竞争对手。2011年，马士基船舶运载的集装箱数量远多于以往，但平均每个集装箱亏损75美元。于是它开始建造新一代船舶。这种比"艾玛·马士基号"大1/5的船，于2013年开始交付。它被称为3E级集装箱船，"3E"体现了这种船的三个特点：大运量带来的经济效益（economies of scale），能源利用率高（energy efficiency），而且更加环保（environmental improvement）。每艘3E级集装箱船能运载18000多个标准箱，相当于9000辆卡车的运载量，而且每个集装箱每英里的温室气体排放量只有以前的一半。马士基预计，韩国船厂建造的30艘3E级集装箱船，将使马士基单个集装箱的成本比竞争对手的少1/4。[2]

马士基的野心再次让其他航运公司大吃一惊，后者不得不再次面对两个同样令人不快的选项。它们可以静观其变，但未来的成本将比最大的竞争对手高出许多；它们也可以订购新船，但新船造价高昂，而且无法满载。事实上，这些航运公司根本没有选择。神秘的家族企业法国达飞海运集团订购了3艘比"艾玛·马士基号"更大的船，但由此带来的巨大财务压力使其不得不对外寻求融资。2012年，世界第三大航运公司地中海航运公司的创始人表示，他的公司不会购买18000标准箱的船，但地中海航运公司随后就订购了更大的集装箱船。其他航运公司紧随其后，建造了几十艘比"艾玛·马士基号"大得多的船。但它们真的需要运载量相当于11000辆全尺寸卡车的超大船舶吗？几乎没有人认真考虑了这个问题。在2015年经合组织内部的国际运输论坛上，有人指出："过去10年世界集装箱船的发展，与全球贸易和实际需求的发展完全脱节。"[3]

大多数主要的航运公司是国营或由家族控制的，这些公司强势的领导人并不打算屈居丹麦人之下。但不计后果地盲目扩大规模导致运费被压得极低，航运公司的收入负担不起其经营成本，更不用说偿还船舶的抵押贷款了——漂浮在海洋上的是赤字。2015年，经济学家米凯莱·阿恰罗（Michele Acciaro）评论道："大型航运公司急于增加新的运力，而非减少市场上现有的运力，这完全不合逻辑。"阿恰罗把这看作一种传染病——"船舶巨人症"（naval gigantism）。[4]

受巨人症影响的不仅仅是航运公司，超大船舶也催生了超大码头。就像不停合并的航运公司一样，装卸集装箱船的公司也在不断寻找合并对象，以分担扩大码头、安装15层楼高的起重机、建造由计算机控制的集装箱堆场等所需的费用。由于大型船舶在入坞时会让更多水涌入码头，而且维修大型船舶需要用到更大的起重机,所以码头也需要加固。此外,存放集装箱的集装箱堆场太小,无法容纳超大船舶一次性卸、装的数千个集装箱,这就需要建造新的码头闸口,以控制新增的数千辆进出码头的卡车。[5]

各地政府都投入巨资,兴建大型基础设施,包括更深的海港、更宽的运河和更高的桥梁,以吸引新船在当地停靠。公路被拓宽,铁路堆场被扩建,新的火车轨道被铺设……一切都是为了容纳更多的货物。在德班,控制南非最大港口的国有公司在2018年同意花费5亿美元为大型船只加深泊位。埃及政府斥资80亿美元拓宽和加深苏伊士运河,以防往来于南亚和北大西洋之间的船舶改道新近完成改造工程的巴拿马运河。汉堡市港务局在与环保主义者长达10年的斗争中取得胜利后,投入7亿美元加深易北河,集装箱船因此每次能多运载1800个标准箱——2016年2月,400米长的"中海印度洋号"在易北河搁浅6天后,这一决定便得到了批准。2015年,一项对瑞典最大港口的研究表明,"哥德堡如果想保持对其他北欧港口的竞争力,就必须改善它的航路",这意味着哥德堡需要花费超过4亿美元的国家资金,将一条航道和泊位加深到16.5米。热那亚港务局同意斥资10亿欧元建造一个足够让超大船舶顺利入坞的防波堤,再花费数亿欧元拆除现有的防波堤。迈阿密港在2015年完成了耗资2.05亿美元的"深度挖掘"项目,开凿了一条50英尺深的航道。但3年后港口引航员抱怨大船难以进港,迈阿密港再次宣布要继续加深航道。[6]

另一个问题是,这些超大船舶应该停靠在哪里。1983年,在英国首相玛格丽特·撒切尔的推动下,国有企业英国运输码头委员会(British Transport Docks Board)被出售给了私人运营商,此后私营企业接管了越来越多的用于装卸货物的码头，但维护港口和保护海运的工作仍然牢牢掌握在政府手里。因此，如果有货物在港口进出，政府就能一如既往地征收贸易税。也正因如此，维持海运安全是一项有价值的投资。但如果停靠的船舶很少，投资就无法带来足够的回报。

与亚洲各国政府开发的真正的大规模货运项目相比，这些成本只是零头。迪拜本是位于潮沟旁的一个默默无闻的贸易村落，由于1973年和1979年的油价飙升而一夜暴富。迪拜的国有港口公司为使当地的经济多元化，在波斯湾沿岸兴建了杰贝勒阿里港，并建造了一个又一个人工岛，使这个原本不起眼的沙洲成了世界上最大的港口之一。

1997年，除了香港特别行政区，中国没有一个港口能跻身世界十大港口之列。20年后，经过国有企业的大规模投资，中国的港口占据了世界十大港口中的7席。为了解决近海海域水深较浅的问题，政府将上海附近的几个小岛改造成了全世界最大的集装箱码头，同时建立了一座20英里长、连接港口和大陆的大桥，桥上还附有一条燃料管道。该项目耗资180亿美元，各个码头经营者分担了一部分，不过大部分还是由各政府部门负担。这是中国成为世界上最大的制造国后实施的促进出口的国家战略的一部分。中国在2013年通过的"一带一路"倡议在海陆运输项目上投入了数千亿美元，目的是为中国工业进口重要原材料提供新的渠道，同时帮助出口制成品，并在这一过程中强化中国的战略地位。行驶7500英里，在中英两国间运输货物的货运班列是其中备受瞩目的一个项目。除了修建基础设施的巨大成本，中欧班列还需要中国各省提供大量运营补贴，因为航运公司支付的运费——每个40英尺集装箱的运费是3000美元——只能覆盖火车运营成本的1/3。[7]

从这些基础设施中获利的航运公司、进口商和出口商通常不承担它们的成本。船舶进港时一般会被收取费用，部分政府也会对进口货物征税。但在第三波全球化期间，这些费用和税收无法覆盖疏浚海港、加高桥梁、建造人工岛和安装高速起重机的成本。航运公司也没有做出长期承诺——政府为给港口升级融资而发行30年期债券，但提出升级港口要求的航运公司可以随心所欲地将船舶和货物转移到其他港口，从而导致公共部门的巨额投资无法获得预期的回报。但加深港口和加长码头的压力还在不断增加，各大洲的港口都拥有了远大于货物流通实际需要的转运能力，这为地区和地方政府的财政带来了风险，同时也使航运公司有了更大的议价空间。它们或要求更好的港口设施，或要求更低的成本，抑或要求两者兼而有之。

与集装箱航运业刚刚起步时的情况一样，政府决心不惜一切代价保护船厂，一心扩大规模的航运公司也受到激励。韩国政府认为造船业至关重要，尤其是考虑到全国超过1/5的钢铁需求来自造船厂。韩国的造船厂比中国的造船厂更加先进。在"艾玛·马士基号"下水后，它们赶上了大型集装箱船订购量激增的浪潮。2008年年底，当国际贸易崩溃而且船舶订单不再增长时，韩国政府慷慨解囊，在接下来的5年间，韩国的国有信贷机构为造船厂提供了450亿美元的贷款和贷款担保。当一些借款人无法偿还贷款时，政府将债务转换为两家主要造船厂的超过50%的所有权。这些救助政策使韩国保有世界造船市场1/3份额，集装箱船市场的过半份额，但能否赢利是另一码事。经过2015年的欧债危机后，国有的韩国产业银行将大宇造船的更多债务转换成股票，这就意味着政府持有这家经营状况十分糟糕的企业79%的股权。

2016年8月，韩国韩进海运公司受集装箱船供过于求的影响而破产，在此之后，更多的国家补助流向了造船厂及其客户。2个月后，韩国政府按市场价买入了现代商船的集装箱船，又以低价向该公司出租这些船舶，就是为了让这家韩国唯一幸存的集装箱运输公司能够继续存活。但事实证明这些援助并不够，2018年政府又向航运公司发放了28亿美元贷款，它们用这些贷款购入了本不需要的20艘集装箱船——这些船当然是韩国船厂制造的——这为运力已经过剩的全球船舶增加了更多受补贴的运力。[8]

韩国并非孤例。2016年11月，中国台湾向两家集装箱运输公司长荣海运和阳明海运提供了19亿美元的低息贷款，条件是它们要订购超大船舶。一名官员告诉《华尔街日报》，航运"是我们发展经济的关键"。每艘新的超大船舶的售价接近2亿美元，没有补贴的小型航运公司无力承担这笔费用，无法继续参与游戏。2014年12月，智利的南美洲轮船公司与德国的赫伯罗特航运公司合并。2015年，中国的两家大型国有船舶企业合并。日本的三家航运公司迫于订购新船的资金压力，在2016年将各自的集装箱船业务合并在一起，成立了一家合资企业。三家中规模最大的日本邮船株式会社的董事长说："当下我们合为一体，正是为了不让我们中的任何一家彻底落败。"由于这家合资企业仍未能止损，三家航运公司在2018年全面合并。赫伯罗特航运公司和阿拉伯航运联手经营，马士基也兼并了德国的汉堡南美船务集团。2016年8月，曾是世界第七大海运公司的韩进海运公司破产。2018年，中国企业收购了新加坡政府所有的东方海外货柜航运公司。[9]

如今，马士基占全球18%的运力，轻松揽下行业桂冠，并且快要达成将弱者挤出行业的目标。四个集装箱航运公司联盟在全球市场中占据主导地位，为各大洲提供服务，并处理最大的跨国企业的业务。而规模较小的航运公司只能靠依附这些行业巨头才能获得一线生机。短短几年间，一个竞争激烈的行业形成了寡头垄断的局面。[10]

在马士基的构想中，超大船舶将成为推动全球化走向最高阶段的工具。它如此高效，运载如此多的集装箱，而成本如此低廉，能使本就很低的货物运输成本降低到几乎可以忽略不计的程度。对客户而言，远距离价值链将更加廉价易得，而且可以为马士基的船舶创造更多需求。船舶排放的温室气体也会减少。全球贸易将繁荣起来。虽然单个集装箱的收入必然会下降，但成本会下降得更多，对于航运业整合后以马士基为首的少数头部企业来说，赢利将相当可观。

马士基航运公司仔细研究了其航线的运输量和客户的需求，乐观地预测新的18000标准箱的集装箱船将是满足马士基需要的最佳选择。马士基船队中已有的最大船舶，即与"艾玛·马士基号"一样大的15000标准箱的船舶将被转移——或者用业界术语"级串"——到不那么繁忙的航线，这也可以为那些航线提供额外运力。马士基已经做好准备迎接行业上升期的到来，但它并不关心全球物流系统的效率，并未咨询包括马士基航运的姐妹公司穆勒-马士基码头在内的任何一家码头运营商的意见。某些港口或码头不愿意为超大船舶的停靠投入必要的资金，但其他港口和码头为这项业务展开了激烈的竞争。马士基也完全不担心自己的超大船舶是否会增加集装箱运进或运出港口的难度。它的想法很简单，那就是铁路、卡车和驳船公司会处理好运输问题。效仿马士基订购超大船舶的竞争对手抱着同样的态度，而且它们订购的船舶甚至比马士基的更大，达到23000标准箱。在海上，船只无疑是越大越好。如果运输成本更低，它们也会更受客户青睐。

基于新船几近满载这一假设，航运公司估算集装箱运输量的年增长率为6%或7%，但实际增长率只有3%或4%，某些年份甚至更少。由于货物不足，这些超大新船只能在半满载的状态下出航，并没有带来其建造者所承诺的提升效率或改善环境的效果。

集装箱运输的成本下降了，但代价是运输耗时更长，而且更不可靠。但当航运公司通过停止运营船舶并取消服务来削减过剩运力时，集装箱在装船前可能要在集装箱堆场停留更长时间。卸载集装箱和重新装船的时间也变长了，这不仅仅是因为有更多箱子需要搬上搬下。3E级集装箱船及其后更大型船舶的长度与"艾玛·马士基号"相差无几，但宽度多了3米，这意味着没有更多的空间增加沿船舷排布的起重机的数量，而且每台起重机的起重臂需要跨越更宽的船身来起吊另一侧的货物，这样装卸一个箱子的时间平均增加了几秒。更多的箱子乘以每个箱子所需的更长的装卸时间，可能使集装箱船在港口停靠的时间增加几个小时，甚至几天，导致货物延期的情况越来越多。2018年，从中国出发的船中有30%没能按时抵达目的地。

以前，集装箱船可以在途中弥补延误的时间，但如今已经不可能了。为了节省燃料，超大船舶做了统一设计，航速比被它们淘汰的船只慢得多。它们的航速不是24或25节，而是19或20节，这使欧亚间的长途航行时间增加了好几天。早期的船舶如果需要按时赶回出发地，可以提速，但超大船舶不能这样做。如果一艘船延误了从上海出发的时间，那它抵达马来西亚、斯里兰卡和西班牙的时间可能都会延误。在紧凑的行程内通过价值链运输货物因此变得更加复杂。

航运业的陆上业务也受到了冲击。超大船舶同时带来了"盛宴"和"饥荒"——停靠的船只少了，但每艘船装卸的集装箱更多了，搬运集装箱的设备和设施要么闲置，要么不堪重负。装满进口或出口货物的集装箱堆积如山，甚至塞满了仓库的露台。堆垛越高，堆垛机就需要越长的时间才能找到某个集装箱，然后将其从堆垛中移出，放到运输车上，运输车会将集装箱运到码头装船，或运到铁路堆场或卡车码头并交付客户。但由于列车长度和列车运载集装箱的数量有限，铁路货运的运载量不会因为船舶变大就轻易增加。以前列车可能只需要一天时间就能将一艘船的进口货物运到内陆的目的地，但现在可能需要两三天。此外，主导海运业的四大联盟中每个联盟的合作伙伴通常不会在港口的同一个地点装卸货，而是用卡车将一艘进港船卸下的集装箱运到另一艘出港船处。

从一份真实的资产负债表中可以看出，超大船舶降低了航运的可靠性，并因此破坏了它本来旨在加强的全球价值链。对于发起这场竞赛的穆勒－马士基集团来说，超大船舶就是一个沉重的负担。该集团不堪财务重负，在2014年出售了它持有的丹麦最大零售连锁店49%的股份，一年后又卖出了它持有的丹麦最大银行的1/5的股份。2016年，该集团的控股家族解雇了首席执行官，并宣布穆勒－马士基将出让能源相关的业务。这些业务曾为它提供了1/4的收入。尽管做出了这番孤注一掷的操作，而且其超大船舶也有望实现规模效益，但穆勒－马士基在2018年6月的股价仍然低于2003年12月订购"艾玛·马士基号"时的股价。虽然马士基的集装箱航运业务的市场份额有所提升，但其表现并不比竞争对手更好。马士基的董事长叹息道："如果我们不能通过规模获取高于行业平均水平的利润，那成为世界最大航运公司没有任何意义。"[11]

造船厂的情况也是如此。2019年2月，控制大宇造船的韩国产业银行同意合并韩国最大的两家造船企业——大宇和现代重工。这一计划震惊了几个竞争国的当局。几个月后，中国政府做出回应，中国船舶工业集团和中国船舶重工集团两家国有造船企业合并。合并后的两家造船厂——一家是韩国的，另一家是中国的——控制了全球造船市场56%的份额。但人们好奇的是，这最终能否转化为造船厂的利润，毕竟它们很少能赚到钱。

第十八章 食物里程

18
FOOD MILES

2019年5月31日,"巴伐利亚号"在利比里亚注册。这艘船有16年的历史,以前名为"APL巴拿马号",由一家新加坡公司为丹麦马士基航运公司运营。该船从菲律宾苏比克湾出发驶往中国台湾,船上载着69个装载加拿大生活垃圾和废旧电子产品的集装箱。一家私人公司将这些垃圾出口到菲律宾,表面上是回收再利用,实际上是廉价处理这些废品。这些集装箱被扣押了5年多后,菲律宾政府认为应该把它们送回原来的地方。这些被遣返的垃圾在中国台湾换船,并于6月29日到达温哥华,在那里它们被用于焚烧发电。

跨国废品交易——从塑料饮料瓶到有害的医疗废弃物——在前集装箱时代是不存在的,因为仅仅为了回收再利用而将废弃的报纸运送到5000英里之外的地方并不划算。这种交易在20世纪第二个10年大量出现,这说明了对当时的世界来说,距离和国界的重要性已大不如前。牛肉、大豆和棕榈油的出口需求使森林和沼泽逐渐消失,一些植物和动物因此灭绝。自由贸易使制造商离开那些拥有严格执行的环保政策的国家,前往一些对倾倒有害化学品或污染水源等违法行为监管力度不严的地区。比如,印度尼西亚的煤炭在巴基斯坦的发电厂燃烧，所产生的微粒吹过亚洲各国的边境。所有经济体的运输量都因为远程贸易的爆炸性增长而有所增加，化石燃料的使用量越来越大，正在改变地球气候的温室气体浓度因此不断上升。

从道德层面上看，将环境恶化归咎于全球化并不正确。对外贸易、国外投资和国外贷款的增加，使数十亿人的收入得以提高。虽然全球化将很多人甩在后头，也使很多人为了工作和安全而移民，但它也使更多人摆脱了贫困。公寓大楼和多层购物中心在以前的沼泽和稻田拔地而起，每一座都需要混凝土、玻璃、钢梁和铜管的生产和运输。20世纪80年代末，约35亿人的家中能通上电；到了2017年，数字扩大为65亿人——这得益于各国在短时间内修建的数百座发电厂。不过，这些发电厂大多进口对环境污染极为严重的煤炭。对于迅速扩大的中产阶级来说，电视机和乘飞机旅行变得司空见惯。从1990年到2017年，在世界很多地方曾被视为奢侈品的牛肉的全球消费量增加了50%。这些成就是不容忽视的。[1]

但是，更多的人享受着比以往任何时候都多的物质财富，这无疑加剧了环境的负担。经合组织的一份报告直言不讳地写道："全球化是一把双刃剑。"那些一夜之间从原始经济发展为现代经济的国家，缺少具有科学知识的专业人士和基本的政府组织，难以监管国内蓬勃发展的工厂、废物处理场和大规模种植园。比如，在促进制造业快速发展时，中国的工厂曾大量将污水排放到下水道或附近的河流中，很多河流的水因此不再适合饮用。以微小颗粒物浓度来衡量的空气质量变得越来越差，甚至对人体有害。随后一项旨在减少微粒排放的紧急措施在某种程度上改变了大气的化学成分，提升了城市空气的臭氧水平。根据一项研究，2006年中国排放的有害气体中，超过1/3的二氧化硫、1/4的氮氧化物和1/5的一氧化碳产生自出口产品的生产过程。从1978年到21世纪初，数百家新兴的燃煤发电厂和用烟囱排放废气的工厂的存在让中国的温室气体排放量增加了2倍。中国工厂产生的颗粒物飘到了韩国和日本，大量污染物甚至随风飘到太平洋彼岸，美国西部空气中1/4的硫酸盐可能来自中国出口产品的生产过程。[2]

通常来说，环境保护法的立法薄弱和执法不严，意味着企业通常没有正视自身生产活动中真正的经济成本，也意味着这些成本不会反映在生产和运输环节的相关决策中。对企业施加更大的公众压力，能够迫使它们正视自身经济活动中的环境成本，最终有助于重塑全球化。

早在经济全球化进程开启之前，人们已经意识到一体化的世界可能带来环境风险。1947年，刚刚成立2年的联合国教科文组织，决定召开以保护自然资源为主题的国际会议。第一次会议在一年后举办，来自33个国家的私人组织和政府的代表在巴黎南部的枫丹白露成立了国际自然保护联盟。当时没有任何一个国家设有环境保护部门。加利福尼亚州刚在洛杉矶创立了第一个和空气污染防治有关的现代项目。被称为"隐形杀手"的伦敦雾霾被指责造成了4000人死亡，迫于压力，伦敦议会在4年后终于通过了《清洁空气法案》。1955年，美国国会通过了美国第一部环境法——《空气污染防治法》。但在枫丹白露召开的会议根本没有讨论防治污染的事情，而是担心贸易和经济发展会对动植物造成威胁，特别是在欧洲的非洲殖民地。建立自然保护区和保护大型动物才是人们关注的重点。[3]

20世纪五六十年代，一系列畅销书将环境问题摆上台面，使其吸引了人们的注意。例如，蕾切尔·卡逊的《寂静的春天》记录了杀虫剂滴滴涕（DDT）对鱼、鸟和人类的影响；1968年，斯坦福大学生物学家保罗·埃尔利希在他的《人口炸弹》中警告道，人口过剩必然会导致饥荒；1972年引起轰动的《增长的极限》，应用新的计算机模型预测了过度消费将导致"人口和工业生产能力出现突然且不可控的下降"。富裕经济体的人均收入在上升，人们的生活条件在改善，但环境问题越来越突出。随着科学家们记录了空气污染、水污染和有毒化学品对健康的危害，富裕经济体对环境保护的呼声越来越高。1970年至1972年间，加拿大、美国、日本和许多西欧国家都成立了国家环境保护部门，以解决污染问题。发展中国家的情况没有这么紧迫，发达国家近期对过度消费的关注似乎暗示了穷国不应复制富国的生活方式。[4]

新的环境法规首先将焦点放在最显而易见的污染源上——那些向河流排出的未经处理的污水，向大气排放有害气体的工厂和发电厂。基本原则——污染者或至少是造成污染的企业，应该全额赔偿对公众造成的损害——这看起来是不言自明的。但在一个贸易变得越来越自由的世界里，各国环境法规的差异会对经济产生重大影响。如果从一个没有相关法规的国家进口金属铸件的费用更低，企业为什么要花重金在一个冒着黑烟的铸造厂安装新型排放控制系统呢？如果生产化学品的业务可以转移到由于贫穷和严重的失业问题而对污染防治漠不关心的国家，那么企业为什么要冒着裁员和蒙受经济损失的风险放弃这项熟悉的业务呢？

1974年，两位美国科学家发现，在喷雾罐和空调中被广泛应用的化学品氯氟烃正在破坏臭氧层，而后者可以保护地球上的生物免受过量紫外线辐射。报纸纷纷用头条新闻警告读者，紫外线会增加人类罹患皮肤癌的风险，还会导致动植物发生基因突变。恐慌接踵而至。智利是受辐射水平最高的国家之一，一位来自智利的工程师焦虑地对《新闻周刊》说道："这就像是从天而降的艾滋病。"几个国家很快就禁止了这些化学品，但仅凭它们的力量不足以解决这个问题。因此，国际社会通过谈判以不同寻常的速度推进了这个问题的解决方案。根据1987年签署的《蒙特利尔议定书》，各国不仅同意逐步停止100多种化学品的生产和使用，还同意禁止从拒绝签署该协议的国家进口含有这些化学品的产品。这是对环境的担忧第一次战胜了被关贸总协定奉若神明的自由贸易，也是发展中国家受邀参加并被要求遵守的第一项协议。从法律不完善的国家进口商品，再出口到制定了严格法律法规的国家的老方法自此失效，冰箱和空调的制造商不得不寻找新的方法为食物降温。[5]

酸雨是另一种跨越国界的挑战。20世纪70年代末，研究人员报告说，发电厂和冶炼厂燃烧煤炭产生的二氧化硫被风吹往东北方向，并随降雨落到地表，不断毁灭枫树林和桦树林，还使加拿大和北美的上千个湖泊中的鱼死亡。虽然两国都排放了二氧化硫，但加拿大蒙受的损失要大得多，舆情也更加汹涌。1981年3月，美国总统罗纳德·里根第一次出访渥太华时，当地爆发了抗议，抗议者举着写有"停止酸雨"字样的标语。解决方案在政治上十分复杂：如果俄亥俄州和印第安纳州的发电厂安装上使加拿大的空气更加干净的装置，这两个州的用电者就要支付更高的电费，而实力强大的美国煤炭产业拒绝承担任何责任。经过10年时间，加拿大才出台了一项控制国内污染物排放的计划，美国制订了一个减少发电厂排放硫化物的新计划，两国签署了一项关于双边空气质量的协议。而要降低雨水酸度，使鱼类在毫无生气的湖泊中重新繁殖，则要更长的时间。

随着国际贸易的规模不断扩大，环境问题与贸易政策出现冲突的情况越来越多。1990年，丹麦不仅要求回收啤酒瓶，还要求大部分啤酒瓶要重新灌装。这无疑给外国啤酒商制造了麻烦，因为它们不得不将空瓶子运回遥远的酿酒厂。1991年，德国的一项法律规定零售商必须接受顾客的旧包装，并将它退给制造商回收。这一出于保护生态的做法十分合理，但对于只售卖少量商品的进口商来说，遵循法规的代价比那些以整个德国市场为销售目标的企业高得多。争议最大的是美国的一项禁令，禁止从没有采取措施减少对太平洋的海豚造成附加伤害的国家进口金枪鱼，这些国家包括墨西哥、委内瑞拉、瓦努阿图、巴拿马和厄瓜多尔。1991年年初关于北美自由贸易区的谈判刚开始，墨西哥就请求关贸总协定裁定授权上述禁令的美国《海洋哺乳动物法案》是否涉及以不恰当的方式干预贸易。墨西哥的请愿书意外地将一场围绕着敏感的环境问题的争论引入贸易谈判之中。[6]

承担着沉重外债的墨西哥，在4年前才加入关贸总协定。它小心翼翼地对外开放了一部分经济，同时寻求机会解决债务危机。它希望《北美自由贸易协定》能使本国的劳动密集型产业，如缝制蓝色牛仔裤、组装汽车线束等，向更复杂的精密制造业升级。在美国和加拿大的企业眼中，墨西哥是一个具有莫大吸引力的出口市场，也是一个比遥远的亚洲近得多的进口来源地，因此美国政府希望《北美自由贸易协定》能帮助这个日益动荡的邻居安定下来。该协定于1992年年底签署，但在美国遭遇了强烈抗议。反对者除了工会和农业利益集团，还有谴责墨西哥在边境肆意排放污染物和化学品的环保组织。为了安抚批评者，三国在《北美自由贸易协定》中达成了一项附加协议，即成立一个环境委员会。这是第一个承诺改善环境的国际贸易协议。

《北美自由贸易协定》最终帮助墨西哥改善了环境。墨西哥许多最为迫切的环境问题在《北美自由贸易协定》签署的几年前，甚至几十年前就已经存在了，比如缺乏污水处理设施，以及汽车在未铺柏油的城市街道行驶时的扬尘问题。环境委员会拿出资金，在一些地方铺设柏油路并建立污水处理厂，而打算在墨西哥投资的外国企业也被要求在其他地方做相同的事。《北美自由贸易协定》批准后墨西哥从美国和加拿大进口的商品，以及墨西哥境内新设立的工厂，使污染严重的老旧工厂和水泥厂纷纷破产。以大量排放尾气闻名的墨西哥古董汽车被在加拿大和美国组装的现代汽车取代。更重要的或许是，环保组织最终在墨西哥的部分地区有了政治影响力。它们呼吁采取行动阻止砍伐森林，建立新的自然保护区，以及制定更严格的环境保护法。[7]

气候变化给全球化带来了一个与常见的污染问题截然不同的

挑战。与欧洲的回收政策和《北美自由贸易协定》处理的环境问题不同，大气中温室气体浓度的不断上升——主要是由于化石燃料燃烧造成的——本质上是一个全球性问题。在大多数国家，国际贸易绝不是温室气体的主要来源。根据一项估计，21世纪初因为生产和运输进出口产品造成的排放量还不到与生产相关的排放量的1/4，在总排放量中占的比例就更低了。根据美国经济学家约瑟夫·夏皮罗的计算，国际贸易使全球温室气体的排放量增加了约5%，使全球二氧化碳的年排放量增加了17亿吨。[8]

1997年，以欧洲国家为主的37个国家签署了《京都议定书》，这是一项旨在减少温室气体排放的协议。虽然其中很多国家在21世纪初似乎履行了它们的承诺，但这些国家排放量的下降只是一种假象。尽管也有实质性的改善，比如供暖系统更加节能，风能和太阳能抢占了煤炭的市场份额，但全球价值链掩盖了一个事实，那就是许多国家从几乎没有为减少温室气体排放采取任何措施的国家增加了进口，以减少自身的二氧化碳、甲烷和其他温室气体的排放。此外，税率根据生产特定产品时的温室气体排放进行了调整，很多国家对污染更严重的进口产品，如初级金属制品等收取更少的费用，实际上是在鼓励污染产业向海外转移。关闭冶炼厂和钢铁厂，从穷国进口产品等做法让富国的数据变得更加好看，但实际上并未减少进入大气层的温室气体总量。从1990年到2008年，与出口相关的温室气体排放量每年增长4.3%，是世界人口增长速度的3倍。贸易使富裕经济体将温室气体排放到我们看不见的地方。[9]

经济学家们几乎一致赞成用税收来阻止温室气体的排放，因为根据经济理论，对工厂和发电厂征税能够减少温室气体的排放。

从政治上看，对司机和农民征税极易引起反弹，因此欧盟、美国几个州和加拿大的几个省试图迫使发电厂和工厂为它们排放的二氧化碳付费。但在全球化经济中，对排放温室气体的工厂征税并不简单。如果税收过高，工厂将安装燃料使用率更高的设备，但消费者不得不为此支付额外的费用，这样消费者会选择购买从不对温室气体征收排放税的国家进口的商品。与水泥相比，长途运输水泥的成本更高，因此对水泥厂征收排放税对贸易的影响不大。但在生产铝的过程中，电力成本占很大比重，如果排放税导致电价上升，那么平衡就有可能被打破，从而有利于铝锭和铝坯的进口。[10]

在与全球化相关的温室气体中，制成品贸易只是其中一个来源。到20世纪第二个10年，每年农民生产的卡路里中超过1/5被交易——大多数是以大豆、玉米、棉花等农作物榨成的油的形式。农产品出口份额最大的是在欧盟内部，但同时智利向中国输出了大量车厘子（2018年到2019年出口了166304吨）和李子（76784吨），而墨西哥在加拿大和日本迅速开拓了牛油果市场。阿拉斯加的海鲜经销商将新打捞的珍宝蟹（Dungeness crab）空运到中国，在那里，蟹肉被从蟹壳中取出并包装，最后卖给美国的顾客。波音747将从纳米比亚捕获的鱼运到西班牙的萨拉戈萨，萨拉戈萨鱼类加工和经销商卡拉德罗公司会将这些鱼切片，然后销往西班牙各大超市。[11]

人们为建立棕榈树种植园和养牛场而大量砍伐森林，是温室气体增加的主要原因之一。此外，将食物运输到很多英里外的地方也增加了温室气体的排放量。几十年来，人们一直在批评大型企业和长途运输破坏了自给自足的本地经济。如今，气候变化加剧了人们的忧虑。1994年,英国的一个名为"可持续的农业、食物和环境联盟"的环保团体公开了一份报告,通过引进"食物里程"的概念为消费者提供了一种衡量进口食品真实成本的方法。该报告称食物的长途运输会浪费能源和食物,它虽然使大型超市受益,但也加重了污染。该组织声称,从当地农场直接购买食物,以减少运输食物的里程数,这比购买进口食品更能保护环境。[12]

"食物里程"引起了不断蔓延的反全球化运动的共鸣。有一种论断是正确的,即售价无法反映进口食物的真实成本,因为消费者不必为它们引起的包括温室气体排放等在内的环境问题支付费用。但是,购买当地生产的食物对环境更有好处的主张并不一定正确。由于英国农民习惯于购买工厂生产的浓缩食品来喂养牲畜,而不是在草地上放养牲畜,因此英国农民每生产1吨羊肉所排放的温室气体多达新西兰的4倍。同时,比起购买国内产品,英国从新西兰进口奶粉会使温室气体的排放量减少一半以上。类似地,英国的一份研究发现,比起在国内种植小麦,从美国经海路进口相同重量的有机小麦可以降低温室气体排放量,减少空气污染。这份研究指出,减少食物里程并不一定能减少温室气体的排放,因为本地的小规模食物生产者的能源效率很可能低于大规模生产者,而且也可能降低分销系统的能源效率。单就环境保护而言,有时在全球范围内购买产品的效果更好。[13]

喝葡萄酒的人都知道,最贵的法国葡萄酒的酒标上会有"Mis en bouteille au château"的字样。这句话的意思是,这瓶葡萄酒是在葡萄种植和发酵的酒庄内灌装装瓶的，这等于在承诺这是最纯净、品质最高的酒。葡萄酒专家可能不会认可该标签的重要性。但毋庸置疑的是，相比在酒庄装瓶后再将葡萄酒运到经销点，用不锈钢酒桶将葡萄酒运到经销点附近再装瓶，可以少排放约40%的温室气体。[14]

减少运输带来的温室气体排放，成了20世纪第二个10年的重中之重。2007年，运输产生的温室气体排放量占总排放量的1/10，而且在其他类型空气污染物的排放量中占很大比重。卡车发动机是主要来源，国际远洋运输的排放量占全球总排放量的3%，国际航空运输占1%至2%。货物运输的排放量比发电和制造业少得多，但它与后两者有一个很重要的差别：发电厂和重污染工厂无法移动，难以隐藏，且明确受某个政府管辖；船舶和飞机则通常为一国居民所有，在另一个国家注册，又在与船东所在国或船籍国无关的国家之间航行，所以不易受到监管。2012年，欧盟要求航空公司为所有在欧盟境内起飞或降落的航班购买温室气体排放许可证。其他国家强烈反对，认为这种做法违反了国际协议，最后该要求只应用于全程在欧盟境内飞行的航班。

航空运输在第三波全球化中蓬勃发展。2017年的货物吨公里数（衡量货物运输的最佳标准）是1987年的5倍，这主要得益于空运费用下降。扣除通货膨胀因素后，从20世纪90年代末到21世纪初，空运运费平均每年下降2%以上。如果按运输量衡量，2017年空运的运输量只占国际贸易总量的一小部分。但如果按价值衡量，飞机运载的进出口货物价值，如从美国运往上海的半导体，从肯尼亚运往阿姆斯特丹的玫瑰花，占总价值的

1/3。虽然新型喷气式飞机每吨公里消耗的燃料少于老式飞机，但随着时间的推移，飞机更新换代的速度越来越慢。耗油量大的老式飞机被移除座位，改造成货机后，仍能使用数十年。航空业的快速发展，使减少温室气体和其他污染物排放的努力变得徒劳无功。[15]

海运也有类似的问题。大多数远洋船舶燃烧的是低级石油，这种油是原油提炼成汽油、航空燃油和其他高价值产品后剩下的。由于这种油被储存在引擎的油箱或燃料舱中，因此通常被称为"船用燃料油"。船用燃料油往往会造成重度污染而且有毒，但价格低廉。远洋船舶大部分时间都在不受各国污染防治法管辖的国际水域航行，因此船东没有动力使用更清洁但价格更高的燃料。不过，减少燃料的使用符合航运公司及其客户的利益，因为燃料成本通常在船舶运营费用中占很大比例。2007年左右，当船东为了节省燃料而降低航速时，托运人并未反对。与此同时，航运公司开始购置每吨公里消耗更少燃料的新船——至少在船舶满载时是这样的。托运人，尤其是那些直接面对消费者的商家，一直承受着使自己的供应链更加环保的压力。现在，他们可以理直气壮地夸耀，他们运输一个集装箱或一吨小麦的温室气体排放量下降了。然而，远洋运输的总排放量是否在下降？这个问题尚有争议，因为总运输量仍在增加。[16]

联合国下属机构国际海事组织松散地监督着世界海洋运输业。国际海事组织在共识的基础上运作，因此没有迅速采取行动。但个别国家通过了一些可能对国际海运造成影响的环境法后，它感到了压力，认为应该采取行动。2005年，国际海事组织颁布新规，限制船舶的氮氧化物排放量，并规定了船舶燃料中硫含量

209

的上限，目的是控制造成酸雨的化学物质二氧化硫的排放。6年后，国际海事组织规定所有新船必须采取节能设计。2008年，该机构公布了一项战略，计划到2050年温室气体的排放量降低到2008年一半的水准。虽然这些举措的影响没有马上显现，但随着时间推移，它们必然会增加运输成本。根据国际海事组织的要求，从2020年起，预计约有11万艘船将只能燃烧低硫燃料。但要满足这一要求，炼油厂必须更新设备，而这估计会使每年的海运成本增加600亿美元。[17]

进入21世纪第二个10年，环境压力给全球化蒙上了阴影。虽然个别国家的环保政策有所反复，但总体趋势是越来越严格。高收入国家采取行动，逐步淘汰火电厂，补贴电动汽车，减少运往焚化炉或堆填区的垃圾数量。不久前还对环境问题置若罔闻的发展中国家突然发现，刚刚富裕起来的国民不愿意再容忍污水和被污染的空气，不再将它们看作经济增长不可避免的代价。中国、印度尼西亚、马来西亚、泰国和越南都严格限制从富裕经济体进口垃圾。甚至连一些更加贫穷的国家，如肯尼亚、坦桑尼亚也禁止使用无处不在的塑料袋，这些塑料袋会堵塞水道，或悬挂在树枝上。此外，对燃料和排放温室气体征收更重的税，可以使货运成本成为重要的事前考量因素，而不是等到事后才被人想起。[18]

最重要的或许是投资者和消费者都要求企业披露它们为使自身对环境的影响降到最低做了哪些努力。随着企业在生产和运输的决策过程中更加注重环境成本，全球价值链的风险和潜在成本可能远远超出企业财务人员当初的计算。

第十九章 断链

19
BROKEN CHAINS

"莫内森"（Monessen）这个名字本身就暗示着全球化。"Mon"指的是莫农加希拉河（Monongahela River），繁忙的煤炭驳船沿着蜿蜒的河道驶过这座小镇，前往北边20英里外的匹兹堡钢铁厂；而"essen"暗指位于德国鲁尔区的同名钢铁制造中心。1897年规划这座小镇的匹兹堡金融家们显然觉得，加上点全球化元素能够吸引人来定居。然而，除了移民（这里有芬兰、瑞典和德国的路德宗教堂），这座小镇几乎没有什么全球性可言。在20世纪的大部分时间里，当地最主要的产业是一座钢铁厂，这座工厂一度有6000名工人。从1962年开始直到1986年倒闭前，它一直试图说服政府采取进口限制，以遏制外国竞争对手。那时莫内森已经被称为"没落企业之城"，此后也没有任何起色。在莫内森，全球化经济不是机遇，而是威胁。[1]

2016年6月，当美国总统候选人唐纳德·特朗普选择在莫内森发表演说时，那里的人口比1940年高峰期减少了2/3。现存最大的工厂是一家将煤干馏制成焦炭以在高炉中冶炼液态钢的工厂。这家工厂散发的刺鼻的硫黄味，扼杀了吸引匹兹堡蒸蒸日上的医疗行业和高科技行业从业者在这里安家或创业的希望。特朗普的演说词很可能就是以莫内森为原型的。他痛批"全球化……夺走了我们数百万工人的一切，只留下贫穷和心碎"。虽然他最终在莫内森落败，但他的话在宾夕法尼亚州西部破败的煤炭城和钢铁城引发了共鸣。在2016年11月举行的总统大选中，威斯特摩兰县——莫内森位于该县西南部——约2/3的选民支持特朗普。[2]

然而，这些愤怒和痛苦产生自全球化已经走下坡路的阶段。早在特朗普出人意料地赢得选举，英国人投票脱欧，具有鲜明的民族主义倾向的政客在欧洲、拉丁美洲和亚洲各地崛起等事件引发人们反思之前，世界经济就已经呈现出截然不同的面貌了。

将世界经济联系在一起的错综复杂的价值链，是20世纪80年代末以后的这段时期的标志性特征。打造了这些价值链的企业将大部分生产活动从欧洲、北美和日本转移到劳动法对企业有利的低收入国家，主要是东欧国家、墨西哥、中国和东南亚国家。在这一过程中，品牌企业通常会将一直被视为核心的制造业务外包出去，让知名度不高的公司完成冲压、铸模、组装等工作，而它们自己的员工则专注于财务、设计和营销。在印尼的西冷，一家不知名的中国台湾公司雇用了1.5万名工人，为一家知名的德国公司制造销往加拿大的运动鞋。在爱尔兰的沃特福德，一家美资工厂为欧洲著名品牌的精密医疗设备提供铸模和组装服务。在危地马拉的首都危地马拉城附近，5000人在一家韩国企业的工厂里缝制服装，然后打上美国品牌商的品牌。对外贸易、外国投资、外国贷款和跨国移民已屡见不鲜，如此密切的跨国生产活动却是前所未有的。[3]

从20世纪90年代到21世纪初，价值链变得越来越长而且越来越复杂，贸易也随之繁荣起来。汽车的生产过程极为复杂，汽车企业的价值链可能有8个甚至更多环节。加工原材料、生产简单零部件的制造商在价值链中的层级较低，生产深加工产品的制造商位于其上。中间产品可能要多次跨越国境，比如原油被加工成塑性树脂，后者又被模塑成按钮，按钮被安装在音控面板上，音控面板被装进方向盘，方向盘被连在转向柱上，二者被整合进汽车转向系统，汽车转向系统最终成为车的一部分。这个过程的每一个步骤都是在不同地方完成的。2019年，美国联邦航空局在调查一些波音737飞机机翼上存在制造缺陷的零件时，发现问题出在一家金属电镀公司身上，而这家公司与波音的组装工厂之间至少隔了4个环节。[4]

作为全球化标志的集装箱船运输的主要货物并不是准备卖给零售商店的成品，而是那些将被加工成中间产品的原材料或零部件。搭载在穿越英法海底隧道的火车上的卡车，以及往来于日本的半导体工厂、东南亚的测试、组装工厂，还有中国的智能手机工厂的喷气式飞机，同样装满了中间产品。[5]

始于2007年年底的严重经济危机使第三波全球化陷入停滞。这场危机的导火索是美国房地产市场的崩溃，而让欧洲主要银行遭到重创的希腊、葡萄牙、西班牙债务危机延长了其持续的时间。每当经济陷入衰退时，世界贸易量就会下降，这次也不例外。人们普遍认为，骤降结束后，进出口的增长速度会再次超过世界产出，就像以前一样。但历史并没有重演。出口在2010年和2011年经过短暂反弹后再无起色。商品贸易非但没有像20世纪

90年代晚期和21世纪初那样以世界经济增长率的2倍增长，反而表现得不如世界经济，年增长率仅为0.8%。根据世界银行的估算，2008年，商品贸易总额（大宗商品和制成品的进出口总额）达到顶峰，占当年世界总产出的51%。10年后，这个比例减少了5个百分点。换言之，金融危机爆发后，世界经济增长的引擎是内需，对外贸易几乎毫无作为。

全球企业巨头在经济危机的重压下开始缩减规模，退出低利润业务，并从它们不占优势的地区撤离。对外直接投资（即投资者在国外建设工厂、收购公司和购买不动产的资金）比危机发生前的峰值下降了2/3。虽然贷款利率极低，但国际银行的贷款和面向国外市场的债券发行量都减少了。到了2016年，就连移民汇回母国的资金都不再增加，这使许多依赖海外汇款的贫穷国家的经济缩水——海外公民的汇款可以帮助其留在国内的亲属交学费、盖房子或创业。

第三波全球化的衰退在一定程度上是一个简单的算术问题。在过去的20年里，由于生产业务持续向工资较低或需求增长较快的国家转移，富裕国家数以万计的工厂倒闭了（仅美国就有7万多家工厂倒闭）。当日本的电子公司将组装工作转移到马来西亚或欧洲服装连锁店从孟加拉国订购更多的服装时，这些公司要投入巨资在国外建设新的制造工厂，对外贸易总量也随之增加。但能通过转移业务的方式赢利的富裕国家工厂的数量是有限的，一旦高收入国家的制造业不再大量外流，这个模式就不能推动贸易增长了。

同时，许多制造商和零售商得出结论，复杂的远程供应链的利润不如预期。随着货运变得越来越慢、越来越不可靠，作为单一供应商的工厂面临越来越多的意外停产的状况，总裁和股东越来越清楚地意识到这种企业战略带来的脆弱性。将生产成本降到最低不再是唯一的优先项，保证商品不断供同样重要。

但要降低断供风险并不容易，而且成本也不低。增加库存可能使资金积压在陈旧商品上——百货公司不得不降价出售上一年的服装，经销商不得不看着一直停在停车场里的汽车贬值。相比于在一个大工厂中生产重要的零部件，将生产分散到多地可以增加灵活性，但会消耗宝贵的投资资金并增加成本，如果没有遇到经济危机，制造商将在竞争中处于劣势。将出口商品交由几家航运公司从不同港口运出，能提高适应性，但会增加运输成本。将远距离价值链改为一个地方的价值链，会给价值链本身带来风险——假如这个地方发生了地震或大火灾，企业就会陷入瘫痪。

同时，建立更可靠的价值链，也符合客户不断变化的期望。无论是家庭还是企业，越来越多的客户要求次日甚至当天送达。对于许多行业的销售商，尤其是零售业商家来说，快速配送不再是可以收取高价的额外服务，而是继续参与角逐的基本要求。企业投入巨资构建在人工智能支持下的先进物流系统。但无论如何，商品依旧是商品，制造商、批发商和零售商如果想快速交货，唯一的方法是在配送中心存放更多商品，这样才能在顾客点击鼠标下订单的那一刻立即发货。自准时制生产出现以来，商品库存首次开始增加。

反全球化的风潮，使人们进一步认识到了全球化的风险。自1944年协约国政府召开布雷顿森林会议后的70年来，世界许多国家的政府放松了对国界的管控。第二次世界大战之后的几年里，由于关税，出口到富裕经济体的许多商品的价格上涨了1/5或者更多。此外，大部分国家为将外国商品拒之门外还采取了各种其他措施，比如对特定产品实行进口配额，限制使用外汇购买进口商品，以及政府机构在政府采购中只购买本国产品。到了20世纪第二个10年，经过关贸总协定的多轮谈判之后，富裕国家的平均关税税率下降到了3%左右，许多国家达成了双边自由贸易协议，完全免除了关税。企业可以安心地扩张自身的供应链，而无须担心关税会使它们的计划前功尽弃。[6]

虽然富裕经济体对进口制成品的态度相对开放，但很多发展中国家为了保护刚刚起步的制造业，还是保持着高关税。比如，越南的关税税率是9%，印度是10%，中国是11%，埃塞俄比亚是17%。发展中国家的平均税率是发达国家的3至4倍，而且免税的进口商品占比更少。除此之外，很多发展中国家还设立了其他贸易壁垒，比如无论税率如何变化，让中国进口汽车或让印度进口药品都非常困难。因此，认为发展中国家正享受着不平等的竞争优势的观点在欧洲和北美越来越流行并产生了深远影响，这些富裕国家正受困于制造业岗位的不断流失和工人工资的停滞不前。2008年，多哈回合谈判破裂，参与谈判的164个国家无法就农产品准入、包括银行业和电信业在内的服务贸易规范等问题达成共识。这是20年来全球化的反对者们赢得的首次重大胜利。由于参与谈判的国家众多,而且每个国家都受到国内利益集团的压力(它们意图将外国竞争者挡在门外),要达成另一个全球性贸易协议看起来并不现实。此后所有旨在消除贸易壁垒的协议都只能在更小的范围内达成。

多哈回合谈判破裂时,绝大多数富裕国家的政治家都大力支持扩大贸易和国外投资。但金融危机的余波破坏了这一共识。主张强化边界管控的新一代政客开始显露锋芒。希腊、瑞典等国的民族主义者极力反对欧盟内部商品和劳动力的自由流动。荷兰的民粹主义政客基尔特·威尔德斯将欧盟称为"布鲁塞尔的怪物"。在意大利,将19个欧洲国家的共同货币欧元形容为"反人类罪"的马泰奥·萨尔维尼,成为北方联盟的领导人,并最终出任意大利副总理。中国大概是第三波全球化中受益最大的国家。2012年,就在美国总统大选前夕,奥巴马政府要求世界贸易组织裁定中国在非法阻止美国汽车进口的同时补贴汽车和汽车零部件的出口,而奥巴马的对手米特·罗姆尼承诺,将对从中国进口的商品征税,以回应中国的货币操作。[7]

这种冷淡的腔调使许多企业的总裁不得不重新考虑在哪里以及如何制造他们的产品——如果最重要的出口产品突然面临主要市场的进口限制,那么他们将蒙受严重的经济损失。此外,在一些外包工厂集中的地方,劳动力成本急速上升。过去,富裕国家的企业为了使用廉价劳动力以获得竞争优势,纷纷将劳动密集型产业转移到中国和东欧。现在这个战略不再奏效。2011年前后,由于全球一些规模最大的企业改变了策略,跨国公司开始重新审视自身的价值链,贸易模式也随之开始发生转变。

这种影响不仅体现在进出口数据上,还体现在一系列追踪一个国家的制造者使用了多少外国进口的原材料和中间产品的复杂计算中。2011年经合组织的数据显示,韩国出口商品(比如现代的汽车和大宇的油轮)价值中有42%来自进口的原材料和零部件;6年后,这一数据只有30%。在中国,2011年出口制成品的价值中23%来自进口产品,但5年后只有17%。美国、英国、德国、意大利、日本和瑞典的数据体现了相同的趋势。印尼和马来西亚的情况同样如此。对此,只有两种可能的解释:一是在这些国家,大量使用外国原材料和中间产品的商品不再用于出口,而是在国内销售;二是制造商们决定在工厂所在国而非国外采购原材料和中间产品。无论原因是哪个,制造业的全球化程度确实在下降。

从经济角度看,这未必是好事。相关研究认为,广泛参与全球价值链可以使各国获得最先进的外国知识,有助于提高自身的生产力。另一方面,如果一个国家试图将价值链的各个环节都集中在本国,这很可能事倍功半,因为它们本可以在效率更高的国家完成。在努力寻求外国制造商投资的马来西亚,2017年,该国的中央银行反对该国允许过多的技术水平低下的移民在工厂工作,因为这将降低制造商投资先进技术的动力。马来西亚央行警告道:"对低工资、低成本生产方式的依赖无法长期持续,马来西亚很可能因此丧失竞争优势。"中国是世界上最大的出口国,中国政府积极鼓励制造商在国内建立研究中心和高科技工厂,并公布了一项名为《中国制造2025》的十年计划,呼吁在电动汽车、合成材料、机器人科技和其他尖端产业方面实现自给自足。不过有充分的证据表明,排挤外国公司或拒绝外国产品的输入,可能会阻碍而不是推动一国的发展。[8]

2016年，英国选民支持脱欧，唐纳德·特朗普以微弱优势当选美国总统，反全球化引起人们关注。但早在这一年之前，反全球化的趋势已经成为必然。与其他民族主义领导人一样，特朗普在很多方面对全球化持怀疑态度。他对世界贸易组织和北大西洋公约组织同样不满，后者是一个拥有29个成员国的军事同盟（2020年3月27日，北马其顿正式加入北约，北约现在共有30个成员国）。他限制移民，鼓励欧盟解体，退出跨太平洋伙伴关系协定（Trans-Pacific Partnership Agreement，这是12个环太平洋国家在2015年达成的贸易协定）。其他11个国家继续推进该协议，美国因此更难进入这些国家的市场。

　　特朗普在2017年刚刚上任时就对多种外国商品征收关税，并承诺未来将对更多商品征税。此外，他还威胁要废除北美自由贸易区，更加严格地审查外国人对美国的投资。其他国家以相同的方式做出了回应。它们增加了美国出口产品的关税，并限制国外投资。当时美国最大的贸易伙伴中国，严格限制从美国进口猪肉、大豆等数百种商品。美国声称，由中国两家企业制造的通信设备使中国能够暗中监视其他国家。中国做出反击，以价格垄断为由对一家美国汽车制造商开出罚单。中国政府显然有意将重要价值链集中在中国境内，这给堪培拉、柏林等地敲响了警钟，其他国家也卷进了日趋激烈的中美冲突中。美国指责中国操纵汇率，以压低其出口产品在美国的价格并抵消美国较高关税带来的影响，这使形势更加紧张。随着世界两大经济强国之间的贸易战持续升温，企业争先恐后地将它们的部分价值链移出中国。

特朗普政府乐于见到这样的结果。特朗普喜欢用美国与其他国家之间的贸易顺差或逆差情况来衡量国际经济成功与否。而他忽略了两个事实：一是在电子产品方面，美国对中国的贸易逆差主要来自其他国家生产的中间产品；二是很大一部分利润流入了美国企业的股东的口袋里。"长期来看，只保留那些将外国生产的零部件组装成'美国'产品的大型工厂，对美国经济没有任何好处，"特朗普的一名顾问在2017年年初声称，"我们需要的是一个能够生产这些零部件的强有力的国内供应链，这将促进就业和刺激工资增长。"[9]

与中国的政策一样，美国试图控制供应链更多环节的举措没能刺激国内制造业的发展。这两个国家都没有太多渴望在工厂工作的失业人口。据世界银行统计，中国的劳动力规模在2017年达到顶峰。而在美国，除去大量涌入的拉美裔非法移民，劳动力几乎没有增长。两国的生活水平和教育水平提高了，人们对就业有了更高的期望，对工厂工作的兴趣随之下降。

民族主义政策非但没有刺激国内制造业发展，反而加强了另一种趋势——在很多产业中，全球化正让位于区域化。一步接着一步，一笔投资接着一笔投资，世界经济围绕着三个中心进行了重组。德国成为从俄罗斯到爱尔兰的数十个国家构成的贸易网络的中心，欧洲其他国家的制造商使用的多是从德国进口的元件。亚洲和太平洋国家逐渐脱离美国，向中国靠拢，后者从这些国家进口了大量产品，这使它们之间的贸易达到了平衡。日本在20世纪90年代之前一直是亚洲的工业强国，但早已无法承担推动亚洲经济增长的任务。美国强化了与墨西哥和加拿大的联系，这既得益于地理位置，也得益于三个国家之间的自由贸易协定，这一协定使贸易变得更便利，也更便宜。在美国与世界其他国家和地区的贸易关系中，最重要的是服务贸易而非商品贸易。价值链仍然非常重要，但已经不可能扩张到全球各个角落了。[10]

第二十章 下一波浪潮

20
THE NEXT WAVE

推动第三波全球化的最重要的趋势是物质生活水平的迅速提高。1987年，中国的大街上挤满了自行车，而当年的汽车产量只有47.2万辆。30年后，北京拥堵的交通世界闻名，中国的机动车产量位居世界第一。根据美国政府统计人员的估算，2010年到2020年间，女装的价格远低于20世纪80年代的价格，或许这就是2017年英国人人均购置服装的数量是30年前的5倍的原因。2017年，美国人新置房产面积的中位数比1987年增加了38%，有2426平方英尺（约合225平方米）的空间被用于放置躺椅、地毯，或开展自由重量训练，1/3的房子有不止一台冰箱。将第三波全球化的这段时期称为"物质时代"，并不为过。[1]

虽然物质没有过时，但在21世纪第二个10年后期，随着技术、人口结构和消费者品位的变化，经济地理的版图再次发生改变，全球化似乎步入衰退。从国际贸易组织到国际海事组织，这些通过自身的规则构建了世界经济基础的组织正遭受攻击。国家对数字信息传播做出的种种限制，使人们越来越担心，目前几乎不受监管的全球互联网可能将被国家层面的局域网取代，后者将受到各国政府的严密监控。由于对恐怖袭击和非法移民的担忧，各国对边境的管控越来越严格，原先便捷的跨境购物之旅失去了吸引力。2020年1月暴发的新型冠状病毒肺炎迫使中国数千家工厂关闭，2月让韩国陷入瘫痪，3月使欧洲和北美的几乎所有生产活动全部中断。这场疫情再次提醒人们，价值链在带来机会的同时也带来了风险。为了控制疫情蔓延，几乎所有政府都下令暂停国际航班，切断了一直被世界视为理所当然的联系。

但在其他方面，全球化的力量比以往任何时候都要强大。全称为"肯塔基炸鸡"的肯德基成了中国最大的连锁餐厅；英格兰超级联赛的主要足球队在非洲各地受到了广泛关注，这些足球队很少以英国人为主力，也很少为英国人所有；到迪拜购物中心游玩的俄罗斯游客可以在老佛爷百货公司购买家居用品，在梵克雅宝珠宝店采购珠宝，在香奈儿专卖店消费香水，最后在拉杜丽甜品店吃一块马卡龙——这些免除了飞到巴黎的麻烦。2019年，全球共有15亿人次跨国旅游，是1987年的4倍。据脸书（Facebook）的数据，该网站每天的登陆数相当于世界上近1/5的人口。在规模最大的跨国企业中，更多的是提供无形产品的公司，比如不动产销售公司或互联网公司等，而主要的工业企业的规模由于巨大的竞争压力而逐年下降。在刚刚兴起的第四波全球化中，比起用船舶运载货物，思想、服务和劳动力在世界各地的流动要重要得多，这似乎将带来非常不同的赢家和输家。[2]

制造业推动了第三波全球化。虽然鱼类、水果、花卉、煤炭和石油也在价值链中移动，但工厂的产出更多，也更有价值。但随着时间的推移，制造业逐渐失去了经济上的重要性。它的衰落背后是一个少有人知晓的成功故事：制成品的大量交易使其价格相对于服务来说下降了，而服务业通常不需要面对激烈的外国竞争。根据世界银行的估算，2002年制造业在世界总产出中的占比超过17%，但在21世纪第二个10年减少了将近2个百分点。中国、墨西哥、印度尼西亚和欧盟都显示出了相同的趋势。制造业已经不如以前重要。[3]

家庭和企业的消费方式同样显示了这样的趋势。许多国家的数据表明，家庭购买了更多的服务和体验，而不是商品。以法国为例，在第三波全球化早期，法国的服务消费支出占总消费支出的43%，到了2018年这一比例上升到55%。从咖啡机到运动鞋的各类商品的消费占比减少了，而这些商品都是基于价值链制造，通过船舶运输的。更为贫穷的南非表现了相同的模式。2017年，南非的服务消费支出占总消费支出的43%，比1987年上升了8个百分点。南非的消费者将更多的钱用于购买交通、教育、医疗和电信服务，而非实体商品。

"物质"让位于服务，有几个原因。一是全球人口老龄化。1985年，全球人口的年龄中位数是23.3岁，2019年是31岁，而且这个数字还在不断攀升。虽然非洲和南亚有大量年轻消费者，但富裕经济体的年轻消费者要少得多。到2018年，日本和德国有一半人超过47岁，俄罗斯、中国和美国人口年龄的中位数已接近40岁。年龄较大的夫妻多年来积攒了大量家居用品和服装，因此往往不愿意再购买这些。这些家庭在旅游、餐饮和医疗方面的支出可能多于购买家具家电。当然，餐馆和医院也会购买桌椅，但它们的需求无法弥补家庭购买量减少造成的缺口。20世纪60

年代后期，全球15岁以下人口的比例是38%，半个世纪以后减少到25%。能取代老龄化家庭的年轻家庭越来越少，住房和家具的需求量随之减少。根据欧洲央行的统计，2018年欧盟的住宅数量少于2016年。[4]

导致实体商品的需求下降的另一个因素是产品服务化的趋势。第三波全球化伊始，富裕国家的每个学生的卧室里都有一套多件式立体音响系统，旁边堆满了装光盘的塑料盒。但在21世纪初，音响让位于计算机，因为计算机的磁盘存储器可以存储数据，光盘驱动器可以播放光盘。到了21世纪第二个10年，计算机的这些功能逐渐消失，因为存储数据和播放音乐都可以通过互联网来完成，而且是通过使用频率更高的服务器而非个人计算机来实现的。可以说，文化的全球化程度比以往任何时候都高，数字化下载和流媒体服务使人们可以尽情享受电影、书籍和音乐，而无须拥有只在书店和音像店出售的各种实体商品。一些主要的汽车制造商预计，个人交通也会成为一项服务。它们正在投资汽车共享业务，因为它们认为消费者更愿意在需要的时候花钱使用车辆，而不是购买自己的车——这样的发展趋势似乎会导致注册车辆总数下降。没有人觉得一条裙子会被多位女性共用，直到一家互联网公司将服装从一件私人物品转变成一项租赁服务。从经济的角度来说，共享减少了闲置资产的浪费，但也减少了人们对这些资产的需求。一辆自行车不再像以前一样，每天只被骑乘几分钟，而是被不同的自行车共享服务订购者轮流使用。

重塑物质市场的第三个因素是，技术正让小规模制造变得更加容易。第三波全球化是一个大规模生产的时代，中国郑州2.2平方英里的工厂就是一个缩影，代工企业富士康每天在这里组装的苹果手机多达50万部。2016年，富士康使用来自200多个供应商的零部件来组装苹果手机。它之所以花钱将屏幕、麦克风和半导体从遥远的地方运到郑州，只是因为大量组装同一款手机可以节省大笔资金，而且大量运输的成本低廉。随着短周期生产在经济上变得更加可行，大型工厂的规模经济不像以前那么重要了。制造商可以生产以更小的市场为目标的产品，甚至能以具有竞争力的价格生产定制产品，让购买者获得他们想要的产品特性，而无须把钱浪费在不必要的功能上。[5]

企业的支出也与以往不一样了。企业的投资一度等同于购买建筑物和机械等硬资产，这刺激了对工厂生产的产品，如推土机和生产设备等的需求。但到了21世纪第二个10年，许多国家将1/5以上的企业投资用在研究、软件和其他非实体支出上，这一数据是20世纪80年代后期的2至3倍。计算机设备的全球化程度很高，但信息技术的外包降低了企业在计算机设备上的支出，尤其是云存储，这意味着企业可以将数据存储在由技术公司管理的云服务器上，而不需要存储在本地计算机中。现在所说的"更新设备"一般指的是更新软件，而不是更替硬件，这使工厂的销售量进一步下降。

随着时间的推移，"制造业"的真正含义已经发生了变化，而且变化的方式正在为全球化带来深远影响。技术使制造商不再将大量精力放在模塑、冲压和组装实体产品上，而更多地把注意力放在与产品相关的服务上。与运营流水线相比，巧妙的工业设计、富有创意的市场营销、售后维修和保养能带来更高的投资回报，也更有利于获得竞争优势。飞机制造商除了组装机翼和机身，还在每架新的商用飞机中嵌入数千万行代码，以执行调整飞机副翼、发送飞行信号、检测维修需求等数十种任务。软件而非硬件的漏洞，造成了两次重大的飞机坠毁事件，并导致波音737 Max客机被停飞。麦肯锡咨询公司在2018年预测，到2030年，一辆大型汽车的三成价值将来自软件。许多汽车程序的"产地"很难说清，因为编写程序的团队来自不同的国家。新车上市对各个国家劳动力的影响将更难判断。如果将制动系统的生产工作从美国转移到墨西哥，美国显然会丧失工作岗位，而墨西哥很可能会增加工作岗位。但我们不知道，如果一名墨西哥瓜达拉哈拉的程序员参与编写了管理制动系统的软件，这是否会导致一名纽约的程序员失业。[6]

在许多行业，制造过程本身可能将变得更加简单，所需劳动力将大幅减少。由于一些环境原因，许多国家政府鼓励人们放弃汽油车和柴油车，转而使用电动汽车。电动汽车没有发动机、变速器和排放控制设备，因此随着它们的市场占有率的提高，制造商不再需要那么多工人来生产传动装置和活塞环，因此也不再像以前那样急于将生产转移到低收入国家。机器人最初只被用于在工厂中完成既困难又危险的工作，如今已经发展得足够成熟，能大规模生产T恤衫，一些高收入国家因此在某些类别的服装生产领域重新获得了竞争力。美国和德国的自动化工厂正在生产运动鞋，印尼工人因而失去了饭碗。利用增材制造技术（additive manufacturing，即计算机控制打印机在精确的位置一层层地累加塑料或金属材料，以此制成一件物品），制造商可以就近制造少量特定零部件，而不用从遥远的地方将产品运输过来。此类技术完全不需要考虑劳动力成本，而劳动力成本是价值链广泛存在的一个重要原因。[7]

早在2015年中国公布新的产业战略、2016年英国公投脱欧、2017年美国退出多边贸易协定之前,这些技术就已经在不断完善了。不管中美是否停止贸易战,世界是否继续分割成多个区域性贸易集团,技术的发展都不会停止。虽然制造商、造船厂和远洋航运公司能够获得大量补贴,但早在新冠肺炎疫情暴发之前,人们就已经意识到,远距离价值链正变得更加昂贵、更有风险、更不可靠,重要性也不如以往。正因如此,全球化的声势在21世纪初越来越弱。不管各国政府如何补救,未来几年货物贸易的增长都可能慢于世界经济的增长,在不久之后很可能将转为下降。

全球化结束了吗?绝对没有。相反,它已经进入了一个新的阶段。虽然全球化在工厂生产和国际投资方面正在退却,但在服务行业和思想传播方面正快速发展。在第三波全球化中,发达国家的大型企业雇用工程师和设计师研发产品,然后在工资更低的地方生产产品,并将产品销往世界各地。在第四波全球化中,将实现全球化的是研究、工程和设计的工作。全球超过1/3的研发支出来自规模最大的100家企业,这些企业通常将这类开支分配到不同国家的研发中心,以充分利用当地的人才,并根据当地的喜好打造它们的产品。同时,制造过程几乎可以在任何地方完成。生产的重要性减弱,这体现在工业企业更倾向于向当地公司发放生产许可证,与提供制造服务的供应商签订合同,而不是将股东的资金投资到海外并雇人来完成生产,这正是导致外资直接投资减少的原因之一。即使在高工资的地方,受过必要的技能培训的员工也有望在高度自动化的工厂获得工作岗位。

另一方面，许多服务行业的员工可能在职业生涯中首次面临严峻的国外竞争。对于一些服务行业而言，国外竞争并不新鲜。1981年，美国航空公司已经将数据处理业务转移到加勒比海的巴巴多斯岛，数百名女性在那里将乘客机票上的信息敲进电脑，这些信息又通过卫星传输到美国。几年之后，美国的保险公司开始用飞机将理赔单运到爱尔兰的香农进行数据处理，然后将经过处理的数据跨大西洋传回美国。不到10年，光学扫描大幅减少了数据录入的需求，爱尔兰的数据处理中心让位于客户服务中心，约1万名员工负责接听来自欧洲银行和美国技术公司的客户的电话。与制造业价值链的许多投资类似，服务业的投资同样受政府补贴和工资成本差异的驱动。据美国航空公司估算，它们在巴巴多斯处理机票信息的成本仅是俄克拉荷马州塔尔萨的一半。[8]

随着时间的推移，服务贸易变得更加复杂。1989年，当时最大的跨国企业之一美国通用电气公司开始将软件编程工作外包到印度。到2017年，印度的技术外包行业的年销售额估计为1500亿美元。很多客运航空公司——其中很多已经聘用承包商来处理一些飞机维修工作——开始将部分工作转移到劳动力成本更低的地方。到2006年，美国的航空公司已经将超过1/3的大修工作转到国外的维修点。随时都能连接的互联网使美国和欧洲的摄影师可以将数码照片送到巴基斯坦修整，也能让波兰的银行柜员为伦敦的银行处理报销账单。21世纪的头20年里，"其他商业服务"（不包括交通、旅行和与商品相关的服务）的跨境贸易额大约以每年8%的幅度增长，并在2018年达到了3.1万亿美元。在高收入国家中，越来越多训练有素的劳动者感受到了这一趋势的影响——虽然信息技术的应用大幅增加，但由于印度的竞争，美国的计算机系统设计师和程序员的工资增长速度甚至不及通货膨胀率。[9]

随着全球化涉及越来越多的不需要真正跨越国境的产品交换，服务业和信息行业的劳动者将承受越来越大的冲击。人工智能，尤其是快速发展的机器翻译，将使更多行业和更多国家参与服务业的国际竞争。会说意大利语的外国人很少，这曾使意大利抵押贷款业务的经办人免受国外竞争，但如果有朝一日，在计算机的帮助下，不会说意大利语的外国人能以更低的薪酬完成这项工作，那原先的贷款业务员就将面临失业的危机。如果一部电影可以在任何地方制作，那些在世界各地销售视频的跨国公司就会在成本最低的地方制作和剪辑电影。[10]

各国政府可以制定法规来减缓冲击，但效果有限。规定只有在当地有执照的建筑师才能设计建筑很容易，但要保证建筑师的设计图不是通过互联网从另一个国家的绘图员那里得到的则几乎不可能。禁止金融数据、医疗图表的传播，或禁止人们去国外的主题公园游玩，比禁止实体产品的进出口难得多，而且几乎也无法确定外国的服务到底损害了哪个群体的利益。如果工作可以在任何地方完成，那么政府为了获得这些工作，就应该将重心放在教育政策而非贸易政策上。第三波全球化期间，大量低收入工人帮助一些国家实现了工业化。但在第四波全球化期间，或许只有那些受过专门训练，具有很强适应性的劳动力才能促进国家经济的发展。一个能够为那些突然失业的服务业和信息产业工作者提供支持和再就业培训的社会保险制度，对保持社会稳定有重要意义。

这并非杞人忧天。中国和少数其他国家的超级工业化，以及大量低利率信贷的流动，使世界经济在第三波全球化期间保持活力，并在2001年信息技术产业低迷和2008—2009年严重经济危机时为世界经济注入动力。但在21世纪第二个10年，世界范围内人均收入的年增长率还不到1.7%。这无疑是自20世纪40年代以来最低的增速，这意味着人均收入需要40多年的时间才能翻番。由于大多数国家的收入分配越来越不均衡，许多工人的收入甚至完全没有增加。虽然对于服务业和信息产业的劳动者来说，第四波全球化不会像第三波全球化那么友好，但不断扩大的收入差距并不会消失。[11]

新冠肺炎对国际商业的严重干扰不可能改变上述趋势。当病毒在2020年上半年破坏了国际贸易时，人们认为它使全球价值链的脆弱性暴露无遗。毫无疑问，疫情带来的影响是巨大的。据估计，全球有5.1万家公司在中国受疫情影响的省份里有其直接供应商，至少有500万家公司的供应商依赖这些地区的供应。虽然没有人能预料到价值链会被如此严重地干扰，但人们早就意识到了从单一来源获取重要零部件的种种缺陷。多年以来，很多企业一直试图通过使自身的价值链变得更加多元来降低业务中断的可能性，但也有一些企业认为，巨大的竞争压力迫使它们不得不冒从单一来源获取重要零部件的风险。新冠肺炎凸显了已在进行中的转变的迫切性。[12]

这场疫情似乎不可能对外资直接投资有积极影响。2007年，外资直接投资额占世界经济产出的5.4%，达到了顶峰。但到2018年，这个比例还不到峰值的1/3。如果说有什么不同的话，那就是新冠肺炎病毒带来的破坏会使人们在投资外国的工厂、写字楼、设备和土地时变得更加小心。由于航空公司取消了航班，而且各国政府规定入境乘客要隔离2周，国际旅行几乎陷入停滞。因此，企业不能像往常一样，通过现场考察或直接见面的方式管理它们的海外业务。不过，即使疫情过去了，厌倦了长途旅行的高管也许并不急于走回老路。另一方面，当度假的旅客登上一艘游轮或预订安第斯山脉的徒步旅行时，他们会发现国际旅行的风险比想象中更复杂。人们已经听说了数万名旅客被滞留的新闻，这也许会降低国际旅游业的增长速度，对酒店、机场和购物中心的国外投资也会随之放缓。

国家应该如何应对第四波全球化呢？自2个世纪前大卫·李嘉图的时代以来，经济学家们一直主张各国应专注于生产自身具有比较优势的产品，其他的需求依靠进口即可。但所谓的"比较优势"已经由于补贴的影响而受到质疑。更何况在数字化时代，一件产品的附加值到底是由哪个国家创造的远不像以前那么一目了然，比较优势已经变得没有意义了。因此，贸易顺差和逆差并不能衡量谁是国际贸易的赢家，谁又是输家，判定输赢的想法已经过时。在第四波全球化期间，衡量一个国家成功与否的标准将不再是统计学家计算出来的顺差或逆差，而是在快速变化的世界经济中，一国国民的生活水准是否上升，以及国家是否能使全体国民都分享全球化带来的好处。

第四波全球化的经济轮廓正变得越来越清晰，但政治轮廓依然模糊不清。最严重的问题或许是，大半个世纪以来一直推动着全球化并塑造了国际关系的那些组织将发生怎样的变化。新冠肺炎凸显了一点，即各国在分享疫情信息和监控国际旅客的健康状况等方面的合作框架并不牢固。但无论如何，过去几十年所取得的外交成就，从作为军事联盟的北大西洋公约组织，到作为政治联盟的非洲统一组织，再到负责制定经济规则的世界贸易组织，都不应被否定。尽管这些成就有很多缺陷，但它们降低了世界各地武装冲突爆发的频率，缩小了波及的范围，并且使数十亿人的生活水平得到了显著提高。

到了21世纪第二个10年，对全球化进行政治攻击的一个主要目的是破坏国际合作。不难想见，这些攻击将使全球化被区域化取代。一些学者认为，中美目前的做法"可能会让世界重回划分政治经济阵营的旧态"。但这种说法不一定正确，因为新出现的一些障碍已经威胁到了区域化。一条从瑞典直通哥本哈根的铁路已经开通了15年，到了2015年，瑞典的乘客却发现，自己每天都要接受丹麦边防警察的盘查，这些警察意在阻止非法移民入境。2017年，美国对《北美自由贸易协定》的合作伙伴加拿大和墨西哥实施了贸易制裁，而中国对韩国新型导弹防御系统的尖锐批评激起了中国消费者的联合抵制，迫使在中国投资了100亿美元的韩国零售商乐天集团离开中国。日本和韩国存在着紧密的经济联系，两国间的贸易规模庞大。2019年，两国因为非经济事务上的长期矛盾爆发了贸易战，并影响了双方的军事合作。邻国的关系并不总是友好的。[13]

"艾玛·马士基号"并没有驶向未知海域。它的航线是在几十年来构建的贸易规则、投资政策和金融法规的国际框架下设定的——有人认为这个框架同样使全球化失去了控制。21世纪第

233

二个 10 年，各国领导人往往受国内政治需要的驱使，仓促拆解了这一框架的某些重要组成部分，而丝毫不在意有什么可以替代它们的。如果本书的预测是正确的，一种联系更为松散的全球化模式即将出现，而它同样需要一个框架。比起拆除旧框架，建立新框架显然要困难得多。

ACKNOWLEDGMENTS
致谢

本书利用了多年来我在许多图书馆和档案馆以及通过大量访谈所做的研究的成果。我十分感谢能有机会在美国历史学会（American Historical Association）、美国企业史学会（Business History Conference）、哥本哈根商学院（Copenhagen Business School）、德国历史研究所（German Historical Institute）、国家历史中心（National History Center）、美国历史学家组织（Organization of American Historians）和苏黎世联邦理工学院（Swiss Federal Institute of Technology）组织的会议上提出我的一些想法。一些人的思考和评论加深了我的认识，并帮助我完善了我提出的想法。我要特别感谢米凯莱·阿恰罗（Michele Acciaro）、维克托·阿尔古伦（Viktor Allgurén）、尼古拉·比格尔（Nikolai Birger）、凯文·卡利南（Kevin Cullinane）、查尔斯·库欣（Charles Cushing）、盖伊·厄尔布（Guy Erb）、罗德·富兰克林（Rod Franklin）、加里·格斯尔（Gary Gerstle）、迈克尔·韦高·海曼（Michael Weigaard Heimann）、汉斯-约尔格·海姆斯（Hans-Jörg Heims）、帕特里克·科艾曼斯（Patrick Hooijmans）、吉塞拉·许尔利曼（Gisela Hürlimann）、马丁·杰斯·艾弗森

（Martin Jes Iversen）、马克斯·约翰斯（Max Johns）、沃尔特·克姆西斯（Walter Kemmsies）、杰拉尔丁·克纳特兹（Geraldine Knatz）、克里斯托弗·科赫（Christopher Koch）、托马斯·科赫（Thomas Koch）、乌韦·克勒（Uwe Köhler）、达利亚·马林（Dalia Marin）、艾伦·麦金农（Alan McKinnon）、保罗·蒙特罗内（Paolo Montrone）、亨宁·摩根（Henning Morgen）、勒内·陶多尔·波尔森（René Taudal Poulsen）、奥托·沙赫尔（Otto Schacht）、斯卡德·史密斯（Scudder Smith）、亨里克·索恩–弗里泽（Henrik Sornn-Friese）、米拉·威尔金斯（Mira Wilkins）和玛丽·耶格尔（Mary Yeager）。

NOTES
注释

序言

1. Paul James and Manfred B. Steger,"A Genealogy of 'Globalization': The Career of a Concept,"*Globalizations* 11 (2014): 417–434. 按照詹姆斯和斯特格的说法，"全球化"一词最早见于 J. O. Decroly, *La fonction de globalisation et l' enseignement* (Brussels: Lamertin, 1929)。这个词对应的英语词最早收录于 1930 年出版的《牛津英语词典》（*Oxford English Dictionary*），同样与教育有关。参见 Teodore Levit, "The Globalization of Markets," *Harvard Business Review*, May–June 1983, 92–102。

2. Jürgen Osterhammel and Niels P. Petersson, *A Short History of Globalization* (Princeton, NJ: Princeton University Press, 2005), 26; David Clingingsmith and Jeffrey G. Williamson, "Deindustrialization in 18th and 19th Century India," *Explorations in Economic History* 45 (2008): 209–234.

3. Ben Zimmer, "The Origins of the Globalist Slur," *Atlantic*, March 14, 2018, https://www.theatlantic.com/politics/archive/2018/03/the-origins-of-the-globalist-slur/555479/; *New York Times*, September 3, 1943.

4. 制成品贸易量的增长，参见 General Agreement on Tariffs and Trade, *International Trade 1986–87* (Geneva, 1987), 10, 18。投资银行家大卫·利连索尔似乎是第一个使用"跨国企业"这个词的人。他把在母国之外从事包括管理在内的生产活动的企业称为跨国企业。参见 D. Eleanor Westney, "The Organizational Architecture of the Multinational

Corporation," in *Orchestration of the Global Network Corporation*, ed. Laszlo Tihanyi et al. (Bingley, UK: Emerald Group, 2014), 7–10.

5. Philip Turner, "Capital Flows in the 1980s: A Survey of Major Trends," BIS Economic Paper no. 30, Bank for International Settlements, April 1991, 22; Simon Evenett, "The CrossBorder Mergers and Acquisitions Wave of the Late 1990s," in *Challenges to Globalization: Analyzing the Economics*, ed. Robert E. Baldwin and L. Alan Winters (Chicago: University of Chicago Press, 2004), 411–467.

6. James Goldsmith, *The Trap* (London: Carrol and Graf, 1994); Viviane Forrester, *L' horreur économique* (Paris: Fayard, 1996); Anthony Giddens, *Runaway World: How Globalisation is Reshaping Our Lives* (London: Profile Books, 1999); John Micklethwait and Adrian Wooldridge, *A Future Perfect* (New York: Crown, 2000).

7. John Tagliabue, "Eastern Europe Becomes a Center for Outsourcing," *New York Times*, April 19, 2007; William Greene, "Growth in Services Outsourcing to India: Propellant or Drain on the U. S. Economy?" US International Trade Commission Office of Economics, working paper 2006-01-A (2007), 4–6, 11–12, 15, quote A-4.

8. Donald Trump speech, West Palm Beach, Florida, October 13, 2016; "Le Pen Says Will Defend France against Globalization," Reuters, April 23, 2017, https://www.reuters.com/article/us-france-election-le-pen-idUSKBN17P0TW.

9. Chiara Criscuolo and Jonathan Timmis, "The Relationship between Global Value Chains and Productivity," *OECD International Productivity Monitor* 32 (2017): 61–83.

10. Federico J. Díez, Jiayue Fan, and Carolina Villegas-Sánchez, "Global Declining Competition," International Monetary Fund working paper WP/19/92 (2019).

第一章

1. 关于哈森克勒费尔的生平与商业活动的资料，参见 Marc Levinson, "Peter Hasenclever (1716–1793)," *Immigrant Entrepreneurship: German-American Business Biographies, 1720 to the Present*, vol. 1, ed. Marianne S. Wokeck (Washington, DC: German Historical Institute), https://www.immigrantentrepreneurship.org/entry.php?rec=224，最近更新于 2016 年 1 月 4 日。

2. Audrey W. Douglas, "Cotton Textiles in England: The East India Company's Attempt to Exploit Developments in Fashion, 1660–1721," *Journal of British Studies* 8 (1969): 28–43; David Hancock, *Citizens of the World* (Cambridge: Cambridge University Press, 1995), ch. 6. 对非洲奴隶贸易规模的估计根据跨大西洋奴隶贸易数据库，参见 www.slavevoyages.org。

3. Ole J. Benedictow, "The Black Death: The Greatest Catastrophe Ever," *History Today* 55, no. 3 (2005): 42–49.

4. Kenneth Pomeranz, *The Great Divergence: Europe, China, and the Making of the Modern World Economy* (Princeton, NJ: Princeton University Press, 2000), 117, 157. 对汉萨同盟贸易量的估算，来自汉堡国际海事博物馆。

5. Sheilagh Ogilvie, *The European Guilds: An Economic Analysis* (Princeton, NJ: Princeton University Press, 2019), 229; Giovanni Federico and Antonio Tena Junguito, "World Trade, 1800–1938: A New Data Set," EHES Working Papers in Economic History, no. 93 (2016); Hendrik Van den Bert, *International Economics: A Heterodox Approach* (Abingdon, UK: Routledge, 2015), 85; Angus Maddison, The *World Economy, vol. 1, A Millennial Perspective* (Paris: Organisation for Economic Co-operation and Development [OECD], 2006), 95. 根据 United Nations Conference on Trade and Development (UNCTAD), *Review of Maritime Transport 2019* (New York: UN, 2019)，2018 年全球航运能力为 19 亿吨。

6. Frederic Chapin Lane, *Venetian Ships and Shipbuilders of the*

Renaissance (Baltimore: Johns Hopkins University Press, 1934; repr. Westport, CT: Greenwood, 1975), 13–24, 239.

7. Maddison, *World Economy*, 64, 84; Filipe Castro, Nuno Fonseca, and Audrey Wells, "Outfitting the Pepper Wreck," *Historical Archaeology* 44 (2010): 14–34.

8. Ronald Findlay and Kevin H. O'Rourke, *Power and Plenty* (Princeton, NJ: Princeton University Press, 2007), 307.

9. Dan Bogart, "The Transport Revolution in Industrializing Britain: A Survey," in *Cambridge Economic History of Britain 1700 to 1870*, ed. Roderick Floud and Jane Humphries, 3rd ed. (Cambridge: Cambridge University Press, 2014), 370; W.H.R. Curtler, *A Short History of English Agriculture* (Oxford: Clarendon, 1909), ch. 17.

10. Fernand Braudel, *The Mediterranean and the Mediterranean World in the Age of Philip II*, vol. 1, trans. Sian Reynolds (Berkeley, CA: University of California Press, 1995), 432; J.K.J. Tomson, "Industrial Structure in Pre-industrial Languedoc," in *Manufacture in Town and Country before the Factory*, ed. Maxine Berg, Pat Hudson, and Michael Sonenscher (Cambridge: Cambridge University Press, 1983), 75; Christopher Clark, "Social Structure and Manufacturing before the Factory: Rural New England, 1750–1830," in *The Workplace before the Factory: Artisans and Proletarians, 1500–1800*, ed. Tomas Max Safley and Leonard N. Rosenband (Ithaca, NY: Cornell University Press, 1993), 31.

11. N.S.B. Gras, "The Origin of the National Customs-Revenue of England," *Quarterly Journal of Economics* 27 (1912): 107–149; Eli F. Heckscher, *Mercantilism*, vol. 1, trans. Mendel Schapiro (London: George Allen and Unwin, 1935), 57, 77; Johannes Hasebroek, *Trade and Politics in Ancient Greece*, trans. L. M. Fraser and D. C. Macgregor (London: G. Bell and Sons, 1933), 161; Fritz Machlup, *A History of Thought on Economic Integration* (London: Palgrave Macmillan, 1977), 107; Findlay and O'Rourke, *Power and Plenty*, 287.

12. 引自 Heckscher, Mercantilism, 85; Joseph H. Davis and Douglas Ir-

win, "Trade Disruptions and America's Early Industrialization," National Bureau of Economic Research (NBER) working paper 9944 (2003).

13. Hironori Asakura, *World History of the Customs and Tariffs* (World Customs Organization, 2003, e-book), 188–196.

14. "William III, 1698: An Act to prevent the Exportation of Wool out of the Kingdoms of Ireland and England into Forreigne parts and for the Incouragement of the Woollen Manufactures in the Kingdom of England," in *Statutes of the Realm, vol. 7, 1695–1701*, ed. John Raithby (s.l.: Great Britain Record Commission, 1820), 524–528. Lord Cornbury to Charles Hedges, July 15, 1705, in "America and West Indies: July 1701, 11–20," in *Calendar of State Papers Colonial, America and West Indies,* vol. 22, 1704–1705, ed. Cecil Headlam (London: Stationery Office, 1916), 567–584.

15. Markus Zbroschzyk, "Die preußische Peuplierungspolitik in den rheinischen Territorien Kleve, Geldern und Moers" (PhD dissertation, University of Bonn, 2014).

16. Zhuo Li, Laura Panza, and Yong Song, "The Evolution of Ottoman-European Market Linkages, 1469–1914," working paper, August 28, 2017, https://mpra.ub.uni-muenchen.de/80953/; Pomeranz, *Great Divergence*, 53; Joel Mokyr, *Lever of Riches: Technological Creativity and Economic Progress* (Oxford: Oxford University Press, 1992), 98.

第二章

1. John P. Henderson, *The Life and Economics of David Ricardo* (New York: Springer, 1995), 81–82, 105–111, 120; David Weatherall, *David Ricardo: A Biography* (The Hague: Martinus Nijhoff, 1976), 5, 13.

2. David Ricardo, *The Works of David Ricardo, Esq.*, M.P. (Union, NJ: The Lawbook Exchange, 2000), 385, 75.

3. Larry Neal and Jeffrey G. Williamson, "The Future of Capitalism," in *The Cambridge History of Capitalism*, ed. Neal and Williamson (Cambridge:

Cambridge University Press, 2014), 532.

4. "An Act to repeal the Laws relative to Artifcers going into Foreign Parts," 5 Geo. 4 c. 97. 关于李嘉图扮演的角色，参考 1824 年 2 月 12 日约瑟夫·休姆的评论，参见 *Hansard*, 10 Parl. Deb. (2nd ser.) (1824) col. 141。其中最著名的例子是 1846 年废除《谷物法》。

5. Findlay and O'Rourke, *Power and Plenty*, 314, 325. 关于第一波全球化的时间，参见 Giovanni Federico and Antonio Tena-Junguito, "A Tale of Two Globalizations: Gains from Trade and Openness 1800–2010," *Review of World Economics* 153 (2017): 601–626, and Michel Fouquin and Jules Hugot, "Back to the Future: International Trade Costs and the Two Globalizations," Centre d'études prospectives et d'informations internationales, working paper no. 2016–13 (2016).

6. Sven Beckert, *Empire of Coton: A Global History* (New York: Knopf, 2015), 199–241, 306–307, 334; Roderick Floud and Bernard Harris, "Health, Height, and Welfare: Britain 1700–1980," in *Health and Welfare During Industrialization*, ed. Richard H. Steckel and Floud (Chicago: University of Chicago Press, 1997), 91–126; Charles Dickens, *Oliver Twist*, ch. 50.

7. Pomeranz, *Great Divergence*, 33; Richard E. Baldwin and Philippe Martin, "Two Waves of Globalisation: Superficial Similarities, Fundamental Differences," NBER working paper 6904 (1999).

8. C. Knick Harley, "Ocean Freight Rates and Productivity, 1740–1913," *Journal of Economic History* 48 (1988): 857–858. 根据哈利的数据，1959 年，一艘从美国驶往利物浦的船平均可载接近 140 万磅（约合 700 吨）的棉花，这个数字在 1820 年是 22 万 9000 磅（约合 115 吨）。此处的数据引自 Federico and Tena Junguito, "World Trade, 1800–1938"。David S. Jacks and Krishna Pendakur, in "Global Trade and the Maritime Transport Revolution," *Review of Economics and Statistics* 92 (2010): 745–755，强调低廉的运费和贸易量的增加之间的因果关系是双向的。

9. 19 世纪 70 年代，帆船仍然在东亚和跨太平洋航行中占主导地位，参见 Bert Becker, "Coastal Shipping in East Asia in the Late Nineteenth Century," *Journal of the Royal Asiatic Society Hong Kong Branch* 50 (2010):

245–302, and Max E. Fletcher, "The Suez Canal and World Shipping, 1869–1914," *Journal of Economic History* 18, no. 4 (1958): 556–573. 关于美国贸易，参见 Charles H. Fitch, "Report on Marine Engines and Steam Vessels in the United States Merchant Service" (1880), in *Report on Power and Machinery Employed in Manufactures*, by US Department of the Interior (Washington, DC: Department of the Interior, Census Office, 1888). 直到1876年，英国船坞建造的大多数船只仍然是帆船，参见 Mark Dunkley, *Ships and Boats, 1840–1950* (s.l.: Historic England, 2016). 关于运费率，参见 Douglass C. North, "Ocean Freight Rates and Economic Development 1750–1913," *Journal of Economic History* 18 (1958): 537–555; Federico and Tena Junguito, "World Trade, 1800–1938"。

10. Gelina Harlafis, *Creating Global Shipping* (Cambridge: Cambridge University Press, 2019); Håken Lobell, "Foreign Exchange Rates, 1804–1914," Swedish Rjksbank, https://www.riksbank.se/globalassets/media/forskning/monetar-statistik/volym1/6.pdf, table A-6, accessed March 15, 2020.

11. Antoni Estevadeordal, Brian Frantz, and Alan M. Taylor, "The Rise and Fall of World Trade, 1870–1939," *Quarterly Journal of Economics* 188 (2003): 359–407; Findlay and O'Rourke, *Power and Plenty*, 404–405.

12. Dong-Woon Kim, "J. & P. Coats as a Multinational before 1914," *Business and Economic History* 26 (1997): 526–539; Alan Green and M. C. Urquhart, "Factor and Commodity Flows in the International Economy of 1870–1914: A Multi-Country View," *Journal of Economic History* 36 (1976): 217–252; Kevin H. O'Rourke and Jeffrey G. Williamson, "Introduction: The Spread of and Resistance to Global Capitalism," in Neal and Williamson, *Cambridge History of Capitalism*, 11; John H. Dunning, *Studies in International Investment* (London: George Allen and Unwin, 1970), 171; John H. Dunning, "Changes in the Level and Structure of International Production: The Last One Hundred Years," in *The Growth of International Business*, ed. Mark Casson (London: George Allen and Unwin, 1983), 84–139.

13. Campbell Gibson and Emily Lennon, "Nativity of the Population and Place of Birth of the Native Population, 1850 to 1990," US Census

Bureau, Population Division, revised October 31, 2011, https://www.census.gov/population/www/documentation/twps0029/tab01.html; Stefan Zweig, *The World of Yesterday* (New York: Viking, 1943; repr. Lincoln: University of Nebraska Press, 1964), 194; Barry R. Chiswick and Timothy J. Haton, "International Migration and the Integration of Labor Markets," in *Globalization in Historical Perspective*, ed. Michael D. Bordo, Alan M. Taylor, and Jeffrey G. Williamson (Chicago: University of Chicago Press, 2003), 81.

14. Adam McKeown, "Global Migration, 1846–1940," *Journal of World History* 15 (2004): 155–189.

15. Dunning, "Changes in the Level," 87–88; Hein A. M. Klemann, "The Central Commission for Navigation on the Rhine," in *The Rhine: A Transnational Economic History*, ed. Ralf Banken and Ben Wubs (Baden Baden: Nomos, 2017), 31–68; Leslie Hannah, "Logistics, Market Size, and Giant Plants in the Early Twentieth Century: A Global View," *Journal of Economic History* 68 (2008): 46–79; Sidney Pollard, "The Integration of European Business in the 'Long' Nineteenth Century," *Vierteljahrschrif für Sozial- und Wirtschafsgeschichte 84*, no. 2 (1997): 156–170.

16. 1906年美国对欧洲的出口中，制成品占27%，但其中大部分是附加值不高的产品，如精炼铜和石油，参见 US Department of Commerce and Labor, *Exports of Manufactures from the United States and Their Distribution by Articles and Countries, 1800 to 1906* (Washington, DC: Government Printing Office, 1906), 32–33 和 Douglas Irwin, "Explaining America's Surge in Manufactured Exports, 1880–1913," *Review of Economics and Statistics* 85 (2003): 364–376。关于比属刚果，参见 Maya Jasanoff, *The Dawn Watch* (New York: Penguin, 2017), 205–210。

17. Pomeranz, *Great Divergence*, 55; David Chilosi and Giovanni Federico, "Asian Globalizations: Market Integration, Trade, and Economic Growth, 1800–1938," London School of Economics Department of Economic History working paper 183 (2013). 约翰·R. 汉森为 *Trade in Transition: Exports from the Third World, 1840–1900* (New York: Academic, 1980) 编纂了亚洲、非洲和拉丁美洲的贸易数据，

美国经济史学会的网站 eh.net 于 2018 年 8 月 9 日刊登了该书的评论文章。世界贸易占比的数据引自 Federico and Tena Junguito, "World Trade, 1800–1938"。

18. 关于英国人的卡路里摄入量，参见 Michael Miller, *Europe and the Maritime World* (Cambridge: Cambridge University Press, 2012), 218。Ronald Findlay and Kevin H. O'Rourke, "Commodity Market Integration, 1500–2000," in Bordo, Taylor, and Williamson, *Globalization in Historical Perspective*, 13–64 估算的进出口量占全球总产量的比值更低。Federico and Tena Junguito, "World Trade, 1800–1938" 和 Giovanni Federico and Antonio Tena Junguito, "Federico-Tena World Trade Historical Database: World Share Primary Products Exports and Imports," e-cienciaDatos, V2, 2018, doi:10.21950/O53TLR 估算的比值更高。

19. US Department of Commerce and Labor, *Exports of Manufactures*, 5, 34. 制造业企业材料总价值的数据是 1905 年的。

第三章

1. H.G.S. Noble, *The New York Stock Exchange in the Crisis of 1914* (Garden City, NY: Country Life, 1915), 12. 诺布尔写的是"锣"声，不过在 1903 年，锣被换成了铜钟。William L. Silber, *When Washington Shut Down Wall Street* (Princeton, NJ: Princeton University Press, 2007).

2. Mira Wilkins, *The History of Foreign Investment in the United States*, 1914–1945 (Cambridge, MA: Harvard University Press, 2004), 9, 22–37. 威尔金斯估计，1914 年美国经济中的外国投资总额（包括债务）为 71 亿美元。当时美国经济的总产出约为 345 亿美元。

3. J. A. Salter, *Allied Shipping Control: An Experiment in International Administration* (Oxford: Clarendon, 1921), 1.

4. Wilkins, *History of Foreign Investment*, 15–16. 德国贸易数据取自 Giovanni Federico and Antonio Tena Junguito, "Federico-Tena World Trade Historical Database: Europe," e-cienciaDatos, V1, 2018, doi:10.21950/

XBOWYN。关于禁运影响的官方估计，参见"Memorandum in Regard to the Present Position of the Blockade, January 1st, 1917," War Cabinet, Miscellaneous Records, UK National Archives CAB1/22。

5. 半岛东方航运公司在1914年共有110万吨商船，仅次于皇家邮船公司（Royal Mail Steamship Company），参见Gordon Boyce, *Information, Mediation, and Institutional Development: The Rise of Large-Scale British Shipping, 1870–1919* (Manchester: Manchester University Press, 1995), 128。中国航运公司的情况，参见Miller, *Maritime World*, 88–93. Salter, *Allied Shipping Control*, 24–29, 352–353。

6. Salter, *Allied Shipping Control*, 80–81, 123, 355–359. 根据索尔特的估计，在战争期间，协约国及中立国的商船损失约为1250万吨；在战争开始时，这些国家拥有约3100万吨的商船，其中约40%在战争中被摧毁。中国和伊朗贸易量的估算，参见Giovanni Federico and Antonio Tena Junguito, "Federico-Tena World Trade Historical Database: Asia," e-cienciaDatos, V2, 2018, doi:10.21950/05CZKM。

7. Miller, *Maritime World*, 243–244.

8. Margaret Macmillan, *Versailles 1919* (New York: Random House, 2001), 13.

9. Giovanni Federico and Antonio Tena Junguito, "Federico-Tena World Trade Historical Database: World Trade," e-cienciaDatos, V2, 2018, doi:10.21950/JKZFDP; Maurice Obstfeld and Alan M. Taylor, "Globalization in Capital Markets," in Bordo, Taylor, and Williamson, *Globalization in Historical Perspective*, 141.

10. 1921年《工业保护法》被编入11 & 12 Geo. 5, c. 47. US Department of Commerce and Labor, *Foreign Tariff Notes 42* (Washington, DC: Government Printing Office, 1921), 188; Douglas A. Irwin, *Peddling Protectionism* (Princeton, NJ: Princeton University Press, 2011), 17; Edward S. Kaplan, "The Fordney-McCumber Tariff of 1922," *EH.Net Encyclopedia*, ed. Robert Whaples, March 16, 2008, https://eh.net/encyclopedia/the-fordney-mccumber-tariff-of-1922/. 在这一时期，许多商品的关税是按件或磅，而不是按进口价值的百分比征收的，所以如果商品的价格下降，关税占

比就会自动上升，参见 Michael Clemens and Jeffrey G. Williamson, "A Tariff-Growth Paradox: Protectionism's Impact the World Around, 1875–1997," NBER working paper 8459 (2001)。

11. Saif I. Shah Mohammed and Jeffrey G. Williamson, "Freight Rates and Productivity Gains in British Tramp Shipping 1869–1950," *Explorations in Economic History* 41 (2004): 172–203; Fiona Scot Morton, "Entry and Predation: British Shipping Cartels, 1879–1929," *Journal of Economics and Management Strategy* 6 (1997): 679–724; Estevadeordal, Frantz, and Taylor, "Rise and Fall."

12. Mira Wilkins and Frank Ernest Hill, *American Business Abroad: Ford on Six Continents* (Detroit: Wayne State University Press, 1964); "Ford in Europe: A Historical Timeline," *Automotive News*, June 2, 2003; Petri Paju and Tomas Haigh, "IBM Rebuilds Europe: The Curious Case of the Transnational Typewriter," *Enterprise and Society* 17 (2016): 281; Wilkins and Hill, *American Business Abroad,* 132, 145; Don Nerbas, *Dominion of Capital: The Politics of Big Business and the Crisis of the Canadian Bourgeoisie, 1914–1947* (Toronto: University of Toronto Press, 2013), 170; Geoffrey Jones, *Multinationals and Global Capitalism* (Oxford: Oxford University Press, 2005), 81.

13. McKeown, "Global Migration, 1846–1940."

14. Òscar Jordà, Moritz Schularick, and Alan M. Taylor, "Microfnancial History and the New Business Cycle Facts," in *NBER Macroeconomics Annual 2016*, ed. Martin Eichenbaum and Jonathan A. Parker (Chicago: University of Chicago Press, 2017), 213–263; Harold James, *The End of Globalization: Lessons from the Great Depression* (Cambridge, MA: Harvard University Press, 2001).

15. 1948年，美国劳工部估算，1930年失业者共434万人，劳工总人数为4982万人。根据该数据，当时美国的失业率约为8.7%。这项估算及其他估算，参见 Stanley Lebergot, "Labor Force, Employment, and Unemployment, 1929–1939: Estimating Methods," *Monthly Labor Review*, July 1948, 50–53。农场工人的工资，参见 US Census Bureau, *Historical*

Statistics of the United States, Bicentennial Ed. (Washington, DC: Government Printing Office, 1976), 468。按购买力平价估算的经济增长值，参见 J. P. Smits, P. J. Woltjer, and D. Ma, "A Dataset on Comparative Historical National Accounts, ca. 1870–1950: A Time-Series Perspective," Groningen Growth and Development Centre researchmemorandum GD-107 (2009)。

16. 有多种方式计算实际关税税率，参见 Irwin, *Peddling Protectionism*, 103–106。

17. 引自 Irwin, 170–174。1930 年，世界范围内制成品的出口量下跌了 15%，参见 Statistical Office of the United Nations, "International Trade Statistics, 1900–1960," draft paper (1962), UN Trade Statistics, https://unstats.un.org/unsd/trade/data/tables.asp#historical.《斯穆特－霍利关税法案》在当年年中施行。

18. Peter S. Jacks, "From Boom to Bust: A Typology of Real Commodity Prices in the Long Run," NBER working paper 18874 (2016); Peter H. Lindert and Jeffrey G. Williamson, "Does Globalization Make the World More Unequal?" in Bordo, Taylor, and Williamson, *Globalization in Historical Perspective*, 264.

第四章

1. Barry Eichengreen and Peter Temin, "Feters of Gold and Paper," NBER working paper 16202 (2010); Barry Eichengreen, *Golden Feters: The Gold Standard and the Great Depression, 1919–1939* (New York: Oxford University Press, 1992).

2. Barry Eichengreen, *Globalizing Capital* (Princeton, NJ: Princeton University Press, 2008),ch. 4; Lawrence H. Officer, "Exchange Rates between the United States Dollar and Forty-one Currencies," MeasuringWorth, 2018, http://www.measuringworth.com/exchangeglobal/; Robinson quoted in Wilkins, *History of Foreign Investment*, 566.

3. Chad P. Bown and Douglas A. Irwin, "The GAT's Starting Point:

Tariff Levels circa 1947," NBER working paper 21782 (2015); *Reciprocal Trade Agreement between the United States of America and Nicaragua*, effective October 1, 1936, US Department of State Executive Agreement Series, No. 95.《关贸总协定》第二十四条有关于关税同盟和自由贸易协定的内容。

4. 97 Cong. Rec. 10842 (August 30, 1951); Food and Agriculture Organization, *The State of Food and Agriculture 1948* (Washington, DC: Food and Agriculture Organization, 1948), 4–12. 5.

5. Benn Steil, *The Marshall Plan* (Princeton, NJ: Princeton University Press, 2017).

6. Barry Eichengreen, *The European Economy since 1945: Coordinated Capitalism and Beyond* (Princeton, NJ: Princeton University Press, 2007), 6. 在马歇尔计划之外，美国通过第二次世界大战结束后几年对西德和日本的军事统治，对两国的经济施加了巨大的影响。

7. 这段引文摘自罗伯特·舒曼发表于1950年5月9日的一段演说。该协议编入 Treaty Constituting the European Coal and Steel Community, April 18, 1951 (*American Journal of International Law 46*, no. S4 (1952): 107–48, doi:10.2307/2213971)。

8. Eichengreen, *European Economy*, 82, 84. 生产力和收入的数据引自格罗宁根增长（Groningen Growth and Development Centre）与发展中心和世界大型企业研究会（Conference Board）的全球经济数据库（Total Economy Database），它们的数据都来自安格斯·麦迪森的研究成果。关于意大利的出口，参见 Alfred Maizels, *Industrial Growth and World Trade* (Cambridge: Cambridge University Press, 1963), 479。

9. Maizels, *Industrial Growth*, 8, 133–134, 535, 539.

10. Maizels, 122–123, 243.

11. 引自 Marc Levinson, *An Extraordinary Time* (New York: Basic Books, 2016), 36–46。

12. David M. G. Newbery and Joseph E. Stiglitz, *The Teory of Commodity Price Stabilization* (Oxford: Oxford University Press, 1981), 13; UNCTAD, Convention on a Code of Conduct for Liner Conferences, Geneva,

April 6, 1974, UN *Treaty Series* 1334: 15 and 1365: 360, article 2.

13. UNCTAD, *Review of Maritime Transport 1968* (New York: UN, 1968), 4.

第五章

1. Marc Levinson, *The Box: How the Shipping Container Made the World Smaller and the World Economy Bigger*, 2nd ed. (Princeton, NJ: Princeton University Press, 2016), 21–46.

2. 引自 *Containers*, no. 12 (December 1954), 20。

3. Levinson, *Box*, 47–71.

4. US International Trade Commission (USITC), *Automotive Trade Statistics 1964–80*, Publication 1203, December 1981 (Washington, DC: USITC, 1981).

5. Joseph Grunwald and Kenneth Flam, *The Global Factory* (Washington, DC: Brookings, 1985).

第六章

1. 更多技术性的讨论，参见 Robert Triffin, *Gold and the Dollar Crisis* (New Haven, CT: Yale University Press, 1960)。

2. 降低美国游客在国外购买商品的免税额度的法律见 Public Law 87–132。对美国发行的外国股票和债券征的税为利息平衡税（Interest Equalization Tax），作为 Public Law 88–563 颁布于 1964 年，但追溯期至 1963 年 7 月。关于布雷顿森林体系的崩溃，见 Paul Volcker and Toyoo Gyohten, *Changing Fortunes* (New York: Times Books, 1992), 18–136; Eichengreen, *Globalizing Capital*, ch. 4。

3. Eric Helleiner, *States and the Reemergence of Global Finance* (Ithaca, NY: Cornell University Press, 1994), 101–106. (quote 101).

4. Federal Deposit Insurance Corporation (FDIC), *History of the Eighties: Lessons for the Future*, vol. 1, *An Examination of the Banking Crises of the 1980s and Early 1990s* (Washington, DC: FDIC, 1997), 196–197; Harold James, "International Capital Movements and the Global Order," in Neal and Williamson, *Cambridge History of Capitalism*, 285.

5. 20世纪70年代中期曾任美国总统杰拉尔德·鲁道夫·福特的经济顾问的威廉·塞德曼后来写道："整个福特政府，包括我在内，告诉大银行回收石油美元并使其流向欠发达国家是有益的，或许可以说是爱国义务。"见 Seidman, *Full Faith and Credit* (New York: Crown, 1993), 38。瑞斯顿的评论有多种形式，最初见于他的文章"Banking against Disaster," *New York Times*, September 14, 1982, 但他并不是这句话的原创者。

6. 巴塞尔监管委员会对银行监管的评论，见 "Report to the Governors on the Supervision of Banks' Foreign Establishments," September 26, 1975。

7. Gerardo Della Paolera and Alan M. Taylor, "A Monetary and Financial Wreck: The Baring Crisis, 1890–91," in *Straining at the Anchor*, ed. Della Paolera and Taylor (Chicago: University of Chicago Press, 2001), 67–79; Kris James Mitchener and Marc D. Weidenmier, "The Baring Crisis and the Great Latin American Meltdown of the 1890s," *Journal of Economic History* 68 (2008): 462–500; Jon R. Moen and Ellis W. Tallman, "The Bank Panic of 1907: The Role of Trust Companies," *Journal of Economic History* 52 (1992): 611–630; Anna Grodecka, Seán Kenny, and Anders Ögren, "Predictors of Bank Distress: The 1907 Crisis in Sweden," Lund Papers in Economic History 180 (2018); Mary T. Rodgers and James E. Payne, "How the Bank of France changed U. S. Equity Expectations and Ended the Panic of 1907," *Journal of Economic History* 74 (2014): 420–448; Richard Roberts, *Saving the City: The Great Financial Crisis of 1914* (Oxford: Oxford University Press, 2013), 195–227.

8. 世界银行估算中低收入国家的外币债务在1982年年底为6010亿美元，但这个数字不包括几个最主要的债务国，其中最著名的是阿根廷（1982年为440亿美元）、韩国（370亿美元）和波兰（270亿美元）。

9. Susan M. Collins and Wong-Am Park, "External Debt and

Macroeconomic Performance in South Korea," in *Developing Country Debt and the World Economy*, ed. Jeffrey Sachs (Chicago: University of Chicago Press, 1989), 121–140; Rüdiger Dornbusch, "Our LDC Debts," in *The United States in the World Economy*, ed. Martin S. Feldstein (Chicago: University of Chicago Press, 1988), 192.

10. Volcker and Gyohten, *Changing Fortunes*, 226.

11. International Monetary Fund (IMF), *Annual Report 1985* (Washington, DC: IMF, 1985), 21; Jerome I. Levinson, "A Perspective on the Debt Crisis," *American University International Law Review* 4 (1989): 504–508; Lois M. Plunkert, "The 1980's: A Decade of Job Growth and Industry Shifts," *Monthly Labor Review*, September 1990, 3–16.

第七章

1. Vincent P. Carosso and Richard Sylla, "U. S. Banks in International Finance," in *International Banking 1870–1914*, ed. Rondo Cameron and V. I. Bovykin (New York: Oxford University Press, 1991), 68; Roberts, *Saving the City*, 169, 195.

2. Tommaso Padoa-Schioppa and Fabrizio Saccomanni, "Managing a Market-Led Global Financial System," in *Managing the World Economy: Fifty Years after Breton Woods*, ed. Peter B. Kenen (Washington, DC: Institute for International Economics, 1994), 262.

3. Herbert Baum, "Possibilities and Limits of Regulation in Transport Policy," in *Possibilities and Limits of Regulation in Transport Policy*, by European Conference of Ministers of Transport (ECMT) (Paris: ECMT, 1983), 5–106.

4. Walter Y. Oi and Arthur P. Hurter, *Economics of Private Truck Transportation* (Dubuque, IA: W. C. Brown, 1965).

5. Bureau of Transport Economics, "Overview of Australian Road Freight Industry: Submission to National Inquiry, 1983" (Canberra: Australian Government Publishing Service, 1984); Michael Beesley, "UK Experience

with Freight and Passenger Regulation," in *The Role of the State in a Deregulated Market*, by ECMT (Paris: ECMT, 1991), 45–76; Martha Derthick and Paul J. Quirk, *The Politics of Deregulation* (Washington, DC: Brookings Institution, 1985), 36.

6. 这些法律包括《铁路振兴与监管改革法》(1976)、《航空货运放松管制法》(1977)、《航空公司放松管制法》(1978)、《机动车监管改革与现代化法》(1980)、《家用物品运输法》(1980)、《斯泰格司铁路法》(1980)、《公交车管制改革法》(1982)、《航运法》(1984)和《地面货运代理商放松管制法》(1986)。

7. 1978年，美国每40个汽车运输订单中就有1个无法按时完成，参见 US General Accounting Office, *Economic and Financial Impacts of the Staggers Rail Act of 1980* (Washington, DC: Government Printing Office, 1990), 55。铁路公司每年收到的损坏索赔往往超过其年收入的1.3%，参见 Marc Levinson, "Two Cheers for Discrimination: Deregulation and Efficiency in the Reform of U. S. Freight Transportation, 1976–1988," *Enterprise and Society* 10 (2009): 178–215。

8. Aden C. Adams and Carl W. Hoeberling, "The Future of Contract Rates," *ICC Practitioners' Journal* 47 (1980): 661–64; US Federal Maritime Commission, *Section 18 Report on the Shipping Act of 1984* (Washington, DC: Federal Maritime Commission, 1989), 162, 178.

9. "Rates on Overseas Phone Calls Decline," *New York Times*, May 19, 1982; US Census Bureau, *Statistical Abstract of the United States 1992* (Washington, DC: Government Printing Office, 1990).

10. Guillermo Barnes, "Lessons from Bank Privatization in Mexico," World Bank policy research working paper WPS 1027 (1992).

11. Mary M. Shirley, "The What, Why, and How of Privatization: A World Bank Perspective," *Fordham Law Review* 60 (1992): S23–S36.

12. Brian Pinto and Sergei Ulatov, "Financial Globalization and the Russian Crisis of 1998," World Bank policy research working paper 5312 (2010); World Bank, *Economic Growth in the 1990s: Learning from a Decade of Reform* (Washington, DC: World Bank, 2005), 192 (quote); Saul Estrin

and Adeline Pelletier, "Privatization in Developing Countries: What Are the Lessons of Recent Experience?" *World Bank Research Observer* 33 (2018): 65–102. 对私有化的好处的辩护，参见 Alberto Chong and Florencio Lópes-de-Silanes, eds., *Privatization in Latin America: Myths and Reality* (Washington, DC: World Bank, 2005)。

13. Shane Greenstein, *How the Internet Became Commercial* (Princeton NJ: Princeton University Press, 2015).

第八章

1. 出口额占国内生产总值的比例的估算，参见 Findlay and O'Rourke, "Commodity Market Integration," 41。根据世界贸易组织的数据，1960年至1973年间欧共体6个成员国的商品出口增加率的中位数是384%，而丹麦是218%，英国是79%，爱尔兰是299%。

2. 托恩在1984年2月15日对欧洲议会说了这番话，参见 Commission of the European Communities, *Programme of the Commission for 1984* (Luxembourg: Office for Official Publications of the EC, 1984), 8, 10。

3. 生产率数据引自 Conference Board's Total Economy Database; "Key Issues for Talks," *New York Times*, June 8, 1984; Herbert Giersch, "Eurosclerosis," Kiel Discussion Papers no. 112, Institut für Weltwirtschaf, Kiel (1985), 4。

4. Commission of the European Communities, *Completing the Internal Market*, COM 85 (310) (Brussels, June 14, 1985); Eichengreen, *European Economy*, 345.

5. 《单一欧洲法案》签署于1986年，但直到1987年丹麦和爱尔兰批准该法案之后才生效。

6. 1979年，美墨边境靠墨西哥一侧共有540个美国人的工厂（通常被称为"maquiladoras"），这些工厂生产的产品不能在墨西哥境内销售，参见 Leslie Sklair, *Assembling for Development* (Boston: Unwin Hyman, 1989)。1979年2月14日，何塞·洛佩斯·波蒂略在墨西哥城与美国总统卡特见面时说了这番话,参见"Memorandum of Conversation," in *Foreign Relations of the United States, Foreign Relations 1977–1980*, vol. 23, *Mexico, Cuba, and the Caribbean*, ed. Alexander O. Poster (Washington, DC: Government Publishing Office, 2016), 358。

7. 有人认为北美自由贸易区的想法最早出自里根总统,参见"Ronald Reagan's Announce-ment for Presidential Candidacy," Ronald Reagan Presidential Library, November 13, 1979, https://www.reaganlibrary.gov/11-13-79。不过早在1977年2月15日卡特和何塞·洛佩斯·波蒂略在白宫会面时,已经有人提到过三边会谈。墨西哥外交部长圣地亚哥·罗埃尔·加西亚说:"我想,如果北美三国墨西哥、美国和加拿大能举行会谈,会很有帮助。"参见*Foreign Relations 1977–1980*, 23: 289。加西亚的提议没有得到回应,参见 Richard Lawrence, "Hopes for Closer U. S.-Mexican Ties Deflate," *Journal of Commerce*, May 13, 1982。美国贸易代表阿兰·沃尔夫的评论,参见 comments of Deputy US Trade Representative Alan Wolff, "Summary of Conclusions of a Policy Review Committee Meeting,"January 19, 1979, *Foreign Relations 1977–1980*, 23: 344 和 Robert J. McCartney, "Mexico to Lower Trade Barriers, Join GAT," *Washington Post*, November 26, 1979。

8. George W. Grayson, *The Mexico-U. S. Business Committee* (Rockville, MD: Montrose, 2017), 96–98。

9. General Agreement on Tariffs and Trade (GAT): Punta del Este Declaration (September 20,1986), SICE Foreign Trade Information System, http://www.sice.oas.org/trade/punta_e.asp。

10. *Washington Post*, December 14, 1992. 佩罗在1992年10月15日总统竞选第二次辩论期间说了这句话。

11. Ernest H. Preeg, *Traders in a Brave New World* (Chicago: University of Chicago Press,1995), 165–173; quote from "The Uruguay Round," WTO, accessed February 2, 2019, https://www.wto.org/english/thewto_e/whatis_e/tif_e/fact5_e.htm。

12. IMF and World Bank, *Market Access for Developing Countries' Exports* (2001), 15–25。

13. Arvind Subramanian and Martin Kessler, "The Hyperglobalization of Trade and its Future," Peterson Institute for International Economics working paper 13–6 (2013), 24; WTO Regional Trade Agreements Information System, https://rtais.wto.org/UI/PublicMaintainRTAHome.aspx.

14. Christian Marx, "Reorganization of Multinational Companies in the Western European Chemical Industry," *Enterprise and Society* 21 (2020): 38–78.

第九章

1. 关于奥纳西斯，参见 Harlafis, *Creating Global Shipping*, 193。

2. 钢铁产量数据出自国际钢铁协会。引文出自 Center for Naval Analysis, "A Brief History of Shipbuilding in Recent Times," CRM D0006988.A1/Final (September 2002); OECD, *Trade and Structural Adjustment: Embracing Globalization* (Paris: OECD, 2005), 244–251; OECD Working Party on Shipbuilding, "Imbalances in the Shipbuilding Industry and Assessment of Policy Responses," C/WP6(2016)6/final (April 2017)。1956年至1970年间，美国对造船业的补贴超过10亿美元。US House of Representatives, Committee on Ways and Means, *Trade with Japan*, Serial 96–121 (Washington, DC: Government Printing Office, 1980), 123, citing Ira C. Magaziner and Tomas M. Hout, *Japanese Industrial Policy* (London: Policy Studies Institute, 1980).

3. Alice H. Amsden, *Asia's Next Giant: South Korea and Late Industrialization* (New York: Oxford University Press, 1989), 269–290.

4. 1984年，韩国船厂无法按时向航运公司交付6艘预订的集装箱船。Lars Bruno and Stig Tenold, "The Basis for South Korea's Ascent in the Shipbuilding Industry, 1970–1990," *Mariner's Mirror* 97 (2011): 201–217.

5. OECD Council Working Party on Shipbuilding, "Peer Review of Japanese Government Support Measures to the Shipbuilding Sector," C/WP6(2012)26 (2012), 7.

6. "Fünfe Kolonne," *Der Spiegel*, April 16, 1973.

7. Erik Lindner, *Die Herren der Container* (Hamburg: Hoffmann und Campe Verlag, 2008), 87–97, quote 91.

8. European Commission, "Community Guidelines on State Aid to Maritime Transport," 97/C 205 (July 5, 1997), 11; European Commission, "Community Guidelines on State Aid to Maritime Transport," 2004/C 13 (January 17, 2004), 6.

9. Ole Andersen, "The Rise and Fall of German Shipping," *Shippingwatch*, May 2014.

10. Ulrike Dauer, "Commerzbank Moves to Repay More State Aid," *Wall Street Journal*, March 13, 2013; Arno Schuetze and Jan Schwartz, "State Owners Sell Germany's HSH Nordbank to Buyout Groups," Reuters, February 28, 2018, https://uk.reuters.com/article/us-hsh-nordbank-sale/state-owners-sell-germanys-hsh-nordbank-to-buyout-groups-idUKKCN1GC1YJ; UNCTAD, *Review of Maritime Transport 2018* (New York: UN, 2018), 29.

11. Myrto Kalouptsidi, "Detection and Impact of Industrial Subsidies: The Case of Chinese Shipbuilding," *Review of Economic Studies* 85 (2018): 1111–1158. 2009年的一项特别补贴计划有着几乎相同的效果，它鼓励国有船运公司购买污染更少的新船替换老旧船只。马士基在2007年4月做了运费比较，参见"Container Market Crash on the Horizon?" *Fairplay*, September 22, 2005; "New Decade of Bursting Yards Predicted," *Fairplay*, October 13, 2005。

12. Margot Roosevelt, "Battles Erupt over Warehouse Jobs as the Legislature Moves to Curb Subsidies," *Los Angeles Times*, May 13, 2019; Office of Inspector General, United States Postal Service, "Terminal Dues in the Age of Ecommerce," RRC-WP-16-OU3 (December 14, 2015).

第十章

1. 补贴的方式和数量，参加 WTO, *World Trade Report 2006* (Geneva: WTO, 2006)。

2. Steve Dryden, *Trade Warriors* (New York: Oxford University Press, 1995), 38.

3. James T. Walker, "Voluntary Export Restraints between Britain and Japan: The Case of the UK Car Market (1971–2001)," *Business History* 59 (2017): 35–55; Laurent Warlouzet, "Towards a European Industrial Policy?: The European Economic Community (EEC) Debates, 1957–1975," in *Industrial Policy in Europe after 1945*, ed. C. Grabas and A. Nützenadel (London: Palgrave Macmillan, 2014), 213–235; Christian Marx, "A European Structural Crisis Cartel as a Solution to a Sectoral Depression?" *Economic History Yearbook* 58 (2017): 163–197; Étienne Davignon, interview with Étienne Deschamps, Brussels, Centre virtuel de la connaissance sur l'Europe, January 14, 2008, www.cvce.eu; Stuart W. Leslie, "The Biggest 'Angel' of Them All: The Military and the Making of Silicon Valley," in *Understanding Silicon Valley*, ed. Martin Kenney (Stanford, CA: Stanford University Press, 2000), 48–67.

4. Arvind Panagariya, "Evaluating the Case for Export Subsidies," World Bank policy research working paper 2276 (2000).

5. I. M. Destler, Haruhiro Fukui, and Hideo Sato, *The Textile Wrangle: Conflict in Japanese American Relations, 1969–1971* (Ithaca, NY: Cornell University Press, 1979), 66（尼克松的话）；"Agreement on Wool and Man-made Fibers" in US Department of State, *United States Treaties and Other International Acts*, vol. 23, part 3 (Washington, DC: Government Printing Office, 1972), 3167；日本的指导方针引自 Japan Industrial Structure Council, *Japan in World Economy: Japan's Foreign Economic Policy for the 1970s* (Tokyo: Ministry of International Trade and Industry, 1972), 48–50。

6. Takafusa Nakamura, *The Postwar Japanese Economy: Its Development and Structure, 1937–1994* (Tokyo: University of Tokyo

Press, 1981), 224; Konosuke Odaka, "Are We at the Verge of a Stagnant Society?" in "Recent Developments of Japanese Economy and Its Differences from Western Advanced Economies," ed. Hisao Kanamori, Center Paper 29, Japan Economic Re-search Center (September 1976), 33; Yoshimitsu Imuta, "Transition to a Floating Exchange Rate," in *A History of Japanese Trade and Industry Policy*, ed. Mikiyo Sumiya (Oxford: Oxford University Press, 2000), 528; Sueo Sekiguchi, "Japan: A Plethora of Programs," in *Pacific Basin Industries in Distress*, ed. Hugh Patrick (New York: Columbia University Press, 1991), 437.

7. William Diebold Jr., *Industrial Policy as an International Issue* (New York: McGraw-Hill, 1980), 162; Japan Automobile Manufacturers Association, *Motor Vehicle Statistics of Japan 2014* (s.l., 2014) 16, 32.

8. Gary R. Saxonhouse, "Industrial Restructuring in Japan," *Journal of Japanese Studies 5* (1979): 273–320; Steven Englander and Axel Mitelstädt, "Total Factor Productivity: Macroeconomic and Structural Aspects of the Slowdown," *OECD Economic Survey* 10 (1988): 36. Barry Bluestone and Bennet Harrison, *The Deindustrialization of America* (New York: Basic Books, 1982) 使"去工业化"一词成为流行语。

9. 对美国竞争力将持续下降、日本竞争力将继续增强的众多警告中的几个例子，参见 Ezra F. Vogel, *Japan as Number One* (Cambridge, MA: Harvard University Press, 1979); Bruce R. Scot and George C. Lodge, eds., *U. S. Competitiveness in the World Economy* (Boston: Harvard Business School Press, 1985); Clyde V. Prestowitz Jr., *Trading Places: How We Allowed Japan to Take the Lead* (New York: Basic Books, 1988)，后来又以不同的副书名再次讨论了这个问题。

10. Jimmy Carter, "American Bolt, Nut, and Large Screw Industry Memorandum from the President," December 22, 1978, Pub. Papers (1978, bk 2), 2284; "Proclamation 4632—Temporary Duty Increase on the Importation into the United States of Certain Bolts, Nuts, and Screws of Iron or Steel," January 4, 1979, Pub. Papers (1979), 3; US Department of Commerce, International Trade Administration, "An Economic Assessment of

the United States Industrial Fastener Industry (1979 to 1986)," March 1987; Gary Clyde Hufauer and Howard Rosen, *Trade Policy for Troubled Industries* (Washington, DC: Institute for International Economics, 1986), 20.

11. Stephen D. Cohen, "The Route to Japan's Voluntary Export Restraints on Automobiles," working paper no. 20, National Security Archive (1997); USITC, *A Review of Recent Developments in the U. S. Automobile Industry Including an Assessment of the Japanese Voluntary Restraint Agreements* (Washington, DC: USITC, 1985), 4–11. 里根的话引自 Richard J. Catani, "Carter, Reagan Cast for Votes among Blacks, Auto Workers," *Christian Science Monitor*, September 3, 1980。

12. Dale W. Jorgenson and Masahiro Kuroda, "Productivity and International Competitiveness in Japan and the United States, 1960–1985," in *Productivity Growth in Japan and the United States*, ed. Charles R. Hulten, (Chicago: University of Chicago Press, 1991), 45; Philip Turner and Jean-Pierre Tuveri, "Some Effects of Export Restraints on Japanese Trading Behavior," *OECD Economic Studies 2* (1984): 94–107.

13. Amsden, *Asia's Next Giant*, 69–80 (Park quote 69; Amsden quote 80); Somi Seong, "Competition and Cooperation among Asian Countries and the Future Prospect of Korean Industrial Policy," working paper, Korea Development Institute, January 1, 1996.

14. Hee-Yhon Song, "Economic Miracles in Korea," in *Economic Interaction in the Pacific Basin*, ed. Lawrence B. Krause and Sueo Sekiguchi (Washington, DC: Brookings Institution, 1980), 117–146. 根据 Kwang Suk Kim, "Lessons from Korea's Industrialization Experience," Korea Development Institute monograph no. 8105 (1981), 在1963年到1980年间, 制造业部门的年均增长率达到惊人的17.1%。

15. Chong-Hyun Nam, "Protectionist U. S. Trade Policy and Korean Exports," in *Trade and Protectionism*, ed. Takatoshi Ito and Anne O. Krueger (Chicago: University of Chicago Press, 1993), 183–222; USITC, *DRMS of One Megabit and Above from the Republic of Korea*, Publication 2629 (Washington, DC: USITC, 1993), I-99.

16. Kim Gyu-Pan, "Korea's Economic Relations with Japan," *Korea's Economy* 31 (2017): 23–29. 根据经合组织增加值贸易数据库，中国电子产品和光学产品的价值中有21%源自韩国，参见 "Trade in Value Added (TiVA): Origin of Value Added in Gross Imports," OECD. Stat, December 2018, https://stats.oecd.org。

第十一章

1. Carl E. Walter and Fraser J. T. Howie, *Red Capitalism* (Singapore: Wiley, 2011), 32, 153.

2. Joe Studwell, *How Asia Works* (London: Profile Books, 2013), 184; USITC, *China's Economic Development Strategies and Their Effects on U. S. Trade*, Publication 1645 (Washington, DC; USITC, 1985), 23–32.

3. Dennis Tao Yang, Vivian Weija Chen, and Ryan Monarch, "Rising Wages: Has China Lost Its Global Labor Advantage?" *Pacific Economic Review* 15 (2010): 42–504; Don Oberdorfer, "Trade Benefits for China Are Approved by Carter," *Washington Post*, October 24, 1979. 20世纪70年代后期，欧共体降低了对中国货物征收的关税。美国国会禁止苏联享受类似的关税待遇。

4. 1986年，中国的制成品出口额占全球的份额不足1%。

5. 关于退出关贸总协定，参见 Monica Hsiao, "China and the GATT," *Pacific Basin Law Journal* 12 (1994): 433–434。

6. Donald C. Clarke, "GATT Membership for China?" *University of Puget Sound Law Review* 17 (1994): 517–531; Preeg, *Brave New World*, 106.

7. Dori Jones Yang and Maria Shao, "China's Push for Exports Is Turning into a Long March," *Business Week*, September 15, 1986, 66.

8. Roderick MacFarquhar, "Deng's Last Campaign," *New York Review of Books*, December 17, 1992; "Full Text of Jiang Zemin's Report at 14th Party Congress," *Beijing Review*, accessed March 15, 2020, http://www.bjreview.com.cn/document/txt/2011-03/29/content_363504.htm.

9. Takashi Kawakimi, "Uniqlo's China Factories Key to Success," *Nikkei Asian Review*, October 21, 2014, https://asia.nikkei.com/Business/Uniqlo-s-China-factories-key-to-success. 1997年，通用汽车在中国成立了首家采购部，参见 Norihiko Shirouzu, "Big Three's Outsourcing Plan: Make Parts Suppliers Do It," *Wall Street Journal*, June 20, 2004。

10. Nicholas R. Lardy, "China's WTO Membership," *Policy Brief* (Brookings Institution), April 1, 1999; Loren Brandt, Johannes Van Biesebroeck, Luhang Wang, and Yifan Zhang, "WTO Accession and Performance of Chinese Manufacturing Firms," *American Economic Review* 107 (2017): 2784–2820，相关的勘误见 American Economic Review 109 (2019): 1616–1621; Chang-Tai Hsieh and Zheng Song, "Grasp the Large, Let Go of the Small: The Transformation of the State Sector in China," *Brookings Papers on Economic Activity* (2015): 295–362。

11. Office of the US Trade Representative, "Background Information on China's Accession to the World Trade Organization," December 11, 2001, https://ustr.gov/archive/Document_Library/Fact_Sheets/2001/Background_Information_on_China%27s_Accession_to_the_World_Trade_Organization.html; Alan Matthews and K. Ingersent, "The WTO Negotiations in the Field of Agriculture and Food," European Parliament Directorate-General for Research, working paper AGRI 135 EN (2001), 58–59; Joseph Fewsmith, "The Political and Social Implications of China's Accession to the WTO," *China Quarterly* 167 (2001): 573–591.

12. WTO, "Special and Differential Treatment Provisions in WTO Agreements and Decisions," WT/COMTD/W/239 (October 12, 2018).

13. Peter T. Kilborn, "Wal-Mart's 'Buy American'," *New York Times*, April 10, 1985; Nelson Lichtenstein, *The Retail Revolution* (New York: Metropolitan Books, 2009), 159–178; David Barboza and Elizabeth Becker, "Free of Quotas, China Textiles Flood the U.S.," *New York Times*, March 20, 2005; Mei Fong, "Trade Disputes Cause Liz Claiborne to Change China Sourcing Levels," *Wall Street Journal*, September 29, 2005; "Trade in Value Added (TiVA): Origin of Value Added in Gross Imports: 5," OECD.

Stat, December 2018, https://stats.oecd.org/.

14. James Kynge, *China Shakes the World* (Boston: Houghton Mifflin, 2006), 57–60.

15. 1992年，进口商支付的加权平均关税为41%。到了1997年，这个数字降至16%。但直到2001年，一些进口产品的关税仍超过100%。参见 Dani Rodrik, "What's So Special about China's Exports," NBER working paper 11947 (2006)。出口额占经济总产出的数据来自世界银行。

16. Surafael Girma, Yundan Gong, Holger Görg, and Zhihong Yu, "Can Production Subsidies Explain China's Export Performance?: Evidence from Firm Level Data," *Scandinavian Journal of Economics* 111 (2009): 862–891; Zhi Wang and Shang-Jin Wei, "What Accounts for the Rising Sophistication of China's Exports," NBER working paper 13771 (2008). 中国政府对20世纪90年代后期的一些补贴的描述，参见 WTO, "Accession of the People's Republic of China," Annex 5A, WT/L/432 (November 23, 2001)。

17. USITC, *Certain Passenger and Light Truck Vehicle Tires from China*, Publication 4085 (Washington, DC: USITC, 2009), and *Certain Passenger and Light Truck Vehicle Tires from China*, Publication 4545 (Washington, DC: USITC, 2015)。

18. OECD, "Measuring Distortions in International Markets: The Aluminum Value Chain," OECD *Trade Policy Papers* 218 (2019).

19. 其他例子，参见 Usha C. V. Haley and George T. Haley, *Subsidies to Chinese Industry* (Oxford: Oxford University Press, 2013)。

20. OECD, "Recent Developments in the Automobile Industry," *Economics Department Policy Notes* 7 (2011); Shang-Jin Wei, "Foreign Direct Investment in China: Sources and Consequences," in *Financial Deregulation and Integration in East Asia*, ed. Takatoshi Ito and Anne O. Krueger (Chicago: University of Chicago Press, 1996), 77–105; Joshua B. Freeman, *Behemoth* (New York: Norton, 2017), 272–274.

第十二章

1. Andrea Andrenelli, Iza Lejàrraga, Sébastien Miroudot, and Letizia Montinari, Microevidence on Corporate Relationships in Global Value Chains," OECD trade policy paper 227 (2019).

2. Samuel J. Palmisano, "The Globally Integrated Enterprise," *Foreign Affairs*, May–June 2006.

3. Alex Barker and Peter Campbell, "Honda Faces the Real Cost of Brexit in a Former Spitfire Plant," *Financial Times*, June 29, 2018; US National Highway Traffic Safety Administration (NHTSA), "Part 583 American Automobile Labeling Act Reports," NHTSA, June 4, 2019, https://www.nhtsa.gov/part-583-american-automobile-labeling-act-reports.

4. Andrew B. Bernard, J. Bradford Jensen, Stephen J. Redding, and Peter K. Schott, "Global Firms," *Journal of Economic Literature* 56 (2018): 565–619; John R. Baldwin and Beiling Yan, "Global Value Chain Participation and the Productivity of Canadian Manufacturing Firms," Institute for Research in Public Policy, March 17, 2016, https://on-irpp.org/2JDRQsR.

5. Marc J. Melitz and Daniel Trefler, "Gains from Trade when Firms Matter," *Journal of Economic Perspectives* 26 (2012): 91–118; Carolyn Freund and Martha Denisse Pierola, "The Origins and Dynamics of Export Superstars," Peterson Institute of International Economics working paper 16–11 (2016); Ricardo Monge-González, *Moving up the Global Value Chain: The Case of Intel Costa Rica* (Lima: International Labour Organization, 2017).

6. IHS Markit, "iPhone 3G S Carries $178.96 BOM and Manufacturing Cost, iSuppli Teardown Reveals," press release, Omdia, June 24, 2009, https://technology.ihs.com/389273/iphone-3g-s-carries-17896-bom-and-manufacturing-cost-isuppli-teardown-reveals.

7. Yuqing Xing and Neal Detert, "How the iPhone Widens the United States Trade Deficit with the People's Republic of China," Asian Development Bank Institute working paper 257 (2010).

8. 苹果公司没有公布从3G版苹果手机的销售中获得了多少净利润。

我们用苹果公司在 2009 年第 4 季度的净利润率（约为 19%）乘以 3G 版苹果手机的平均售价来估算该公司从每部手机中获得的利润。净利润率的计算方法是净收入除以总收入，2009 财年各型号的苹果手机及相关产品的销售额占苹果公司总销售额的 30%，2010 财年占 39%，3G 版苹果手机的净利润率可能高于或低于公司的整体净利润率。

9. Teresa C. Fort, "Technology and Production Fragmentation: Domestic versus Foreign Sourcing," *Review of Economic Studies* 84 (2017): 650–687; Richard Baldwin and Javier Lopez Gonzalez, "Supply-Chain Trade: A Portrait of Global Patterns and Several Testable Hypotheses," *World Economy* 38 (2015): 1682–1721.

10. 这部分的数据引自经合组织－世界贸易组织附加值数据库。

11. WTO, *World Trade Statistical Review 2017*, table A54, https://www.wto.org/english/res_e/statis_e/wts2017_e/wts2017_e.pdf.

第十三章

1. Daniel Jessel, "Banking on the Dragon," *Fairplay*, January 6, 2005.

2. A. P. Møller-Maersk A/S, *Annual Report 2003*, 10–12.

3. 本章的数据引自 Maersk Archives, Department 131, Stubkjaers Secretariat, boxes 229488, 229470 的文件和各种其他著作。

4. Robert Wright, "World's Fastest Containerships Mothballed," *Financial Times*, February 22, 2010.

5. UNCTAD, *Review of Maritime Transport 2003* (New York: UN, 2003), 63. 引文出自马士基航运当时的负责人 Knud Stubkjaer，参见 "Maersk Deal Will Stir Up Liners," *Fairplay*, May 19, 2005。

6. 2005 年，已投入使用的最大的集装箱船的运力是 9200 标准箱，参见 *Containerisation International Yearbook 2005*, 7。据报道，"艾玛·马士基号"的运力为 15500 标准箱，参见 *Containerisation International Yearbook 2012*。上一年的年鉴将其运力记录为 14770 标准箱。运力的计算部分依赖于对每个集装箱的平均重量的估算，参见

Gregory Richards, "Emma Maersk May Be as Big as a Container Ship Can Get," *Virginian-Pilot* (Norfolk, VA), August 23, 2006。

7. "Are Shipbuilders Hurtling Towards Overcapacity?" *Fairplay*, September 8, 2005.

8. Peter T. Leach, "Shakeup at Maersk," *Journal of Commerce*, July 1, 2007.

第十四章

1. Brent Hunsberger, "Worried about Lockout at West Coast Ports, Some Importers Cancel Orders," *Oregonian*, October 3, 2002; John Gallagher, "Shippers' Nightmare," *Traffic World*, October 14, 2002; David Teather, "Gap Warns of Knock-On as US Dock Strike Ends," *Guardian*, October 11, 2002; Daniel B. Wood, "Dock Backlog Likely to Hit Christmas Sales," *Christian Science Monitor*, October 10, 2002; Danielle Herubin, "Retailers Say They Think Port Delays Will Cause Toy Shortages for Christmas," *Orange County Register*, October 29, 2002.

2. Peter V. Hall, " 'We' d Have to Sink the Ships' : Impact Studies and the 2002 West Coast Port Lockout," *Economic Development Quarterly* 18 (2004): 354–367.

3. Freeman, *Behemoth*, 138–144.

4. Andrew Pollack, "Shortage of Memory Chips Has Industry Scrambling," *New York Times*, March 12, 1988; Jason Amaral, Corey A. Billington, and Andy A. Tsay, "Safeguarding the Promise of Production Outsourcing," *Interfaces* 36 (2006): 220–233.

5. Ila Manuj, "Risk Management in Global Sourcing: Comparing the Business World and the Academic World," *Transportation Journal* 52 (2013): 80–107 (quotes 92).

6. Stephan M. Wagner and Christoph Bode, "An Empirical Investigation into Supply Chain Vulnerability," *Journal of Purchasing and Supply*

Management 12 (2006): 301–312; "BMW to Recall Faulty Diesel Cars," BBC News, February 1, 2005, news.bbc.co.uk/2/hi/business/4227159.htm.

7. Amy Chozick, "A Key Strategy of Japan's Car Makers Backfires," *Wall Street Journal*, July 20, 2007; April Wortham, "In Quake's Wake, Honda's U. S. Suppliers Lend a Hand," *Automotive News*, August 20, 2007.

8. Statement of Robert C. Bonner to the National Commission on Terrorist Attacks upon the United States, January 26, 2004，参见"9·11"事件调查委员会网站 https://govinfo.library.unt.edu/911/hearings/hearing7/witness_bonner.htm。

9. 在此仅举一例，Genevieve LeBaron, *The Global Business of Forced Labor: Report of Find-ings* (Sheffield, UK: University of Sheffield Political Economy Research Institute, 2018)。

10. "Statistics on Safeguard Measures," WTO, accessed April 20, 2019, https://www.wto.org/english/tratop_e/safeg_e/safeg_e.htm#statistics.

11. Vasco M. Carvalho, Makoto Nirei, Yukiko Saito, and Alireza Tahbaz-Salehi, "Supply Chain Disruptions: Evidence from the Great East Japan Earthquake," Columbia Business School research paper no. 17-5 (2016); Christoph E. Boehm, Aaron Flaaen, and Nitya PandalaiNayar, "The Role of Global Supply Chains in the Transmission of Shocks: Firm-Level Evidence from the 2011 Tōhoku Earthquake," *FEDS Notes*, Federal Reserve Board, May 2, 2016.

12. Sharon Silke Carty and Elaine Kurtenbach, "Tohoku Disaster May Bring Automakers to Their Knees," *Japan Times*, March 29, 2011.

13. Hans Greimel, "How Toyota Applied the Lessons of 2011 Quake," *Automotive News*, April 25, 2016; Thomas J. Holmes and Ethan Singer, "Indivisibilities in Distribution," NBER working paper 24525 (April 2018).

第十五章

1. World Bank, *Market Access for Developing-Country Exports* (Washington, DC: World Bank, 2001), 9; Wei, "Foreign Direct Investment"; Federico and Tena Junguito, "Tale of Two Globalizations," abstract. 直接投资的统计数据来自联合国贸易和发展会议（UNCTAD），银行信贷统计数据来自国际清算银行（Bank for International Settlements）。

2. Kate Kelly and Serena Ng, "Bear Stearns Bails Out Fund With Big Loan," *Wall Street Journal*, June 23, 2007.

3. Meredith A. Crowley and Xi Luo, "Understanding the Great Trade Collapse of 2008–09 and the Subsequent Trade Recovery," *Economic Perspectives 35*, no. 2 (2011): 45; Richard Baldwin and Daria Taglioni, "The Great Trade Collapse and Trade Imbalances," in *The Great Trade Collapse: Causes, Consequences and Prospects*, ed. Baldwin (London: Centre for European Policy Research, 2009), 47.

4. Kiyoyasu Tanaka, "Trade Collapse and International Supply Chains: Japanese Evidence," 201—208 和 Ryuhei Wakasugi, "Why Was Japan's Trade Hit So Much Harder?" 209—222，两篇文章均收录于 Richard Baldwin, *Great Trade Collapse*。

5. Logan T. Lewis, Ryan Monarch, Michael Sposi, and Jing Zhang, "Structural Change and Global Trade," Federal Reserve International Finance Discussion Paper 1225 (2018); Przemyslaw Wozniak and Malgorzata Galar, "Understanding the Weakness in Global Trade," European Commission Economic Brief 033 (2018); US Bureau of Economic Analysis and US Census Bureau, US Imports of Goods by Customs Basis from Mexico, retrieved from FRED, Federal Reserve Bank of St. Louis, May 22, 2019, https://fred.stlouisfed.org/series/IMPMX; Eurostat, "Evolution of intra-EU trade in goods: 2002–2019," accessed March 15, 2020, https://ec.europa.eu/eurostat/statistics-explained/index.php?title=Intra-EU_trade_in_goods_-_main_features&oldid=452727#Evolution_of_intra-EU_trade_in_goods:_2002-2019.

6. Anna Ignatenko, Faezeh Raei, and Borislava Mircheva, "Global Value

Chains: What Are the Benefits and Why Do Countries Participate?" IMF working paper 19/19 (2019).

7. Yuqing Xing, "How the iPhone Widens the U. S. Trade Deficit with China: The Case of the iPhone X," VoxEU, November 11, 2019, https://voxeu.org/article/how-iphone-widens-us-trade-deficit-china-0; Logan Lewis and Ryan Monarch, "Causes of the Global Trade Slowdown," Federal Reserve Board International Finance Discussion Paper note, 2016, https://www.federalreserve.gov/econresdata/notes/ifdp-notes/2016/files/causes-of-the-global-trade-slowdown-20161110.pdf; Jin Hongman, "China's Practice in Statistics of Goods for Processing," presentation, United Nations Regional Seminar on Trade Statistics, Beijing, October 24–26, 2011.

8. Scott Kennedy, *China's Risky Drive into New-Energy Vehicles* (Washington, DC: Center for Strategic and International Studies, 2018).

9. Tom Hancock and Yizhen Jia, "China Pays Record $22bn in Corporate Subsidies," *Financial Times*, May 27, 2018.

10. Bela Belassa, "Trade Liberalisation and 'Revealed' Comparative Advantage," *Manchester School* 33 (1965): 99–123; S. M. Ali Abbas and Alexander Klemm, "A Partial Race to the Bottom: Corporate Tax Developments in Emerging and Developing Economies," IMF working paper WP/12/28 (2012); United Nations, *Design and Assessment of Tax Incentives in Developing Countries* (New York: UN, 2018); Dorsati H. Madani and Natàlia Mas-Guix, "The Impact of Export Tax Incentives on Export Performance: Evidence from the Automotive Sector in South Africa," World Bank policy research working paper 5585 (2011).

11. Greg Leroy, *The Great American Jobs Scam* (San Francisco: Berrett-Koehler, 2005); Mike Pare and Dave Flessner, "Volkswagen Won Most Subsidies in Tennessee, but Were They All Necessary?" *Chattanooga Times Free Press*, September 16, 2017; Jason Spencer, "Spartanburg Takes a Look Back at Landing BMW," State, July 13, 2014; David Wren, "BMW's South Carolina Plant Remains Top Car Exporter Despite Higher Tariffs," *Post and Courier*, March 8, 2019; European Commission, "State Aid Scoreboard

2018," accessed March 15, 2020, http://ec.europa.eu/competition/state_aid/scoreboard/index_en.html; John Lester, "Business Subsidies in Canada," University of Calgary School of Public Policy Publications, SPP Research Paper 11, no.1 (January 2018).

12. "Global Production Patterns from a European Perspective," *ECB Economic Bulletin 6* (2016): 44; European Central Bank, "Understanding the Weakness in Global Trade," occasional paper 178 (2016), 30.

第十六章

1. Ragnhild Balsvik, Sissel Jensen, and Kjell G. Salvanes, "Made in China, Sold in Norway: Local Labor Market Effects of an Import Shock," IZA discussion paper no. 8324 (2014); Vicente Donoso, Víctor Martín, and Asier Minondo, "Do Differences in the Exposure to Chinese Imports Lead to Differences in Local Labour Market Outcomes?: An Analysis for Spanish Provinces," *Regional Studies* 49 (2015): 1746–1764; David H. Autor, David Dorn, and Gordon H. Hanson, "The China Syndrome: Local Labor Market Effects of Import Competition in the United States," *American Economic Review* 103 (2013): 2121–2168. 对全球化的代价的一个较早但仍具说服力的批评，参见 Dani Rodrik, *Has Globalization Gone Too Far?* (Washington, DC: Institute for International Economics, 1997)。

2. Facundo Alvaredo, Lucas Chancel, Thomas Piketty, Emanuel Saez, and Gabriel Zucman, coordinators, *World Inequality Report 2018* (World Inequality Lab, 2017), 64, 66.

3. IMF, *World Economic Outlook* (Washington, DC: IMF, April 2018), ch. 3.

4. Jeff Rubin, "Has Global Trade Liberalization Left Canadian Workers Behind?" Centre for International Governance Innovation Papers no. 163 (2018), 12.

5. Francisco Costa, Jason Garred, and João Pessoa, "Winners and Losers

from China's 'Commodities-for-Manufactures' Trade Boom," VoxEU, September 24, 2017, https://voxeu.org/article/winners-and-losers-china-s-commodities-manufactures-trade-boom; Adrian Wood and Jörg Mayer, "Has China De-industrialised Other Developing Countries?" Oxford University Department of International Development working paper 175 (June 2010); Robert Neuwirth, *Stealth of Nations: The Global Rise of the Informal Economy* (New York: Pantheon, 2011).

6. Alvaredo et al., *World Inequality Report 2018*, 200; Bank of Japan, Research and Statistics Department, "Recent Developments of Japan's External Trade and Corporate Behavior," October 2007 (English translation of Japanese original released August 27, 2007), https://www.boj.or.jp/en/research/brp/ron_2007/data/ron0710a.pdf; Hitoshi Sasaki, "Import Competition and Manufacturing Employment in Japan," Bank of Japan working paper 07-E-25 (2007).

7. Gabriel Zucman, *The Hidden Wealth of Nations* (Chicago: University of Chicago Press, 2015); Annette Alstadsaeter, Niels Johannesen, and Gabriel Zucman, "Tax Evasion and Inequality," *American Economic Review* 109 (2019): 2073–2103.

8. "OECD Secretary-General Report to the G20 Leaders," Osaka, Japan, June 2019; Ernesto Crivelli, Ruud de Mooij, and Michael Keenan, "Base Erosion, Profit Shifting, and Developing Countries," IMF working paper WP/15/118 (2015); Jane Gravelle, "Tax Havens: International Tax Avoidance and Evasion," Congressional Research Service Report R40623 (2013); Thomas Wright and Gabriel Zucman, "The Exorbitant Tax Privilege," NBER working paper 24983 (2018).

9. 仅举两例。Micah White and Kalle Lasn, "The Call to Occupy Wall Street Resonates around the World," *Guardian*, September 19, 2011; Naomi Klein, "Occupy Wall Street: The Most Important Thing in the World Now," *Nation*, October 6, 2011, https://www.thenation.com/article/archive/occupy-wall-street-most-important-thing-world-now/.

10. Michael E. Waugh, "The Consumption Response to Trade

Shocks," NBER working paper 26353 (2019).

11. Percy Ashley, *Modern Tariff History: Germany, United States, France* (London: John Murray, 1920), 297–306; Douglas A. Irwin, "From Smoot-Hawley to Reciprocal Trade Agreements," in *The Defining Moment: The Great Depression and American Trade Policy in the Twentieth Century*, ed. Michael Bordo et al. (Chicago: University of Chicago Press, 1998), 343; United States, *Reciprocal Trade Agreement between the United States of America and Cuba* (Washington, DC: Government Printing Office, 1934). 记者菲利普·斯蒂芬斯回忆了英国首相撒切尔夫人如何推动欧共体制定一项针对剪草机噪声的规定，以回应德国实际上将英国产剪草机排除出德国市场的法规，参见"After Brexit, Britain Will Be a Rule-Taker," *Financial Times*, March 7, 2019。

12. Sébastien Miroudot, Dorothée Touzet, and Francesca Spinelli, "Trade Policy Implications of Global Value Chains," OECD trade policy paper no. 161 (2013); Sébastien Miroudot and Charles Cadestin, "Services in Global Value Chains: From Inputs to Value-Creating Activities," OECD trade policy paper no. 197 (2017); Kommerskollegium (Swedish National Board of Trade), *Adding Value to the European Economy* (Stockholm: Kommerskollegium, 2007).

13. ComRes, "Independent/Sunday Mirror December 2016 Political Poll," ComRes Global, https://www.comresglobal.com/wp-content/uploads/2016/12/Sunday-Poll-December-2016.pdf; GEG, "'Maintenant ce sont les patriotes contre les mondialistes': Traduction d'extraits d'un entretien de Marine Le Pen à Bjørn Bredal de Politiken, 19 mars 2017," Medium, April 2, 2017, https://medium.com/@LLDD/marine-le-pen-%C3%A0-politiken-principal-journal-danois-maintenant-ce-sont-les-patriotes-contre-les-41875ac8ef6d; Rory Horner, Daniel Haberly, Seth Schindler, and Yuko Aoyama, "How Anti-globalisation Shifted from a Left to a Right-Wing Issue—and Where It Will Go Next," Conversation, January 25, 2018, https://theconversation.com/how-anti-globalisation-switched-from-a-left-to-a-right-wing-issue-and-where-it-will-go-next-90587（特蕾莎·梅的引言）。

第十七章

1. US Army Corps of Engineers, New York District, *Bayonne Bridge Air Draft Analysis*, September 2009, 23.

2. 2011 年，马士基共运输了 810 万个 40 英尺集装箱，亏损 6.02 亿美元，参见 A. P. Møller-Maersk A/S, *Group Annual Report 2011*, 22。

3. Drewry Maritime Research, 引自 *Containerisation International Yearbook 2012*, 5; 这段话是米凯莱·阿恰罗对航运杂志《劳埃德录》说的，引自 "Mediterranean Shipping Company (MSC)," Fitch Solutions, December 17, 2012, https://www.fitchsolutions.com/corporates/industrials-transportation/mediterranean-shipping-company-msc-17-12-2012; International Transport Forum, *The Impact of Mega-Ships* (Paris: OECD, 2015), 18, 29。

4. Michele Acciaro, "Naval Gigantism: Rationale and Limits," speech to Federagenti, Rome, Italy, December 16, 2015.

5. Olaf Merk, *The Impact of Mega-Ships* (Paris: International Transport Forum, 2015), 41; Adam Carey and Richard Willingham, "Port of Melbourne: Ships May Soon Be Too Big to Pass under West Gate Bridge," *Age*, September 15, 2015.

6. Bundesstelle für Seeunfalluntersuchung, "Investigation Report 34/16: Grounding of the CSCL Indian Ocean in the River Elbe on 3 February 2016," October 14, 2016; Port of Gothenburg, "The Impact of Megaships: The Case of Gothenburg," 2015, 2, 15, 26; International Transport Forum, *The Impact of Alliances in Container Shipping* (Paris: International Transport Forum, 2018), 61; Chabeli Herrera, "Despite Recent Dredge, Port Miami Still Can't Fit Some Large Ships. New Project in the Works," *Miami Herald*, July 8, 2018.

7. UNCTAD, *Review of Maritime Transport 1999* (New York: UN, 1999), 71; Robin Carruthers, World Bank consultant, to Transportation Research Board, Washington, DC, January 14, 2020.

8. OECD Working Party on Shipbuilding, "Peer Review of the Korean Shipbuilding Industry and Related Policies," C/WP26(2014)10 (January 13, 2015); Joyce Lee, "South Korea's Daewoo Shipbuilding

Unlocks $2.6 Billion Bailout after Bondholder Approval," *Reuters*, April 18, 2017, https://uk.reuters.com/article/us-daewoo-restructuring/south-koreas-daewoo-shipbuilding-unlocks-2-6-billion-bailout-after-bondholder-approval-idUKKBN17K0KX; Xiaolin Zeng, "South Korean Shipbuilders' Fight for Life," *Fairplay*, April 6, 2017; Costas Paris, "Korea Extends Aid Package to Hyundai Merchant Marine," *Wall Street Journal*, January 27, 2017; Costas Paris, "South Korea Sends Another $5 Billion to Hyundai Merchant Marine," *Wall Street Journal*, October 10, 2018.

9. Costas Paris, "Taiwan Approves $1.9 Billion Aid Package to Troubled Shipping Companies," *Wall Street Journal*, November 17, 2016; 日本邮船株式会社的董事长的话引自 Leo Lewis and Robert Wright, "NYK, MOL and K Line to Combine Container Shipping Units," *Financial Times*, October 31, 2016。

10. 市场份额数据是法国航运咨询机构阿尔法咨询于2018年7月31日公布的。

11. 这段话引自 Richard Milne, "Maersk Shares Slide as Chief Warns on US-China Trade War Risks," *Financial Times*, May 18, 2018; Costas Paris and Dominic Chopping, "Maersk Will Restrain Costs, Expand Logistics Services on Weak Shipping Outlook," *Wall Street Journal*, November 15, 2019。

第十八章

1. 1987年，世界人口是50亿。根据世界银行的估计，其中70%的人，即35亿人的家中通了电。到了2017年，世界人口达到75亿，其中87%的人，即65亿人的家中通了电。根据经合组织的数据，全球牛肉消费量从1990年的4700万吨增加到了2017年的7000万吨。根据一项估计，国际贸易带来的经济收益是与其有关的温室气体排放造成的环境损失的161倍，参见 Joseph S. Shapiro, "Trade Costs, CO2, and the Environment," *American Economic Journal: Economic Policy* 8 (2016): 220–254。

2. Jean-Yves Huwart and Loïc Verdier, *Economic Globalisation: Origins*

and Consequences (Paris: OECD, 2013): 114; Elizabeth Economy, *The River Runs Black* (Ithaca, NY: Cornell University Press, 2004); "China's War on Particulate Pollution Is Causing More Severe Ozone Pollution," *Science Daily*, January 2, 2019; Jintai Lin, Da Pan, Steven J. Davis, Qiang Zhang, Kebin He, Can Wang, David G. Streets, Donald J. Wuebbles, and Dabo Guan, "China's International Trade and Air Pollution in the United States," *Proceedings of the National Academy of Sciences of the USA* 111 (2014): 1736–1741.

3. *International Union for the Protection of Nature* (Brussels: Imprimerie M. Hayez, 1948).

4. Rachel Carson, *Silent Spring* (Boston: Houghton Mifflin, 1962); Paul Ehrlich, *The Population Bomb* (New York: Ballantine Books, 1968); Donella H. Meadows, Dennis L. Meadows, Jørgen Randers, and William W. Behrens III, *The Limits to Growth* (New York: Universe Books, 1972), 23.

5. Mario J. Molina and F. S. Rowland, "Stratospheric Sink for Chlorofluoromethanes: Chlorine Atomic-Catalysed Destruction of Ozone," *Nature* 249 (1974): 810–812; "Life under the Ozone Hole," *Newsweek*, December 8, 1991; C. Ford Runge, *Freer Trade, Protected Environment* (New York: Council on Foreign Relations, 1994), 89–93.

6. Marc Levinson, "The Green Gangs," *Newsweek*, August 2, 1992; Frances Cairncross, "How Europe's Companies Reposition to Recycle," *Harvard Business Review*, March–April 1992, 34–45. 关贸总协定的专家小组支持墨西哥的请求，但是美国和墨西哥同意因为正在进行的贸易谈判而不执行裁定，参见"Mexico etc versus US: 'Tuna-Dolphin,'" WTO, accessed March 15, 2020, https://www.wto.org/english/tratop_e/envir_e/edis04_e.htm。

7. Jordi Diéz, "The Rise and Fall of Mexico's Green Movement," *European Review of Latin American and Caribbean Studies* 85 (2008): 81–99.

8. Jaime de Melo and Nicole A. Mathys, "Trade and Climate Change: The Challenges Ahead," Fondation pour les études et recherches sur le développement international, working paper P14 (2010); Joseph S.

Shapiro, "The Environmental Bias of Trade Policy" NBER working paper 26845 (2020).

9. Glen P. Peters, Jan Minx, Christopher Weber, and Ottmar Edenhofer, "Growth in Emission Transfers via International Trade from 1990 to 2008," *Proceedings of the National Academy of Sciences of the USA* 108 (2011): 8903–8908.

10. Rahel Aichele and Gabriel Felbermayr, "Kyoto and the Carbon Content of Trade," VoxEU, February 4, 2010, https://voxeu.org/article/kyoto-and-carbon-content-trade.

11. Graham K. MacDonald, Kate A. Brauman, Shipeng Sun, Kimberly M. Carlson, Emily S. Cassidy, James S. Gerber, and Paul C. West, "Rethinking Agricultural Trade Relationships in an Era of Globalization," *BioScience* 65 (2015): 275–289; Jing Zang, "Chilean Fruit Exports to China Grow by 11% in 2018/19 Season," *Produce Report*, April 21, 2019, https://www.producereport.com/article/chilean-fruit-exports-china-grow-11-201819-season; Choy Leng Yeong, "NW Salmon Sent to China before Reaching U. S. Tables," *Seattle Times*, July 16, 2005; Yossi Sheffi, *Logistics Clusters: Delivering Value and Driving Growth* (Cambridge, MA: MIT Press, 2012).

12. Angela Paxton, *The Food Miles Report: The Dangers of Long-Distance Food Transport* (London: SAFE Alliance, 1994).

13. 根据一项估计，强迫消费者为因他们的选择造成的环境损害支付全部费用，将使荷兰的农产品贸易额降低 4.2%，因为一些国内产品的售价将低于进口农产品。参见 Lóránt Tavasszy, Jorrit Harmsen, Olga Ivanova, and Tatyana Bulavskaya, "Effect of a Full Internalization of External Costs of Global Supply Chains on Production, Trade, and Transport," in *Towards Innovative Freight and Logistics*, ed. Corinne Blanquart, Uwe Clausen, and Bernard Jacob (Paris: Transport Research Arena, 2014), 337–351; Caroline Saunders and Andrew Barber, "Carbon Footprints, Life Cycle Analysis, Food Miles: Global Trade Trends and Market Issues," *Political Science* 60 (2008): 73–88; Alison Smith et al., *The Validity of Food Miles as an Indicator of Sustainable Development* (London: Department of the Environment,

Food, and Rural Affairs, 2005)。根据 Anca Cristea, David Hummels, Laura Puzzello, and Misak Avetisyan, "Trade and the Greenhouse Gas Emissions from International Freight Transport," *Journal of Environmental Economics and Management* 65 (2013): 153–173，国际贸易中大约 1/4 的交易——主要是矿物和农产品贸易——减少了温室气体排放。如果没有国际贸易，制造这些商品会产生更多的温室气体。

14. Alan C. McKinnon, "Options for Reducing Logistics-Related Emissions from Global Value Chains," European University Institute working paper RSCAS 2014/31 (2014).

15. David Hummels, "Transportation Costs and International Trade in the Second Era of Globalization," *Journal of Economic Perspectives* 21 (2007): 131–154; International Air Transport Association, "IATA Cargo Strategy" (2018); Ralph Sims, Roberto Schaeffer, Felix Creutzig, Xochitl Cruz-Núñez, Marcio D'Agosto, Delia Dimitriu, Maria Josefina Figueroa Meza, et al., "Transport," in *Climate Change 2014: Mitigation of Climate Change*, ed. O. Edenhofer et al. (Cambridge: Cambridge University Press, 2014), 646.

16. Alan McKinnon, "The Possible Influence of the Shipper on Carbon Emissions from Deep-Sea Container Supply Chains: An Empirical Analysis," *Maritime Economics and Logistics* 16 (2014): 1–19. 虽然根据国际海事组织和国际能源署的数据，2008 年以后海运业的温室气体排放量并未增加，但根据 Naya Olmer, Bryan Comer, Biswajoy Roy, Xiaoli Mao, and Dan Rutherford, *Greenhouse Gas Emissions from Global Shipping, 2013–2015* (Washington, DC: International Council for Clean Transportation, 2017)，直到 2015 年，该行业温室气体的年排放量仍在增加。

17. International Maritime Organization, "Initial IMO Strategy on Reduction of GHG Emissions from Ships," Resolution MEPC.304(72) (April 13, 2018). 船舶燃料硫含量的上限从 4.5% 降到了 0.5%。

18. Leslie Hook and John Reed, "Why the World's Recycling System Stopped Working," *Financial Times*, October 25, 2018.

第十九章

1. John N. Boucher, *History of Westmoreland County* (Chicago: Lewis, 1906); 这个名字的来源,参见市政府网站 https://www.cityofmonessen.com/, accessed July 10, 2019。Bob Dvorchak, "Decaying Company Town Pinched Further by Steel Strike with Wheeling-Pittsburgh," Associated Press, July 24, 1985, https://apnews.com/7bba5b6b7c989ccfb1b31e46b66a2039.

2. 特朗普的评论引自 David Jackson, "Donald Trump Targets Globalization and Free Trade as Job-Killers," *USA Today*, June 28, 2016; Daniel Moore, "A Future Made of Coke?" *Pittsburgh Post-Gazette,* January 28, 2019。

3. 上面提到的制鞋厂是宝成工业,参见 Adidas Group, "Primary Suppliers and Subcon-tractors," January 1, 2019。医疗仪器制造商是 Jabil Corp。成衣制造商是世亚贸易公司,参见 De-borah Belgum, "Why Manufacturers Are Turning to Central America for Quick-Turn Apparel," *California Apparel News*, June 1, 2017。

4. Michael Laris and Ian Duncan, "Boeing Knew of Problems with Wing Parts but Told FAA Planes Were Safe, Agency Alleges," *Washington Post*, December 7, 2019.

5. US Department of Commerce, International Trade Administration, "The Current State of the U. S. Automotive Parts Market," April 2013.

6. Bown and Irwin, "GATT's Starting Point." 20世纪第二个10年富裕国家平均关税税率数据引自 UNCTAD, "Import Tariff Rates on Non-agricultural and Non-fuel Products," accessed March 15, 2020 https://unctadstat.unctad.org/。

7. 威尔德斯的评论引自 Ian Traynor, "Le Pen and Wilders Forge Plan to 'Wreck' EU from Within," *Guardian*, November 13, 2013; 萨尔维尼的评论引自 "Lega, Salvini contro euro: 'Crimine contro l'umanità,'" ANSA.it, December 15, 2013, http://www.ansa.it/web/notizie/rubriche/politica/2013/12/15/Lega-Salvini-contro-euro-Crimine-contro-umanita-_9781968.html。

8. Chiara Criscuolo and Jonathan Timmis, "The Changing Structure of Global Value Chains: Are Central Hubs Key for Productivity?" *OECD International Productivity Monitor*, Spring 2018, and "The Relationship between Global Value Chains and Productivity," *OECD International Productivity Monitor*, Spring 2017; Ang Jian Wei, Athreya Murugasu, and Chai Yi Wei, "LowSkilled Foreign Workers' Distortions to the Economy," in *Annual Report 2017*, by Bank Negara Malaysia, 35–43 (quote 39); Xin Li, Bo Meng, and Zhi Wang, "Recent Patterns of Global Production and GVC Participation," and David Dollar, Bilal Khan, and Jiansuo Pei, "Should High Domestic Value Added in Exports Be an Objective of Policy?" both in *Global Value Chain Development Report 2019: Technological Innovation, Supply Chain Trade, and Workers in a Globalized World*, by World Bank and WTO (Washington, DC: World Bank Group, 2019), 9–44, and 141–154.

9. X. Li, Meng, and Wang, "Recent Patterns," 39; Shawn Donnan, "Trump's Top Trade Adviser Accuses Germany of Currency Exploitation," *Financial Times*, January 31, 2017.

10. X. Li, Meng, and Wang, "Recent Patterns," 27–34.

第二十章

1. Ward's Reports, Inc., *Ward's Automotive Yearbook 1989 and 2017*; Dharshini David, "The Real Price of Buying Cheap Clothes," *BBC News*, August 7, 2019, https://www.bbc.co.uk/news/business-49248921; US Department of Commerce, *2017 Characteristics of New Housing*, 345, https://www.census.gov/construction/chars/pdf/c25ann2017.pdf; "2015 RECS Survey Data," US Energy Information Administration, May 31, 2018, table HC3.3 (appliances by year of construction), https://www.eia.gov/consumption/residential/data/2015/.

2. United Nations World Tourism Organization, Tourism

Highlights 2000, 2nd ed. (August 2000), https://www.e-unwto.org/doi/pdf/10.18111/9789284403745, and "International Tourism Growth Continues to Outpace the Global Economy," press release, January 20, 2020; Facebook, Inc., Form 10-K for the year ended December 31, 2018, https://www.sec.gov/Archives/edgar/data/1326801/000132680119000009/fb-12312018x10k.htm; UNCTAD, *World Investment Report 2019* (New York: UN, 2019), 20–21.

3. World Bank, "Manufacturing, Value Added (% of GDP)," accessed March 15, 2020, https://data.worldbank.org/indicator/NV.IND.MANF.ZS.

4. 年龄中位数，参见 United Nations Division of Economic and Social Affairs, Population Division, *World Population Prospects 2019* (New York: UN, 2019)。家庭支出占世界总消费额的比例在几十年里持续上升，在20世纪末21世纪初达到峰值60%后，在21世纪第二个10年下滑到57%。根据世界银行的估计，21世纪第二个10年，消费者支出的平均年增长率是2.4%，而此前20年的平均年增长率是2.75%，参见 OECD, "Annual National Accounts Data," table 5, "Final Consumption Expenditure of Households," OECD.Stat, accessed March 15, 2020, https://stats.oecd.org/Index.aspx?DataSetCode=SNA_TABLE5; European Central Bank Statistical Data Warehouse, series SHI.A.V1.DWEL.A, accessed March 15, 2020, https://sdw.ecb.europa.eu/browse.do?node=70499。

5. David Barboza, "An iPhone's Journey, from the Factory Floor to the Retail Store," *New York Times*, December 29, 2016, https://www.nytimes.com/2016/12/29/technology/iphone-china-apple-stores.html; Kathrin Hille, "Foxconn: Why the World's Tech Factory Faces Its Biggest Test," *Financial Times*, June 10, 2019.

6. Ondrej Burkacky, Johannes Deichmann, Georg Doll, and Christian Knochenhauer, "Rethinking Car Software and Electronics Architecture," McKinsey & Company, February 2018, https://www.mckinsey.com/industries/automotive-and-assembly/our-insights/rethinking-car-software-and-electronics-architecture.

7. Marc Bain, "A New T-shirt Sewing Robot Can Make as Many Shirts per Hour as 17 Factory Workers," Quartz, August 30, 2017, https://

qz.com/1064679/a-new-t-shirt-sewing-robot-can-make-as-many-shirts-per-hour-as-17-factory-workers/.

8. Canute James, "Caribbean Nations Savor Boom in Data Processing," *Journal of Commerce*, June 15, 1987; Proinnsias Breathnach, "Information Technology, Gender Segmentation and the Relocation of Back Office Employment: The Growth of the Teleservices Sector in Ireland," *Information Communication and Society 3* (2002): 320–335.

9. Jay Solomon and Kathryn Kranhold, "In India's Outsourcing Boom, GE Played a Starring Role," *Wall Street Journal,* March 23, 2005; Rahul Sachitanand, "India's $150 Billion Outsourcing Industry Stares at an Uncertain Future," *Economic Times*, January 15, 2017; Calvin L. Scovel III, "Aviation Safety: FAA Oversight of Foreign Repair Stations," testimony before the US Senate Committee on Commerce Science and Transportation Subcommittee on Aviation Operations, Safety, and Security, June 20, 2007; Prakash Loungani, Saurabh Mishra, Chris Papageorgiou, and Ke Wang, "World Trade in Services: Evidence from a New Dataset," IMF working paper WP/17/77 (2017).

10. 关于机器翻译的发展，参见 Richard Baldwin, *The Globotics Upheaval* (New York: Oxford University Press, 2019)。

11. Michael O'Sullivan, *The Levelling* (New York: Public Affairs, 2019), ch. 6.

12. Dun & Bradstreet, "Business Impact of the Coronavirus," special briefing, 2020, p. 5, https://www.dnb.com/content/dam/english/economic-and-industry-insight/DNB_Business_Impact_of_the_Coronavirus_US.pdf.

13. Chad P. Bown and Douglas A. Irwin, "Trump's Assault on the Global Trading System," *Foreign Affairs* 98 (2019): 136 (quote); Jung Suk-yee, "S. Korea's Investment in China Almost Halved This Year," *Business Korea*, September 18, 2017, http://www.businesskorea.co.kr/news/articleView.html?idxno=19332.

马克·莱文森

《华尔街日报》专栏作者、经济学家、历史学家,他长期从事经济与商业类写作和演讲,擅长把握经济、贸易、国际金融等方向的话题,在很多国家做过学术与商业演讲。他的作品已被翻译成多种语言,在国内已出版的著作有《全球化简史》《集装箱改变世界》。

方宇

毕业于北京大学历史系,译有《两个世界的战争》《壬辰战争》等,校译有"哈佛中国史丛书"第三卷《世界性的帝国:唐朝》,为《中国历史学前沿》杂志翻译学术论文数篇。

全球化简史

产品经理｜黄迪音	装帧设计｜向典雄
技术编辑｜白咏明	执行印制｜梁拥军
产品监制｜李佳婕	策 划 人｜许文婷

图书在版编目（CIP）数据

全球化简史 /（美）马克·莱文森著；方宇译. -- 杭州：浙江文艺出版社，2022.2
 ISBN 978-7-5339-6694-2

Ⅰ. ①全… Ⅱ. ①马… ②方… Ⅲ. ①全球化－通俗读物 Ⅳ. ① C913-49

中国版本图书馆 CIP 数据核字 (2021) 第 273707 号

Copyright © 2020 by Marc Levinson
This edition
arranged with Kaplan/DeFiore Rights on behalf of Ted Weinstein Literary Management.
through Andrew Nurnberg Associates International Limited

版权合同登记号：图字 11—2021—262

全球化简史

[美] 马克·莱文森 著　方宇 译

责任编辑　於国娟
装帧设计　向典雄

出版发行　浙江文艺出版社
地　　址　杭州市体育场路 347 号　邮编 310006
经　　销　浙江省新华书店集团有限公司
　　　　　果麦文化传媒股份有限公司
印　　刷　河北鹏润印刷有限公司
开　　本　880 毫米 ×1230 毫米　1/32
字　　数　202 千字
印　　张　9
印　　数　1—8,000
版 印 次　2022 年 2 月第 1 版　2022 年 2 月第 1 次印刷
书　　号　ISBN 978-7-5339-6694-2
定　　价　55.00 元

版权所有　侵权必究
如发现印装质量问题，影响阅读，请联系 021-64386496 调换。